Durrani • Fagan

Was im Bett geschah

Nadia Durrani & Brian Fagan

Was im Bett geschah

Eine horizontale Geschichte der Menschheit

Aus dem Englischen übersetzt
von Holger Hanowell

RECLAM

Titel der englischen Originalausgabe:
What We Did in Bed. A Horizontal History

2022, 2024 Philipp Reclam jun. Verlag GmbH,
Siemensstraße 32, 71254 Ditzingen

Umschlaggestaltung: Philipp Reclam jun. Verlag GmbH
Umschlagabbildungen: Wilhelm Busch (1832-1908), »Schnaken und Schnurren« (1866), Artokoloro / Penta Springs Limited / Alamy Stock Foto

Druck und buchbinderische Verarbeitung:
GGP Media GmbH, Karl-Marx-Straße 24, 07381 Pößneck
Printed in Germany 2024
RECLAM ist eine eingetragene Marke
der Philipp Reclam jun. GmbH & Co. KG, Stuttgart
ISBN 978-3-15-011489-6

Auch als E-Book erhältlich

www.reclam.de

MIX
Papier | Fördert gute Waldnutzung
FSC® C014496

Tracey Emin, *Mein Bett*, Tate Modern, London, 1999

Für Matt

Inhalt

Anhang

Einleitung

Wie Groucho Marx einst im Scherz sagte: »Alles, was man nicht im Bett tun kann, braucht man gar nicht erst anzufangen.« Vermutlich hatte er recht, da der Mensch im Laufe der Zeit fast alles im Bett getan hat. Für die alten Ägypter stellte das Bett eine bedeutende Verbindung zum Leben nach dem Tod dar, in Shakespeares Zeit war es ein Ort für geselliges Beisammensein und während des Zweiten Weltkriegs regierte Winston Churchill Großbritannien vom Bett aus.

Aber heutzutage hat man das Bett in eine dunkle Ecke verbannt. Schlaftherapeuten erzählen uns, das Bett müsse allein dem Schlaf und dem Sex vorbehalten sein. Vielleicht liegt es an diesem ›privaten‹ Status, dass die meisten modernen Historiker und Archäologen es nicht beachten. Erstaunlich wenig ist über die Geschichte des Betts geschrieben worden oder über die vielen Rollen, die es in unserem Leben gespielt hat. Dabei hat das Bett, in dem wir immerhin ein Drittel unseres Lebens verbringen, großartige Geschichten zu bieten. Was unsere Vorfahren im Bett machten, umfasste alles von der Empfängnis bis zum Tod, und vieles dazwischen. Angesichts der zahllosen Möglichkeiten, wie man ein solches Buch schreiben könnte, haben wir beschlossen, unsere Betten thematisch aneinanderzureihen. Wir haben die besten Bettgeschichten ausgesucht, um einen neuen horizontalen historischen Überblick über all das bieten zu können, was im Bett geschah.

Sex, Geburt, Tod, Speisen, Herrschen, Pläneschmieden, Fürchten, Träumen: Die Bühne des Schlafzimmers hat Künstler in vielerlei Hinsicht inspiriert. Ein wiederkehrendes Motiv im mittelalterlichen Europa sind die drei Weisen aus dem Morgenland, die offensichtlich unbekleidet zusammen im Bett liegen und mit der göttlichen Offenbarung gesegnet werden. Viele Künstler aus besseren Kreisen des 18. Jahrhunderts richteten ihr Augenmerk lieber auf nackte Frauen, die ermattet auf zerwühlten Laken lagen, vielleicht hilflos in der Gewalt von Entführern oder exotischen Tieren, wie die junge Frau auf Johann Heinrich Füsslis Gemälde *Der Nachtmahr* (1781). Als der französische Künstler Jacques-Louis David 1787 Sokrates auf dem Totenbett malte, stellte er den 70-jährigen Philosophen quicklebendig und muskulös dar – die Verkörperung des gerechtfertigten Widerstands gegen ungerechte Herrschaft am Vorabend der Französischen Revolution. Dann wiederum gab es Darstellungen von leeren Holzbetten, wie etwa van Goghs entwaffnendes, blutrotes Bett auf dem Gemälde *Schlafzimmer in Arles* (1888) und Robert Rauschenbergs *Bett* (1955), dessen Steppdecke er mit Nagellack, Zahnpasta und Farbe gemalt hatte. In jüngerer Zeit hat die Installationskünstlerin Chiharu Shiota komplexe, beinahe transzendentale Bilderwelten rund um das Bett geschaffen, wie etwa *Während des Schlafs* (2002): In Krankenhausbetten liegen schlafende Frauen in weißen Nachthemden, damit verwoben werden Assoziationen von Frauenleiden, weiblicher Schwäche und Frauen in der Mythologie.

Die vielleicht berühmteste Darstellung eines Betts ist *Mein Bett* (1998) der britischen Künstlerin Tracey Emin. Beflügelt von einer Eingebung stellte Emin ihr zerwühltes, unordentliches Bett nach einer Trennung zur Schau, umgeben von blutverschmierter Unterwäsche, leeren Flaschen, Zigarettenkippen und benutzten Kondomen. *Mein Bett* löste eine wahre Flut von Häme aus – nicht nur, weil die Leute in Frage stellten, ob das überhaupt noch ›Kunst‹ sei, sondern gerade weil das Bett heutzutage als privater Ort gilt, der in feiner Gesellschaft weder diskutiert noch gezeigt werden sollte. Doch diese Haltung ist jüngeren Ursprungs. In der Frühmoderne, die die Historikerin Carole Shammas scherzhaft das Zeitalter des Betts taufte, wurde die Schlafstatt häufig für jedermann sichtbar in der guten Stube zur Schau gestellt, war sie doch das teuerste und wertvollste Möbelstück, das sich eine Familie zulegen konnte. Aber unsere Obsession mit Betten reicht noch viel weiter zurück.

Wie die Betten unserer frühesten Vorfahren ausgesehen haben, wissen wir nicht. Sie lebten in von Raubtieren bewohnten Gegenden im Herzen Afrikas und schliefen zunächst auf Bäumen, ehe sie sich im Lauf der Zeit in Felsunterkünfte und Höhlen, aber auch in offene Lager zurückzogen, wo sie an großen Feuern eng zusammenrückten. Aber wie konnten sich unsere Vorfahren nachts vor lauernden Tieren schützen? Seit sich der Mensch das Feuer zunutze gemacht hatte, bot es nicht nur Wärme und Aussicht auf gekochte Nahrung, sondern schützte auch die Orte, an denen sich Menschen nach Einbruch der Dämmerung zusammenfanden und schliefen. In der Dunkelheit urzeitlicher Landschaften, durch die nachts große Raubtiere streiften, spendete das Feuer Licht und Sicherheit. Man kann sich gut vorstellen, wie sich eine Gruppe Jäger um ein prasselndes Feuer schart, und die Flammen in die Dunkelheit züngeln. Ab und zu leuchten im Zwielicht die Augen von Tieren auf, die auf Beute aus sind oder mit den Knochen vorliebnehmen, die die Urzeitmenschen am Feuer weggeworfen haben. Nach Einbruch der Dunkelheit spielte sich das menschliche Leben um die Herdstatt und im Schutz der Felsen ab.

Die ältesten bekannten Betten stammen aus einer Höhle in Südafrika. Vor etwa 70 000 Jahren hatte der Homo sapiens sie in den felsigen Boden gehauen. Interessanterweise bezeichnet die urgermanische Wurzel des Wortes ›Bett‹ ›eine in den Boden gegrabene Lagerstätte‹ bzw. den ›Boden, auf dem man ausruht‹. Ziemlich passend, nicht nur, weil bei den Betten der Frühzeit der Aspekt des Grabens deutlich wird, sondern auch, weil das Bett immer schon ein Ort des Ruhens war, auch wenn es noch vielen anderen Zwecken diente.

In unseren gut geheizten Häusern der Neuzeit vergessen wir oft, wie verletzlich und ihrer Umgebung ausgeliefert unsere Vorfahren in der freien Natur waren, aber wie und wo man schlief, war schon immer entscheidend im Hinblick auf Wärme und Schutz. In den frostigen Klimazonen der letzten Kaltzeit oder der kanadischen Arktis zogen sich die Menschen noch vor 200 Jahren ins Bett zurück, sobald die Temperaturen merklich abfielen und die Tage kürzer wurden; sie überwinterten buchstäblich unter stapelweise Fellen und Pelzen. Vor 4000 Jahren verbrachten Schlafende in ihren Winterunterkünften am Independence-Fjord auf der Baffin-Insel die dunklen Monate in einem Zustand des Halbschlafs, sie lagen eng beieinander unter dicken, warmen Häuten von Moschusochsen, mit Nahrung und Brennmaterial in Reichweite.

Heutzutage schlafen Millionen von Menschen immer noch auf dem Boden oder auf Beton- bzw. Holzfußböden, eingehüllt in Decken oder Felle oder mit mehreren Schichten Kleidung am Leib. Aber im Zuge der aufstrebenden Zivilisationen vor über 5000 Jahren gelangten auch die Betten auf eine höhere Ebene – insbesondere bei den Eliten. Im trockenen Klima Ägyptens sind solche erhöhten Ruhestätten aus der Zeit der Pharaonen erhalten geblieben. Zur Zeit von Tutanchamun, etwa Mitte des 14. Jahrhunderts v. Chr., hatte sich bereits die grundlegende Gestalt des Betts entwickelt, wie wir sie heute kennen, wobei die Liegen am Kopfende etwas höher waren und unten ein Fußbrett angebracht war, damit der Schlafende nicht abrutschte. Zunächst scheint es nicht viele Möglichkeiten zu geben, wie eine solche Plattform zum Schlafen aussehen könnte, aber je tiefer wir graben, desto mehr tut sich auf. Es gab Schrankbetten und Hängematten, niedrige Wasserbetten und Hochbetten, knapp fünf Meter über dem Fußboden. Dennoch hat sich die grundsätzlich rechteckige Form der Schlafstatt im Verlauf der letzten 5000 Jahre erstaunlich wenig verändert. Selbst Matratzen haben sich über die Jahrtausende nicht sehr verändert. Gras, Heu und Stroh, das in Säcke oder Leinentaschen gestopft wurde, diente jahrhundertelang als Basismatratze. Wer es sich leisten konnte, schlief auf mehreren Schichten, um dem Ungeziefer des Füllmaterials und dem stachligen Stroh zu entgehen. Ausgeklügelte technische Hilfsmittel, die das Einschlafen fördern oder überhaupt Schlaf ermöglichen sollen, sind erst im 21. Jahrhundert entstanden, samt allerhand Tricks und Scharlatanerie, um Schlaflosigkeit zu bekämpfen.

Zum Schlaf und zur Entwicklungsgeschichte des Schlafs

wurde viel Forschung betrieben, speziell erforscht hat man Schlafmuster wie den polyphasischen bzw. mehrphasigen Schlaf, der offenbar weitverbreitet war, bevor das elektrische Licht die Nacht zum Tag machte. Die Menschen schliefen z. B. vier Stunden am Stück, wachten dann auf und vertrieben sich die Zeit, indem sie Sex hatten, Träume analysierten, beteten, Dinge erledigten, sich mit Freunden trafen oder Verbrechen und andere teuflische Taten begingen, ehe sie wieder ins Bett gingen, um noch einmal etwa vier Stunden zu schlafen. Noch im 17. Jahrhundert hallten durch Londons Straßen gegen drei Uhr in der Frühe die Rufe der Händler, die ihre Waren anpriesen, folglich muss es schon zu dieser Stunde bereitwillige Kunden gegeben haben. Manche denken, unser moderner Wunsch, diesen ›natürlichen‹ Schlafrhythmus zu leugnen, habe dazu geführt, dass wir gegenwärtig viele Milliarden Dollar für Schlaftabletten ausgeben. Ob wir wohl imstande wären, unsere Schlafprobleme zu lösen, indem wir begreifen, wie wir die Dinge früher einmal gemacht haben?

Abgesehen vom Schlaf geschah noch vieles andere im Bett. Je nach Kultur und Sitten war es häufig ein Ort für Sex. Wer allerdings mit wem schlief, wann und wie, variierte von Gesellschaftsform zu Gesellschaftsform. Auch wenn es die Prinzen William und Harry bei der Vorstellung gruseln würde, der Sex in königlichen Betten war oftmals genauestens inszeniert. Schreiber führten Buch über das Liebesleben der Pharaonen und der chinesischen Kaiser. Außerhalb des Palasts konnte man seiner Lust sehr viel freier frönen, auch wenn das von den kirchlichen Autoritäten verurteilt wurde, die alles, was den Regeln zuwiderlief, mit besonders missbilligenden Blicken verfolgten.

Oft vergessen wir, wie bedeutsam das gesprochene Wort in Gesellschaften war, die des Schreibens nicht kundig waren, sondern alles mündlich von einer Generation zur anderen weitergaben. In dunklen Winternächten trugen die Stammesälteren und Schamanen Geschichten vor, rezitierten lyrische Gesänge und beschworen übernatürliche Geheimnisse. Die Geschichten mochten vertraut sein und sich wiederholen, aber sie erklärten den Kosmos sowie die Herkunft der Menschen und darüber hinaus, in welcher Beziehung die Menschen zu den gewaltigen Kräften der mystischen und natürlichen Welt standen. Die Zeit im Bett brachte die Menschen oft einander näher, sei es, um sich zu lieben oder voneinander zu lernen. Wo man schlief und seine Zeit verbrachte, war von elementarer Bedeutung für die eigene Existenz.

In der Geschichte der Menschheit existierte keine Privatsphäre, wie wir sie heute kennen. Bettgenossen hatte man viele, gaben sie doch Geborgenheit. Kinder, Eltern, selbst ganze Hausgemeinschaften oder Clans legten sich gemeinsam ins Bett. Die gesellschaftlichen Normen des Betts waren flexibel und änderten sich ständig. Bettgenossen konnten von einer Nacht auf die andere wechseln. Es gehörte zum Reisen, das Bett mit Fremden zu teilen, ob an Land oder auf See, bis ins 19. Jahrhundert war das sowohl in Europa als auch in Amerika üblich. In manchen Ländern ist es noch heute gang und gäbe. Gasthöfe vermieteten entweder Einzelbetten oder berechneten Pro-Kopf-Preise für die Reisenden, die sich mit mehreren Personen eine Schlafstatt teilten. Diese Sitte des Bettenteilens sorgte gewiss nicht immer für Heiterkeit. Andrew Barclay, ein englischer Dichter des 16. Jahrhunderts, beklagte sich: »Einige zucken, andere plappern, einige kommen betrunken ins Bett.«

Das Schlafgemach als separates Zimmer war einst das Symbol des Königtums und des Adels, doch selbst dann diente es oft als öffentliche Bühne. König Ludwig XIV. von Frankreich regierte das Land und verhandelte die Staatsangelegenheiten vom Bett aus. Erst im Verlauf der letzten beiden Jahrhunderte haben wir Bürgerlichen das Schlafzimmer abgetrennt und zu einem Ort der Privatsphäre gemacht. Aber selbst diese Privatsphäre fällt im futuristischen Hightech-Bett weg, das uns nahtlos mit der digitalen Welt verlinkt. Bis zur industriellen Revolution und selbst danach noch waren Betten ein sowohl pragmatischer als auch symbolischer Ort, eine Kulisse sozusagen für das Theater des Lebens.

Und was für eine Bühne die Betten boten! Für gewöhnlich beginnt das Leben im Bett und endet auch dort. Bei königlichen Geburten und Todesfällen stand viel auf dem Spiel, insbesondere dann, wenn die Thronfolge ungesichert war, was oft der Fall war in Zeiten, in denen die Lebenserwartung kurz war und ein Monarch unerwartet sterben konnte. Chinesische und indische Kaiser schliefen stets allein und bewacht, wie übrigens auch Elisabeth I. von England und die ägyptischen Pharaonen. Geburten und Todesfälle der Privilegierten spielten sich vor Zeugen ab. Britische Innenminister waren, bis Prince Charles zur Welt kam, bei königlichen Geburten zugegen, erst danach sah man von dieser Praxis ab. 42 hochrangige Personen des öffentlichen Lebens bezeugten 1688 im St James's Palace die Geburt des Sohns von König Jakob II. – ein Historiker aus Cambridge bezeichnete dieses Ereignis als den ersten Medienrummel im Zusammenhang mit einer königlichen Geburt.

Auch Sterbebetten waren von symbolträchtiger Bedeutung, genau wie die Totenbahre. In Berel (Kasachstan) fand man einen mongolischen Grabhügel aus der Zeit um 200 v. Chr. mit zwei skythischen Adligen, die auf vornehmen erhöhten Holzbetten ruhten. Außerhalb der Grabkammern lagen elf Pferde auf ›Betten‹ aus Birkenrinde, mit gut erhaltenen Sätteln und Geschirr. Diese Symbolik ist eng verknüpft mit dem Glauben der Mongolen an einen Himmelsgott, der auf einem Pferd sitzt – sinnbildlich für eine Welt, in der das Überleben und die Autorität von der Mobilität zu Pferd abhingen. Im Leben nach dem Tod wären diese Stammesführer ohne ihre Pferde machtlos gewesen.

Noch in der viktorianischen Zeit war es in England ein wichtiges Ritual, sich am Sterbebett zu versammeln, auch wenn Geselligkeit in Schlafzimmern inzwischen kritisch beäugt wurde. Die Trennung von Männern und Frauen wurde mit fanatischem Eifer vorangetrieben, insbesondere in der neuen städtischen Mittelschicht. Für sie war das Schlafzimmer zum privaten Rückzugsort geworden, und dieses Ideal hat sich seither im Westen verbreitet. Zum ersten Mal seit Jahrhunderten veränderte sich nun auch die grundlegende Beschaffenheit des Betts. Die Ausstattung der Betten wurde komplexer, nach 1826 kamen Sprungfedern aus Metall in Mode und lösten die traditionellen Spanngurte oder Seile ab. Maschinell hergestellte Bettwäsche aus Baumwolle, eine Errungenschaft der industriellen Revolution, wurde in viktorianischer Zeit zum Grundstock des gut ausgestatteten Leinenwäscheschranks. Große Sorgfalt musste darauf verwendet werden, das Bettzeug frisch und trocken aufzubewahren, denn man lebte in einer Ära dauerhafter Feuchtigkeit und fürchtete die damit einhergehende Tuberkulose. Eine viktorianische Hausfrau beklagte sich, dass die Bediensteten die Betten nie richtig machen würden. Den Angestellten falle immer nur ein, das Bett zuzudecken, aber dadurch werde es »muffig und unangenehm«. Heutige Experimente haben gezeigt, dass ein Bediensteter mindestens eine halbe Stunde brauchte, um ein viktorianisches Bett richtig zu machen. Aber erst in den 1970ern ereignete sich die große Revolution im Bettenmachen: Das Oberbett bzw. Federbett verbreitete sich, und von da an war es nicht mehr erforderlich, ständig irgendwelche Decken und Bezüge, also Ober- und Unterlaken, und andere Schichten in Betten zu wechseln und zu reinigen.

Heutzutage ist das moderne Bett ein Spiegel unserer zunehmend technisierten postindustriellen Gesellschaft, in der Multitasking gefragt ist. Betten sind mit USB-Anschlüssen und anderen technischen Finessen ausgestattet, damit man stets mit der Außenwelt in Kontakt bleiben kann. Gleichzeitig sorgen wachsende Einwohnerzahlen in den Städten und exorbitant hohe Immobilienpreise dafür, dass Millionen von Menschen in kleinen Eigentumswohnungen, in beengten Einzimmerappartments und überbelegten Hochhäusern leben. Das Bett verschwindet also entweder in der Wand, oder es hat wieder Einzug gehalten in die öffentlichen Bereiche der Wohnung.

Dieses Buch schlägt sozusagen die Decke zurück, die heute das Bett verhüllt, jene grundlegendste Erfindung des Menschen. Zum Vorschein kommt die eigenartige, bisweilen komische und stets fesselnde Geschichte eines Artefakts des Menschen, das häufig übersehen wird. Von unanständigen Bettgenossen, die in großen mittelalterlichen Hallen ausgelassen herumtollen, bis zu den Schlafgewohnheiten amerikanischer Präsidenten untersuchen wir die vielschichtigen Spielarten eines wenig erforschten Ortes und alles, was dort geschah.

Freigelegte Betten

»In fast jeder Sozialgeschichte und Biographie fehlt jeweils ein Drittel der Story.« Das schrieb der Architekturmaler und Möbelexperte Lawrence Wright in den 1960ern, während er über die bettförmige Lücke in unserem Bild der Vergangenheit nachsann.[1] Betten fehlen auch bei den meisten archäologischen Funden. Aber wenn man tief genug gräbt, entdeckt man auch etwas, und für uns Archäologen ist das Bett als Artefakt der logische Ort, um mit unserer horizontalen Geschichtsbetrachtung zu beginnen.

Das Verlangen, sich hinzulegen

Die zeitliche Einordnung, wann wir Menschen zum ersten Mal Betten benutzten, hängt davon ab, wie man ein Bett definiert. Unsere ersten Urahnen schliefen vermutlich hoch über dem Boden, in etwa so wie unsere heutigen Verwandten, die Primaten, und zwar womöglich in Nestern aus Zweigen und Gras. Und das mussten sie auch: Denn in den Landstrichen unserer Urheimat in Ostafrika wimmelte es nur so von gefährlichen Tieren, die uns verspeisen wollten. Sich hoch oben zur Ruhe zu begeben, erwies sich über Millionen Jahre als praktisch, und unsere Vorfahren gediehen ohne schützendes Feuer oder effiziente Jagdwaffen. Da sie am verwundbarsten waren, wenn sie schliefen oder ihren Nachwuchs versorgten, hielten sie Ausschau nach Ruheplätzen auf starken Ästen, die biegsam genug waren, und bauten sich vielleicht Nester aus Gras und Blättern. Natürlich sind diese Nester in den Baumkronen im Lauf der Zeit verlorengegangen.

Bei unseren nächsten lebenden Verwandten, den Schimpansen, können wir uns einen Eindruck davon verschaffen, auf welche Weise unsere Vorfahren ihre Betten aussuchten und bauten. Im Semliki-Nationalpark im Westen Ugandas nutzen Schimpansen die starken, weit verzweigten Äste des Eisenholzbaumes; sie verweben die einzelnen Triebe und bauen sich daraus haltbare Schlafstätten.[2] Andere Schimpansenpopulationen suchen sich ihr Nestmaterial ebenfalls sehr genau aus, die meisten Tiere bauen sich jeden Tag eine neue Schlafstatt. Das bedeutet, dass ihre Betten erstaunlich sauber sind, da sich dort weniger Fäkalbakterien und Hautbakterien finden als im Durchschnittsbett des Menschen.[3] Wir können davon ausgehen, dass unsere Urahnen das genauso handhabten. Hoch über dem Boden werden sie ihre Nester zum Schlafen, zum Ausruhen in der Hitze des Tages und zur Fortpflanzung benutzt haben. Heutzutage gibt es keine Menschen mehr, die gewohnheitsmäßig in Baumnestern schlafen.

Vor etwa zwei Millionen Jahren – der genaue Zeitpunkt ist strittig – domestizierten unsere Vorfahren das Feuer. Feuer brachte Wärme, mit Feuer konnte man Nahrung zubereiten, vor allem aber schützte es vor wilden Tieren. Sobald unsere Urahnen das Feuer gezähmt hatten, gingen sie dazu über, auf dem Boden zu schlafen, an Feuerstellen in offenen Lagern im Freien, unter Felsüberhängen oder in Höhlen. Das Feuer erleichterte gemeinsame Mahlzeiten, und die verführerische Wärme veranlasste die Urmenschen dazu, enger zusammenzurücken. Das Feuer half dabei, enge Beziehungen innerhalb kleinerer Gruppen zu knüpfen. Feste Heimstätten und Familienbande gewannen an Bedeutung. Die Beziehungen zwischen Mann und Frau dürften sich grundlegend geändert haben. Die Nähe zum Feuer und enger Körperkontakt Nacht für Nacht sorgten dafür, dass aus wahllosen, zufälligen sexuellen Begegnungen gewohnheitsmäßiger Sex mit demselben Partner (oder denselben Partnern) wurde, und zwar an gemeinsam genutzten Schlafstätten. Die Paarbindung mag relativ spät in der Evolution des Menschen entstanden sein, und es ist faszinierend, wenn man sich vorstellt, dass technische Errungenschaften – wie das Feuer und das Bett – zu der Entwicklung beigetragen haben. Das Bett, vielleicht nicht mehr als ein Haufen Gräser oder ein Tierfell, wurde zu einem zentralen Element im alltäglichen Leben. Nicht allein der Schlaf stand im Mittelpunkt, sondern auch das alltägliche Teilen und die Fellpflege.

Zugegeben, viele der Beschreibungen urzeitlicher Verhaltensweisen sind nur gelehrte Mutmaßungen. Erst mit den ältesten bekannten Betten erhalten wir konkrete archäologische Beweise, was der Mensch zu tun pflegte. Diese Schlafstätten stammen aus der Sibudu-Höhle bzw. einem Felsüberhang in einer Sandsteinformation oberhalb des Flusses Tongati in Südafrika, 40 Kilometer nördlich von Durban und 15 Kilometer entfernt vom Indischen Ozean.[4] Eine Gruppe von Homo sapiens, die uns von den körperlichen und zweifellos auch den geistigen Fähigkeiten her glich, suchte diese Höhle vor etwa 77 000 Jahren mindestens 15-mal auf und schlief dort. Üppige Schichten von Gras, Riedgräsern und Binsen, wie sie noch heute im Uferbereich des Flusses wachsen, zeugen davon, dass sich Homo sapiens darin regelmäßig und mit Bedacht schlafen gelegt hat. Jeder, der in einer Höhle oder unter einem Felsvorsprung schläft, wird feststellen, wie schwierig es ist, diese Stätte sauber und frei von Insekten zu halten. Doch die Sibudu-Menschen waren wahre Experten. Sie schützten sich mit den mit ätherischen Ölen versetzten Blättern der Kap-Quitte – ein Lorbeergewächs der Gattung *Cryptocarya woodii* –, deren chemische Komponenten Insekten töten können, weshalb sie Moskitos und andere Plagegeister fernhält. Die Höhlenschläfer verbrannten zudem regelmäßig ihre Schlafstätten, um Insekten und Abfälle loszuwerden, ehe sie frische Gräser und Binsen holten, um neue Betten zu bauen. Offenbar bevorzugten sie King-Size-Betten. Die meisten Schlafstätten nehmen eine genutzte Fläche von drei Quadratmetern ein. Somit waren sie weitaus mehr als nur ein Ort zum Schlafen. Die Menschen bereiteten dort Nahrung zu und aßen, während sie auf den Gräsern ruhten, und wie es scheint, kombinierten sie ihre Aktivitäten gern.

Vor 50 000 Jahren schliefen unsere Vettern, die Neandertaler, in der Esquilléu-Höhle südwestlich von Santander im Norden Spaniens ebenfalls auf Grashaufen. Etwa 23 000 Jahre später bewohnten unsere direkten Vorfahren eine Siedlung für die Jagd und zum Fischen, und zwar Ohalo II am Ufer des Sees Genezareth in Israel.[5] Die ursprünglich überflutete Siedlung, die erst bei niedrigem Wasserstand sichtbar wurde, wies einen ovalen Hüttenboden auf, der sorgsam bedeckt worden war mit Gräsern vom Ufer des Sees, die weiche, zierliche Stängel besaßen. Die Grassammler durchtrennten diese Stängel mit scharfrandigen Steinwerkzeugen und verteilten die Gräser auf dem Boden. Dann brachten sie eine kompakte Lehmschicht auf, die das Gras schützte, und stellten auf diese Weise eine simple, dünne Matte her. Die weiche Grasschicht bot einen guten Schlafplatz. Die Bewohner dieser Siedlung arrangierten die Grasbüschel wie Fliesen nah an den Wänden und ließen in der Mitte der Hütte eine Fläche für die Herdstatt frei. Die Schlafstätten der Ohalo-Bewohner waren bereits recht ausgereift. Einfache Grasschichten um eine zentrale Feuerstelle dienten der Zubereitung von Nahrung und dem Anfertigen von Werkzeugen. Es handelt sich zwar nicht gerade um ein prähistorisches Bed-and-Breakfast, aber doch um einen Ort, an dem die Menschen den nächtlichen Schlafkomfort ernst nahmen. Die Schlafstellen waren voneinander getrennt, wie in heutigen Jagdlagern.

Über Tausende von Jahren schliefen Menschen Kopf an Kopf, nah bei den Feuerstellen und eng beieinander, um sich gegenseitig zu wärmen. In kälteren Zonen schliefen sie unter Fellen und Tierhäuten. Wärme und Schutz waren Grundbedürfnisse der Schlafenden der Urzeit. Privatsphäre gab es nicht: Die Menschen suchten sich einen Partner, bekamen Kinder, säugten sie an der Brust, wurden krank oder starben – all das spielte sich in unmittelbarer Nähe zu den anderen Mitgliedern der Sippe ab. Nur wenige Fundstellen rufen uns diese Realität in Erinnerung, unter anderem die Hinds-Höhle im Osten von Texas, die in einem Nebencanyon des Flusses Pecos liegt.[6] Menschen suchten die Höhle bereits etwa 7000 v. Chr. auf. Drei Raummeter trockener Höhlenfüllung sind eine wahre Fundgrube für Archäologen, erhalten ist so gut wie alles: Pflanzenreste, Überbleibsel von Matten und Körben bis hin zu Schlafstätten. In kleineren Gruppen von 10 bis 15 Personen suchten die Menschen die Höhle auf und nutzten sie über einen Zeitraum von Tausenden von Jahren immer auf dieselbe Weise. In zwei Bereichen, der eine im hinteren Bereich der Höhle, der andere in einem Alkoven, fanden sich Überreste von grasgepolsterten Schlafgruben und Herdstellen. Zwischen den beiden Schlafbereichen befand sich eine breite Latrine. Die Höhlenbewohner hoben flache Gruben zum Schlafen aus und bedeckten sie mit kleineren, belaubten Zweigen. Darüber kam eine gut gepolsterte Schicht aus verwobenen Mattenfragmenten, manchmal weggeworfene Sandalen, zuletzt eine weiche Grasfüllung und eine Schlafmatte. Diese Schlafgruben müssen recht eng gewesen sein, denn sie waren etwa 90 Zentimeter lang und 60 Zentimeter breit. Zweifellos Schlafplätze, die keine andere Funktion hatten. Die Menschen müssen mit angezogenen Beinen geschlafen haben, vielleicht damit der Körper nicht auskühlte.

Schlafen bei den Urahnen

Springen wir ins Jahr 3200 v. Chr. ans Südufer der Bucht von Skaill auf den Orkneyinseln. Die Bucht ist ein sturmgepeitschter, windiger Ort. Während einer Sturmflut im Jahre 1850 spülte das steigende Wasser die Grassoden auf einem Hügel fort, der unter dem Namen Skerrabra (heute Skara Brae) bekannt war. Zum Vorschein kamen die Mauerreste alter Steingebäude. Der örtliche Laird, William Watt of Skaill, ließ vier Behausungen ausgraben, ehe die Arbeiten eingestellt wurden. An der Fundstelle tat sich erst wieder etwas im Jahre 1925, als eine weitere heftige Sturmflut einige der Gebäude beschädigte. Die Bewohner errichteten einen Wall, um die Stätte zu schützen, und entdeckten dabei weitere Grundmauern. Zwischen 1928 und 1930 legte Vere Gordon Childe von der Universität Edinburgh, einer der bedeutendsten Archäologen seiner Zeit, die Gebäudeüberreste aus ihrer sandigen Umhüllung frei.

Selbst der unermüdliche Childe, der sich wie kaum ein anderer mit antiken europäischen Gesellschaften auskannte, hatte so etwas wie Skara Brae noch nie gesehen.[7] Er legte acht gut erhaltene Behausungen frei, die mit niedrigen, tunnelartigen Gängen miteinander verbunden waren. Die Mauern dieser Behausungen stehen bis heute; die steinernen Platten der Gänge waren noch intakt. Viel wichtiger ist jedoch, dass die steinerne Innenausstattung in den Behausungen noch vorhanden war. Jedes Haus besaß einen großen, rechteckigen Raum mit zentraler Herdstelle, je zwei Betten auf beiden Seiten und eine Art Anrichte mit Fächern an der Wand gegenüber dem Eingang. Dank der Radiokarbonmethode wissen wir, dass Skara Brae sechs Jahrhunderte lang bewohnt war, und zwar zwischen 3200 und 2200 v. Chr.: Es handelt sich um eine Siedlung von Bauern der Jungsteinzeit. Zum ersten Mal taucht in Großbritannien das Bett in der Geschichte der Menschheit aus ferner Vergangenheit auf.

Die steinernen Behausungen spiegeln einen grundlegenden Wandel in der Gesellschaft auf den Orkneyinseln wider. Drei Jahrhunderte zuvor hatten die Orkneybewohner noch in Holzbehausungen gelebt, deren Inneres in einzelne Segmente unterteilt wurde. Interessanterweise findet sich diese Einteilung der Wohnhäuser auch in der Form der Grabkammern wieder. Schwer zu erklären, warum diese Menschen das so handhabten, aber in ihrer neuen Welt – in der sie inzwischen das Land bestellten und bewirtschafteten – wollten sie vermutlich klare Bezüge zu ihren verstorbenen Vorfahren behalten. Es handelte sich um überschaubare Siedlungen, wahrscheinlich dienten sie kleinen Sippen, für die der Anspruch auf ein bestimmtes Stück Land einen hohen Stellenwert besaß. Vorrechte der Vorfahren spielten eine bedeutende Rolle im täglichen Leben.

Aber sobald diese Menschen steinerne Häuser errichteten, veränderte sich das Gleichgewicht von Leben und Tod auffallend. Anders als die hölzernen Behausungen dienten die Steinhäuser bei Skara Brae und andere Siedlungen aus jener Zeit mehreren Generationen. Fortan lebten die Menschen dort in den soliden, haltbaren Häusern ihrer Vorfahren und bauten sie teilweise aus. Nach wie vor bestatteten sie ihre Verstorbenen ganz in der Nähe. Über Generationen waren die Bauern nun an ihre Äcker und Weideflächen gebunden. Für eine dauerhafte Landwirtschaft und den Bau von Häusern aus Stein benötigt man viele Personen, die gewohnheitsmäßig zusammenarbeiten und zusammenleben.

In Hütte Nr. 8 befand sich gegenüber vom Eingang eine Art steinerne Anrichte mit Fächern. In der Mitte des Raums lag die Herdstelle. Zwei steinerne Betteinfassungen säumen je eine Wand, parallel zur Herdstelle. Das Bett auf der rechten Seite ist wie in allen Behausungen größer als das auf der linken. Viele haben vermutet, das größere Bett sei für einen Mann und das kleinere für eine Frau, die Verteilung kann aber auch andere Gründe gehabt haben, vielleicht wurden die Betten den Bewohnern je nach Alter zugeteilt. In einem der Häuser lassen höhere Phosphorkonzentrationen in einem Bett nahe der Tür den Schluss zu, dass dort Babies und kleine Kinder geschlafen haben, die noch ins Bett machten. Aber das sind Spekulationen.

Jedenfalls befanden sich die größeren Betten stets auf der rechten und die kleineren auf der linken Seite. Aber im Gegensatz zu den Schlafplätzen der Sibudu- und Ohalo-Fundstätten, die offenbar auf unterschiedliche Weise genutzt wurden, waren die Skara-Brae-Betten klein und deuten klar darauf hin, dass die Bandbreite der Aktivitäten geringer ausfiel. Diese Betten boten nur einem Erwachsenen und eventuell noch einem Kind Platz, insbesondere nachdem die Schlafstatt noch mit Tierhäuten und Fellen ausgepolstert worden war. Zwar mag sich ein unruhiger Schläfer eingeengt gefühlt haben, doch Wärme muss in dieser unwirtlichen, kalten Gegend das Wichtigste gewesen sein. Während der langen dunklen Winter dürften die Bewohner viel Zeit eingehüllt in Decken und Fellen verbracht haben, am Herdfeuer liegend oder sitzend. Dieser zentrale, von Feuer erleuchtete Bereich war der Ort, an dem sich die Menschen Geschichten erzählten, an dem sie plauderten, scherzten, ihre Kinder stillten,

Ein Haus auf Skara Brae, Orkneyinseln, Schottland, vermutlich mit steinernen Kastenbetten rechts und links

aßen und vielleicht auch Sex hatten – wenn man bedenkt, dass die Schlafstätten eng waren und man ohnehin andere Vorstellungen von Privatsphäre hatte.

Für die Nacht zog man sich wohl in die behagliche Einsamkeit der Kastenbetten zurück. Löcher im näheren Umfeld des Bettrands lassen vermuten, dass die Betten vielleicht von Stangen eingefasst waren, an denen Vorhänge hingen, die für zusätzliche Wärme sorgten oder das helle Licht der Sommermonate auf den schottischen Inseln abhalten sollten.

Aber ganz in der Nähe, in Hütte Nr. 7, spielte sich etwas anderes ab. Dieses Haus lag abseits der Nachbarbauten und konnte nur über einen Seitenzugang betreten werden. Im Innern fand man die sterblichen Überreste zweier Frauen, die in einer steinernen Grabkammer lagen, und zwar unter dem Bett an der rechten Hauswand. Die Frauen lagen in einem Steinkistengrab mit Verzierungen, das errichtet worden war, bevor das eigentliche Haus entstand. Vermutlich gehörte die Bestattung der Toten zum Ritual der Grundsteinlegung des Hauses. Die Tür von Hütte Nr. 7 konnte man nur von außen verschließen, wahrscheinlich um die Bewohner im Haus zu halten. Archäologen haben gerätselt, was es mit Hütte Nr. 7 für eine Bewandtnis hatte. Handelte es sich bei diesem abseits gelegenen Gebäude um einen Ort, an dem man die Toten vor der eigentlichen Bestattung auf einem Bett aufbahrte? Oder war es ein Geburtshaus, um die Abläufe rund um die Geburt streng vom alltäglichen Leben zu trennen? Spiegeln diese Bestattungen erneut ein Interesse an der Fortdauer des Lebens wider, zwischen Vergangenheit, Gegenwart und Zukunft? Für Gemeinschaften, die vom Ackerbau abhängig waren, prägte der endlose Zyklus der Jahreszeiten bzw. der Kreislauf von Aussaat, Wachsen und Ernte die menschliche Existenz. Die Symbolkraft von Geburt, Erwachsenwerden und schließlich Tod rief einem in Erinnerung, dass das Leben bereits zur Zeit der Vorfahren so verlief, wie es auch für die Nachgeborenen verlaufen würde.

Aber die Menschen, die einst dort schliefen, sind längst von uns gegangen. Die Tierhäute, Stoffe oder Gräser, die ihnen Wärme und Behaglichkeit spendeten, haben sich in den Tiefen der Zeit aufgelöst. Wie können wir uns dann überhaupt sicher sein, dass wir es mit Betten zu tun haben? Selbst bei der gut erhaltenen Fundstelle von Skara Brae war Childe gezwungen, gelehrte Mutmaßungen anzustellen. Entdeckungen jüngeren Datums verraten uns aber, dass er mit ziemlicher Sicherheit recht hatte. In einem anderen Dorf aus der Zeit der Siedlung von Skara Brae fand man 15 freistehende Gebäudereste bei Barnhouse, nördlich von den Stones of Stenness, dem heiligen Steinkreis an der Antaness-Landspitze der Hauptinsel der Orkneys. Zu der steinernen Inneneinrichtung dieser Häuser gehören weitere Kastenbetten. Eins der Häuser weist sechs Nischen auf, die womöglich als Schlafstellen dienten.[8]

Die Einrichtung auf den Orkneys hat die Zeiten überdauert, weil sie aus Stein besteht – aber was, wenn die Betten aus Holz bestanden, gestützt von Pfosten? In den meisten Fällen ist dann alles längst verschwunden. Gelegentlich kann man bei professionellen Ausgrabungen eine Anordnung von Pfostenlöchern freilegen, die sich in hellen Böden als Verfärbungen zeigen. Auf wundersame Weise entstehen dann vor unseren Augen Betten, zumindest ihre Stützen. Am anderen Ende Großbritanniens, auf einem Untergrund aus weißem Kalk, liegt die große Anlage von Durrington Walls – ein sogenanntes Henge-Monument –, drei Kilometer nordöstlich von Stonehenge. Der Archäologe Mike Parker Pearson und seine Kollegen sind ausgewiesene Experten, wenn es darum geht, unauffällige Bodenverfärbungen zu interpretieren.[9] Mit Hilfe von Bürsten und Kellen identifizierten sie die Löcher der Holzpfosten der Hüttenwände sowie die flachen Furchen, in denen einst horizontale Planken oder Stämme ruhten. Es handelte sich um Stützlöcher für Balken: Mehr ist nicht übrig geblieben von den Grundabmessungen der Kastenbetten und Ablagefächer. Parker Pearson musste sofort an die Skara-Brae-Betten denken, aber diese Kästen waren in Holz eingefasst. Doch es gab noch mehr zu entdecken. Ein größeres, rechteckiges Haus neben einem Weg, der von Durrington Walls zum nahe gelegenen Fluss führt, besaß einen Eingang, der nach Süden wies, und einen gepflasterten Boden. An der westlichen Wand fand man die Grundabmessungen eines Kastenbetts, ebenso an der gegenüberliegenden Wand. Weitere drei Häuser wiesen Kastenbetten auf, die um eine zentrale Herdstelle gruppiert waren. Die Betten von Durrington Walls sind heute nichts weiter als schattenhafte Geister in kalkhaltigem Boden.

In den Siedlungen von Durrington Walls und den Orkneys dienten Betten dazu, darin zu schlafen und sich warm zu halten. Aber gemessen an den Funden auf den Orkneyinseln besaßen sogar diese einfachen Schlafstätten eine symbolische Bedeutung: Sie standen sinnbildlich für die Fortdauer des Lebens. Betten auf den Inseln Gozo und Malta im Mittelmeer, die ebenfalls aus der Jungsteinzeit stammen, weisen eine ähnliche symbolische Bedeutung auf. Doch bei diesen Betten findet sich eine entscheidende Innovation: Sie haben Füße.

Zwischen 3500 und 2500 v. Chr., als sich die ersten Zivilisationen in Ägypten und Mesopotamien entwickelten, erfreuten sich kleinere Ackerbaugesellschaften auf Malta und Gozo einer ausgereiften Kunsttradition, die sich in Begräbnisstätten und Tempelbauten manifestierte. Die Menschen dort wohnten in kleinen Gemeinschaften zusammen, die vom Ackerbau lebten, aber was diese Siedlungen verband, waren gemeinsam genutzte Begräbnisstätten und andere Zentren ritueller Handlungen, verteilt über beide Inseln. Diese Gemeinschaften lebten isoliert von der Außenwelt, erreichen konnte man Gozo oder Malta nur mit einfachen Wasserfahrzeugen, aber solche Reisen waren gefährlich. Diese sprichwörtliche Insellage hat offenbar dazu geführt, dass die Bewohner eine außergewöhnlich ausgereifte Vorstellung vom Kosmos hatten, dem sie an geheiligten Stätten huldigten.

Bei den alten Tempeln auf Gozo und Malta handelt es sich um komplexe Anlagen. Über schmale Eingänge gelangte man zu einem vorgelagerten Hof, in dem Zuschauer rituelle Handlungen verfolgen konnten. Die Sichtachsen waren so bemessen, dass man zwangsläufig vom Eingangsbereich in Richtung der Altäre und Stätten blickte, auf denen rituelle Gegenstände wie z. B. kleinere Figuren ausgestellt waren. Die Innenräume der Tempel bestanden aus ovalen Kammern und Gängen, aber wahrscheinlich haben nur wenige Menschen je diese inneren Bezirke betreten, die eigens mit einer Art Sperre abgetrennt waren. Die jeweilige rituelle Bildhaftigkeit der abgetrennten Tempelbezirke und Kunstgegenstände entzieht sich unserem Wissen. Unterirdische Begräbnisstätten oder Hypogäen spiegeln die Ausmaße der oberirdischen Anlage, weisen aber labyrinthische Verzweigungen und Areale auf, die einem noch strengeren Zutrittsverbot unterlagen. An diesen Orten, an denen die Gemeinschaften für rituelle Bräuche zusammenkamen, die mit der Bestattung der Toten in Verbindung stehen, stoßen wir unerwartet auf Betten.

Die reich bemalten Wände der Hypogäen zeigen sowohl männliche als auch weibliche Figuren, die auf einer Bank oder einem Bett sitzen oder liegen.[10] Sieben dieser Bettfiguren sind

Skulpturen, einige stammen von Begräbnisstätten und vermitteln den Eindruck, als würden sie den Tod als langen Schlaf darstellen. Alle Figuren tragen Röcke, vielleicht um den Status der Person zu betonen. Eine schlafende Frau aus dem Ħal-Saflieni-Hypogäum auf Malta liegt auf der Seite, die Arme vor dem Körper, die Beine lang ausgestreckt. Den Kopf stützt sie dabei auf einen Arm, als würde sie bequem liegen. Die Archäologin Caroline Malone ist der Ansicht, diese liegende Position könnte eine traumhafte Erfahrung darstellen, womöglich eine Reise durch einen vielschichtigen Kosmos, durch die Reiche der Lebenden, der Toten und die Sphäre des Übernatürlichen. Zwei Skulpturen aus dem Brochtorff-Steinkreis auf Gozo sitzen aufrecht auf einer Bettstatt und halten eine kleine Person, vielleicht ein Kind, und einen kultischen Kelch. Es handelt sich um herrschaftliche Figuren auf einem Bett, das mit Spiralmustern verziert ist. Sie wurden nahe bei zahlreichen kleinen Behältern platziert, die roten Ocker enthielten. Malone mutmaßt, dass diese Gefäße und viele der Skelette in unmittelbarer Nähe, die mit rotem Ocker bestrichen sind, womöglich den zeitlosen Kreislauf von Geburt, Leben und Tod darstellen. Zwei Figuren auf Betten, die man auf einem Abfallhaufen außerhalb einer anderen Stätte fand – bei dem Tempel von Tarxien auf Malta –, besaßen Torsos, oder vielleicht nur Köpfe, die man abnehmen bzw. bewegen konnte. Eine dieser Figuren hat dicke Beine, die über die Bettkante ragen, während zwei Figuren darunter durch die Bettstreben nach oben schauen. Vielleicht stellen diese mehrschichtigen Skulpturen Gottheiten der Ahnen dar, die Generationen von Lebenden und Toten beschützten. Die Betten selbst weisen kreuzweise Streben und Einfassungen auf, die mit ihrer Untertassenform bequeme Ruhestätten bilden. Mehrere Schichten aus Binsen oder Stroh waren verflochten und mit dem Bettrahmen verbunden. Diese Betten scheinen kurze Stummelbeine gehabt zu haben.

Die Ausgestaltung der Tempel und der dazugehörigen unterirdischen Begräbnisstätten scheint darauf hinzudeuten, dass die Menschen eine ganz bestimmte Vorstellung von der diesseitigen

Die schlafende Frau von Ħal-Saflieni, Malta, etwa 3000 v. Chr.

und der übernatürlichen Welt hatten: Man stellte sich einen vielschichtigen Kosmos vor, der von einer unterirdischen Sphäre des Todes bis in den Götterhimmel reichte. Gewiss war in der frühzeitlichen Welt auf Malta nicht alles ruhig und beschaulich, aber viele der Darstellungen, darunter auch die schlafende Frau von Ħal-Saflieni, vermitteln einen Eindruck von einem ruhigen und behaglichen Dasein. Dort waren Betten weitaus mehr als Orte für alltägliche Aktivitäten. Sie waren kosmologische Plattformen, die eine Verbindung herstellten zwischen den Lebenden und ihren Ahnen.

Niedrig schlafen

Obwohl es frühe Nachweise von Betten mit Füßen gibt, schliefen die meisten Menschen auf dem Boden. Selbst heute haben viele Menschen auf der ganzen Welt, insbesondere selbstversorgende Bauern oder ärmere Leute, nie etwas anderes kennengelernt. Mit einem Bett, das nicht den Boden berührte, setzte man sich von anderen ab, es war ein frühes Statussymbol. Als einfacher Untertan im Ägypten der Pharaonen schlief man fast ausschließlich auf dem Boden, vielleicht auf einer Binsenmatte oder einer simplen Matratze, die mit Stroh oder Wolle gefüllt war, damit man auf hartem Untergrund etwas bequemer lag. Wer heute auf modernen Matratzen ruht, tut sich vielleicht mit der Vorstellung schwer, auf dem Boden zu schlafen, aber es heißt, das sei gut für den Körper.

Der Physiotherapeut Michael Tetley beschäftigt sich schon sein ganzes Leben mit Primaten und Menschen, die direkt auf dem Boden schlafen. Als er 1953–54 eine Einheit afrikanischer Soldaten befehligte, zeigten ihm die Männer, wie man auf dem Boden auf der Seite schläft, aber ohne Kissen, damit man beide Ohren frei hat und Gefahren rechtzeitig hört. Tetley hatte herausgefunden, dass Berggorillas, Schimpansen und Gibbons ohne kissenartiges Hilfsmittel auf der Seite schlafen. Viele Menschen handhaben das auch so, sie benutzen den angewinkelten Arm als Kissen und verschieben die Schulter dergestalt, dass Hals und Nacken abgestützt sind.

Tetley listete alle sicheren Arten des Schlafens ohne Betten auf und stieß dabei auf Schlafpositionen, die bislang noch nicht dokumentiert waren. Tibetanische Nomaden schlafen auf ihren Schienbeinen, während Völker der Sahara bisweilen in der Hocke schlafen. Wer mit derartigen Positionen vertraut ist, für den sind sie offensichtlich sehr bequem.[11] Tetley, ein Mann, der nicht vor praktischen Fragen zurückscheut, hielt darüber hinaus die verschiedenen Positionen fest, die Männer beim Schlafen im Freien einnehmen können, um zu verhindern, dass der Penis von Insekten gestochen wird. Gleichwohl entscheiden sich nur wenige Menschen dafür, im Freien nackt auf dem Boden zu schlafen: Denn wir fühlen uns in einem solchen Fall zu verletzlich, nicht zuletzt angesichts der Insekten und Kriechtiere, die – ob eingebildet oder real – uns stechen oder in unsere Haut eindringen könnten, ganz zu schweigen von den verschiedenen Körperöffnungen.

Manche Volksgruppen zogen das Schlafen auf dem Boden den Betten vor: eine bewusste kulturelle und ästhetische Entscheidung, ungeachtet von Reichtum oder Status. In Asien war das Schlafen auf dem Boden selbstverständlich, auch dann noch, als in China etwa zwischen 1200 und 1000 v. Chr. die erhöhte Plattform zum Schlafen aufkam. Japaner schliefen bis in die Moderne gewohnheitsmäßig auf dem Boden. Etwa vom 8. Jahrhundert n. Chr. an benutzten sie leichte Decken oder Reisstrohmatten, die sich von der Form her ein wenig dem menschlichen Körper anpassten und den gesamten Fußboden eines Raums bedeckten, bekannt unter dem Namen *tatami* (abgeleitet von *tatamu* ›falten‹). Tatamis benutzte man zum Schlafen und zum Sitzen, und bald waren sie so standardisiert, dass man sie zur Erstellung von Wohnraumstatistiken verwendete: Die Anzahl der Tatamis entsprach der Anzahl der Zimmer eines Hauses. Der Futon, eine mit Baumwolle gefüllte Matratze, die man auf den mit Matten ausgelegten Fußboden legte, kam im Verlauf des 17. Jahrhunderts in Mode. Futons haben den großen Vorteil, dass sie transportabel sind. In den heutigen beengten städtischen Apartments werden sie zusammengelegt und verstaut, so dass die eigentliche Schlaffläche für andere Zwecke genutzt werden kann.

Erhöhte Betten waren am osmanischen Hof in Konstantinopel unbekannt. Sogar der Sultan schlief auf einer niedrigen Plattform, die mit Teppichen und Kissen bedeckt war, das Bett war nichts anderes als ein knapp erhöhter Teil des Fußbodens. Man schlief überall dort, wo man sein Bettzeug ablegen konnte. Angehörige von Bettelorden bevorzugten oft den Fußboden, in der Überzeugung, das Schlafen auf hartem Untergrund stelle eine Verbindung her zu den spirituellen Tugenden der Armut. Sobald man allerdings zum Schlafen in einem Bett übergeht und gleichsam vom Boden abhebt, verändert sich die Dynamik des Schlafens. Man benötigt oft Kissen, darüber hinaus wird man anfälliger für Beschwerden im unteren Rücken. Das Schlafen auf dem Boden oder einem anderen harten Untergrund war also nicht notwendigerweise schlecht, aber irgendwann kamen Aspekte des sozialen Prestiges ins Spiel. Betten mit Füßen symbolisierten fast durchweg soziale Erhöhung, für gewöhnlich für die Wohlhabenden und den Adel.

Erhöht schlafen

Wenn man bedenkt, dass soziale Ungleichheit ein Markenzeichen der Zivilisation ist, dann erstaunt es wohl kaum, dass mit dem Aufkommen der Ungleichheit erhöhte Betten auf Füßen in den Mittelpunkt der Betrachtung rücken. Die Sumerer Mesopotamiens benutzten hölzerne Bettrahmen auf Füßen. Frühe ägyptische Betten waren im Grunde nichts anderes als Holzrahmen mit Füßen, während Leder- oder Stoffriemen oder sorgfältig verwobene Binsen die eigentliche Schlafplattform bildeten. Viele dieser erhöhten Betten wiesen Füße unterschiedlicher Länge auf, wobei das Kopfende jeweils am höchsten aufragte. Manchmal bildete eine Art Fußbrett das untere Ende dieser Schlafstätten.

Trockenes Klima ist der beste Freund derer, die als Archäologen nach Betten graben, denn oft überdauern Holzobjekte darin die Jahrtausende. Im Wüstenklima Ägyptens sind einige imposante Betten erhalten geblieben. Der Wesir Mereruka lebte am Ende der VI. Dynastie (um 2300 v. Chr.) und diente König Teti. Als zweithöchste Persönlichkeit in Ägypten nach dem Herrscher hatte er große Verantwortung zu tragen, unter anderem fungierte er als »Vorsteher der Königlichen Amtsschreiber«.[12] Mereruka heiratete Tetis Tochter Seschseschet Watetchethor und wurde somit der Schwiegersohn des Pharaos. Nach dem Tod wurde das Paar in einem Grabbau mit 33 Räumen bestattet, in Sakkara in Unterägypten. Die Gemälde und Reliefs an den Wänden der Grabkammern vermitteln einen farbenfrohen Eindruck von ihren täglichen Aktivitäten – und von ihrem Bett.

Fünf Räume der Nekropole sind der Ehefrau Watetchethor vorbehalten. In einer Szene sitzt der Wesir am Kopfende des

Ehebetts, mit dem Ellenbogen stützt er sich offenbar auf der Kopflehne ab, während Watetchethor am Fußende kniet und Harfe spielt. Fein aufgereiht unter dem Bett sieht man Opferschalen, Krüge und andere Behältnisse. In einem anderen Bereich der Wandreliefs sieht man ein großes Bett mit Löwenfüßen. Zwei Männer breiten das Laken aus, während fünf Bedienstete wartend zuschauen, die Hände auf der Brust gekreuzt. All diese Personen tragen den Titel »Aufseher des Leinens«. Mereruka nähert sich dem Bett, hält seine Ehefrau an der Hand, gefolgt von männlichen und weiblichen Bediensteten. In einer weiteren Bildfolge ist das Laken fertig ausgebreitet, die Kopflehne ist in Position. Das Wandgemälde symbolisiert die bevorstehende körperliche Vereinigung des Paars. Mereruka wird »Er des gemachten Bettes« genannt, während Watetchethor »Sie der Kopflehne« heißt. Viel erotischer wurde es nicht, wenn antike ägyptische Künstler die Wände von Grabkammern bemalten. Die Themen Geburt und Wiedergeburt umgaben adlige und königliche Betten. Kopflehnen aus Stein, Ton oder Holz standen in

Tutanchamuns Bestattungsbetten in der Vorkammer seines Grabes, 1922

Zusammenhang mit der aufgehenden Sonne und Wiedergeburt und dienten sowohl den Lebenden als auch den Toten.

Als Schwiegersohn des Pharaos besaß Mereruka ein Bett von höchster Qualität. Drei Jahrhunderte zuvor, etwa 2580 bis 2575 v. Chr., war die Königin Hetepheres mit prächtigen Möbelstücken ins Reich der Ewigkeit eingegangen; dazu gehörte auch ein mit Gold überzogenes Himmelbett mit Füßen. Da das Holz längst verrottet war, rekonstruierte der Ägyptologe George Reisner das Bett anhand der losen Bestandteile aus Metall. Viele Jahrhunderte danach hielt der jugendliche König Tutanchamun samt sechs Betten mit Katzenpfoten Einzug ins Reich der Ewigkeit – das spektakulärste Bett bestand aus Ebenholz und war mit einer dicken Schicht Blattgold überzogen.[13] Das Blattgold weist Kratzer auf, als wäre das Bett benutzt worden. Drei vorgefertigte Bestattungsbetten standen in der Vorkammer seines Grabes, die höheren Kopfenden waren mit tierköpfigen Figuren verziert. Ein Bett mit Löwenköpfen repräsentiert das »Löwen-Bett«, das benutzt wurde, um den Leichnam zu mumifizieren. Ein anderes Bett war mit Nilpferdköpfen verziert und somit vermutlich Taweret geweiht, der Gottheit der Geburt und Fruchtbarkeit. Ein Bett mit Kuhköpfen wiederum mag der Kuhgöttin Mehet-weret zugedacht gewesen sein, eine weitere Verbindung zu wirkmächtigen Vorstellungen von Wiedergeburt und Schöpfung.

Jede Handlung des Pharaos war von starker Symbolkraft, auch sein Sexualleben. Jeder noch so kleine Aspekt der täglichen Routine war reglementiert und organisiert. Wie der griechische Historiker Diodor über einen Pharao aus dem 1. Jahrhundert v. Chr. schrieb: »Für alles gab es feste Zeiten, nicht nur für seine Audienzen und Urteilssprüche, sondern auch für den täglichen Spaziergang, das Baden, den Geschlechtsakt mit seiner Frau, mit anderen Worten: für jede Handlung seines Lebens.«[14] Das mag auch Jahrhunderte zuvor für die oberen Staatsdiener wie Mereruka der Fall gewesen sein, dessen Grabinnenwände den Schluss nahelegen, dass ihm die Pflicht auf Schritt und Tritt folgte, selbst wenn er sich in Begleitung seiner Ehefrau dem Bett näherte.

Später rankten sich um die Betten der Antike Mythen. Immer wieder wird in der griechischen und römischen Literatur Bezug auf Betten genommen, insbesondere auf das, was sie zu bieten hatten: Sie boten Trost und eigneten sich als Rückzugsorte. Die Betten der Wohlhabenden sowohl in Griechenland als auch in Rom ähnelten den Schlafstätten der Ägypter – mit schmaler, rechteckiger Grundform –, aber sie hatten höhere Füße und wurden oft auch als Tische genutzt. Es gab keine Fußbretter, dafür dienten die Kopfenden dazu, sich beim Ausruhen anzulehnen. Die bekannte griechische Kline war ursprünglich eine Couch zum Speisen, wurde dann aber bald allgemein als Totenliege verwendet. Einander kreuzende Gurte aus Flachs oder Leder stützten die Matratze. Unweigerlich entwickelte sich im Lateinischen aus der Grundform *lectus* (›Bett‹) eine Fülle von Varianten, die auf die jeweilige Funktion verwiesen. Die Menschen schliefen auf einem *lectus cubicularis*, also auf einem Bett, das allgemein in einem Schlafzimmer (*cubiculum*) stand, oder verbrachten amourösere Nächte auf einem *lectus genialis*, dem Ehebett. Bei dem *lectus discubitorius* handelte es sich um ein Bett, in dem man speiste, wobei man für gewöhnlich auf der linken Seite lag, um die rechte Hand frei zu haben. Auf einem solchen Bett fanden bis zu drei Personen Platz, die bedeutendste Person lag in der Mitte. Es gab *lecti* fürs Lesen und Arbeiten, Betten mit Rädern für die Kranken, aber auch Betten, auf denen Geisteskranke festgeschnallt wurden. Mit dem *lectus funebris* gelangten die Toten zur Begräbnisstätte – zumeist ein Ort der Feuerbestattung.[15]

Betten waren auch Plattformen für wohlhabende Chinesen. Gu Kaizhi (um 345–406 n. Chr.) gilt als Vater der klassischen chinesischen Malerei. Seine meisterhafte Bildrolle *Ermahnung der Hofdamen* zeigt in neun Szenen einen Kaiser und dessen Konkubine, die einander argwöhnisch beäugen – achtlos gesprochene Worte nähren mitunter Misstrauen. Sie sitzen auf einer Bettplattform mit vier Pfosten, die einen fein gewebten Baldachin tragen. Dergleichen ermöglichte ein gewisses Maß an Abgeschiedenheit in königlichen Palästen, in denen es keine abgesonderten Schlafräume gab.

Die Betten mögen hart gewesen sein, wie es auch heute noch in China bevorzugt wird, aber die Reichen und Mächtigen mochten es, wenn ihre Schlafstätten von feinen Stoffen umgeben waren. Die Chinesen waren Experten, was Stoffe und Textilien anbelangte. Sie stellten kostbare Bettvorhänge her, die oft mit glückverheißenden Symbolen wie geflügelten Wesen der Mythologie verziert waren. Mit der Zeit wich die Kopflehne den Kissen. Kissen hatten nämlich den Vorteil, dass sich die Personen in einer bestimmten Position zurücklehnen konnten, um neben dem Schlafen auch anderen Freizeitbeschäftigungen nachzugehen, ohne die aufwendige Frisur zu gefährden.

Im Verlauf der Jahrtausende veränderte sich das Design der Betten nur wenig. An den meisten Orten der Welt galt: Je tiefer man schlief, desto ärmer war man. Die Adligen und Reichen schliefen auf erhöhten Betten, eingehüllt in bequeme Stoffe. Sich vom Boden abzuheben – das Bett eingefasst von Vorhängen, um lästige Insekten oder die kalte Luft abzuhalten –, war ein Zeichen des sozialen Status. Die Armen mussten sich mit dem Fußboden begnügen. Wohlhabendere Griechen und insbesondere Römer schliefen auf schmalen Betten mit geneigter Liegefläche, mit erhöhtem Kopfende, abgerundet mit Polstern, genau wie es die Pharaonen Jahrtausende zuvor getan hatten.

Europäische Vorlieben

Die Unterscheidung von Betten für Adlige, Wohlhabende und gemeine Bürger hielt sich bis ins mittelalterliche Europa. Bauern, also der Großteil der Bevölkerung, warfen sich buchstäblich ins Heu, vermutlich in ein schlichtes Laken oder einen Mantel gewickelt. Die ersten Betten dieser frühen Epoche kamen in unterschiedlichen Ausprägungen: angefangen mit einfachen Strohlagern auf festgestampftem Lehmboden über Strohsäcke auf erhöhten Plattformen bis hin zu Kastenbetten in Wandnischen oder ausziehbaren Liegeflächen auf Rollen. Ab dem 12. Jahrhundert wurden die Betten breiter, bisweilen bis zu vier Meter breit. Von da an waren es solide Möbelstücke, die weit genug über dem Fußboden aufragten, dass man Dinge unter ihnen verstauen konnte. Als Liegefläche dienten eine untere Matratze mit Strohfüllung und eine obere Matratze aus Leinen oder Wolle; zuletzt kam eine Federmatratze, die mit einem Laken bezogen war.

Im Spätmittelalter waren die grundlegenden Elemente des modernen Betts vorhanden. Von dem Bettzeug der Superreichen aus jener Ära hat zum Beispiel der prächtige Tristan-Quilt die Zeiten überdauert, den man heute im Victoria and Albert Museum in London bewundern kann. Die Steppdecke bzw. der Quilt aus Leinen und einer Wattierung aus Baumwolle entstand um 1360 bis 1400 auf Sizilien. Die Verzierungen und Stickereien illustrieren die damals populäre Geschichte von Tristan und Isolde, die in insgesamt 14 Szenen dargestellt ist. Aus der Indexkarte des Museums geht hervor, dass die Decke »bei Kerzenschein besonders imposant ausgesehen haben muss, mit all den lebhaften Schlachtszenen, Schiffen und Burgen«.[16] Zweifellos, aber auf den modernen Betrachter wirkt diese Steppdecke auch schwer und rau.

Abgesehen von den Quilts und Decken, die das Bett abdeckten, ruhte der Kopf des mittelalterlichen Schläfers womöglich auf einer Polsterung, die quer über das Bett verlief, während Sitzkissen und andere Kissen ihm die Möglichkeit boten, bequem zu sitzen oder vielleicht sogar im Sitzen zu schlafen. Warum die Menschen damals in schräger Position schliefen, manchmal in halb aufrechter, bleibt unklar. Es mag daran gelegen haben, dass die frühen Matratzen oft durchhingen, vielleicht machte es vielen Menschen auch Angst, im Liegen zu schlafen – eine Position, die gemeinhin mit dem Tod in Verbindung gebracht wurde. Der holländische Künstler Rembrandt van Rijn (17. Jahrhundert) könnte in seinem Amsterdamer Haus fast senkrecht in einem der engen Kastenbetten geschlafen haben. Einige

Männer hielten Kissen für weibisch, und erstaunlich viele betteten ihre Köpfe auf Holzklötze. Zwar klingt es wenig reizvoll, mit dem Kopf auf Holz zu schlafen, doch harte Kopflehnen waren nichts Neues: Frühe chinesische, altägyptische, nubische, griechische und später auch japanische und afrikanische Kopflehnen bestanden oft aus hartem Material, mit einer Mulde, um dem Haar genügend Platz zu lassen.

Betten der High Society im mittelalterlichen Europa zielten darauf ab, Eindruck zu schinden. Sie waren oft mit Vorhängen versehen, die direkt von der Decke herabhingen. In einer Zeit, in der frische Luft als ungesund erachtet wurde, bewahrten die Vorhangstoffe die Wärme und hatten darüber hinaus den Vorteil, dass nächtliche Dämonen, Hexen oder Geister ferngehalten wurden. Um 1290 gab John Fontin, ein wohlhabender Kaufmann, ein ebensolches, mit Vorhängen versehenes Himmelbett für sein Haus in Southampton in Auftrag. Heute kann man eine Nachbildung dieses Betts bewundern, verborgen hinter schweren Vorhängen in einer Ecke des Zimmers. Gegen Ende des 15. Jahrhunderts hatten die Italiener eine neue Lösung parat, um Betten gegen kalte Luft und Teufel aller Art zu schützen: das Himmelbett mit Baldachin und Vorhängen, die unmittelbar an einer Rahmenkonstruktion befestigt waren.

Diese Art Bett war bald ein Muss bei den Wohlhabenden der Tudorzeit in England. Vom 16. bis ins 18. Jahrhundert kam das prächtige Himmelbett in den wohlhabenderen europäischen Häusern immer mehr in Gebrauch. Wie schon bei früheren Modellen dieser Art wiesen die Betten oftmals gespannte Riemen oder Gurte auf, so dass die Liegeflächen eher an Hängematten erinnerten, selbst wenn die Riemen und Gurte zwischenzeitlich wieder angezogen wurden, so dass die Schlafenden für gewöhnlich in die Mitte rutschten. Bei Führungen durch britische Herrenhäuser wird oft behauptet, das Spannen der Gurte liege dem alten Schlaflied »Night night, sleep tight« zugrunde. Der Beweis steht noch aus, zumal diese Phrase erst im 19. Jahrhundert in Gebrauch kam; zum ersten Mal taucht sie nämlich 1860 auf.

Woher dieser Spruch auch stammen mag, das Spannen der Gurte unter der Liegefläche war früher an der Tagesordnung. Aber auch in solchen Betten schliefen nur wenige Leute tatsächlich lang ausgestreckt, sie nahmen vielmehr halbsitzende Schlafpositionen ein. Im Verlauf der weiteren 200 Jahre wetteiferten die Wohlhabenden darum, wer nun das schönste und größte Himmelbett hatte, bis dieser Typus Bett schließlich den gesamten Raum einnahm. In der frühen Neuzeit in Europa zählten Betten oft zu den heißbegehrten und teuersten Möbelstücken im gesamten Hausstand. Betten waren größere Investitionen. Es war Luxus, ein zusätzliches Bett zu besitzen. Wie schon Samuel Pepys im 17. Jahrhundert in seinem Tagebuch vermerkte: »Bin sehr stolz, dass ich es mir leisten kann, ein zusätzliches Bett für meine Freunde zu haben.«[17]

In den noch jungen amerikanischen Kolonien war das Leben bescheidener. Die meisten Betten der frühen Kolonisten spiegelten das wider, was die Menschen in der alten Heimat zurückgelassen hatten: Man sah sie im holländischen oder englischen Stil, mit dicken, übereinander gelegten Bettdecken, um die Kälte und Feuchtigkeit abzuhalten. Menschen aus den Niederlanden bevorzugten das Kasten- bzw. Schrankbett, das man in ihrer Heimat im 17. Jahrhundert allenthalben antraf. Bei diesen Betten handelte es sich eben nicht um freistehende Möbelstücke, sondern um Betten, die direkt in die vertäfelten Wände eingelassen waren.

Im Verlauf des 19. Jahrhunderts kamen im Westen Modernisierung und Hygiene an die Tagesordnung. Der englische Textildesigner William Morris entwarf saubere, attraktive Bettvorhänge aus leichter Baumwolle und nahm somit Abstand von schwerer Wolle, Damast oder empfindlicher Seide.[18] Dennoch liebte Morris immer noch sein altes Bett und schlief für gewöhnlich im Himmelbett seiner Familie aus dem 17. Jahrhundert – allerdings versah er es mit neuen Vorhängen, die seine Tochter entworfen hatte. Eines seiner Gedichte war auf den Volant gestickt; es endet mit der Zeile: »Right good is rest.«

»Richtig gute Ruhe« war inzwischen besonders wichtig geworden, da die Menschen außerhalb ihres Zuhauses immer länger und länger arbeiten mussten. Im Zuge der Industrialisierung warfen viele Haushalte ihre alten Matratzen fort, die mit allem Möglichen gefüllt waren – Wolle, Moos oder auch Lumpen. In Mode kamen nun industriell produzierte Bettgestelle aus Eisen mit metallenen Sprungfedern. Solche Betten hatten idealerweise eine grobe Rosshaarmatratze, eine Federmatratze, verschiedene Schichten aus unteren und oberen Laken, drei oder vier Decken, ein Daunenbett, Kissen und Kissenbezüge. Für die Menschen der Mittel- und Oberschicht konnten die Standards für den Haushalt gar nicht hoch genug sein: In einigen Anleitungen für die richtige Haushaltsführung wurde empfohlen, die Matratze täglich zu wenden und jeden zweiten Tag die Kopfkissenbezüge zu wechseln. Hausbedienstete waren folglich ein Muss.

Erst nach den Verwüstungen des Ersten Weltkriegs begann die alte hierarchische Ordnung von Personal und Dienern im Westen zu bröckeln. Sobald es an Hausmädchen mangelte, wurde es lästig, derart komplizierte Betten zu haben. Fortschrittliche Haushalte stießen einen Seufzer der Erleichterung aus, als der Designer Terence Conran in den 1970ern die schwedischen Federbetten in England populär machte. Zum ersten Mal überhaupt brauchte man nur noch wenige Sekunden, um das auf Füßen stehende Bett zu machen. Heutzutage lassen sich Betten nicht nur leicht aufschütteln, man kann sie auch billig bei weltweiten Anbietern kaufen. Obwohl das Bett das Möbelstück ist, das wir am meisten benutzen, wird es nicht groß kommentiert und bleibt im Schlafzimmer verborgen.[19] Trotzdem offenbaren unsere Betten, wer wir sind, wie wir leben und was wir denken – und so ist es schon immer gewesen.

Der Schlaf im Spiegel der Zeit

In seinem Leitfaden *Approved Directions for Health* (›Anerkannte Richtlinien für die Gesundheit‹) aus dem Jahr 1612 schreibt der walisische Autor William Vaughan, dass der Schlaf »den Geist stärkt, dem Leib wohltut, die Körpersäfte beruhigt [...], die Sorgen vertreibt und einen zornigen Geist beschwichtigt«[1]. Laut einer italienischen Redensart aus jener Epoche ist »das Bett wie Medizin«, darin schwingt die verbreitete ärztliche Ansicht mit, der Schlaf sei maßgeblich für die Gesundheit. Für einige war der Schlaf ein Mittel, »um die Welt zu vergessen«, so beschreibt es jedenfalls eine Redensart aus East Anglia. Viele Leute glaubten, der Schlaf habe sogar Einfluss auf das Schicksal, diesseits und jenseits des Grabes. Der pessimistische William Phiston (oder Fiston) beschrieb in seinem Buch *Schoole of Good Manners* (›Die Schule der guten Manieren‹, 1609) die dunkle Nacht als ein Symbol für »Schrecken, Finsternis und Schmerz«. Sein Bett bezeichnete er als Prototyp für sein Grab.[2]

In einer Welt, in der zahllose Menschen Angst vor der Dunkelheit hatten, war eine gute Nachtruhe so etwas wie ein Garant für das Wohlergehen der Seele, und das Bett, in dem man schlief, kam einem Ort der physischen und spirituellen Transformation gleich. Während des 19. Jahrhunderts umgaben sich die Viktorianer, ehe sie einschliefen, mit vertrauten Gegenständen, betrachteten religiöse Bildstickereien auf ihren Bettdecken, beteten und lasen in der Heiligen Schrift. Jeden Abend vor dem Zubettgehen machte man seinen Frieden mit Gott, idealerweise auf Knien. In unserer geschäftigen Welt sind die spirituellen Ängste jedoch angesichts des Profanen in weite Ferne gerückt. Heutzutage sehen die meisten im Schlaf nur noch ein Mittel, um die Müdigkeit zu überwinden. Dabei behalten wir unsere Träume am besten für uns, wenn wir uns überhaupt an sie erinnern.

Die alten Ägypter hingegen legten großen Wert auf Träume, waren sie doch davon überzeugt, Träume gestatteten es den

Göttern, ihnen Botschaften zu senden. Der beste Weg, derartige Visionen herbeizuführen oder ›auszubrüten‹, war der Besuch eines Heiligtums oder Schreins, um dort eine Nacht zu verbringen, idealerweise mit einem speziellen »Traum«. Einige dieser Bücher der Traumdeutung existieren noch. In Deir el-Medina, einer Siedlung für Arbeiter, die die Gräber im Tal der Könige errichteten, stellte der Schreiber Kenherchepechef um 1275 v. Chr. ein Kompendium zusammen, das Deutungen von über 100 Träumen enthielt. Der Verfasser unterteilte sie in zwei Kategorien: glückverheißende und unheilvolle Träume. Zu den glückverheißenden Träumen gehörte: »Wenn man sieht, wie man selbst einen alten Mann begräbt, ist es ein gutes Zeichen, denn das bedeutet Wohlergehen.« Unter den unheilvollen findet sich: »Sieht ein Mann, wie er mit einer Frau verkehrt, so ist das schlecht, weil es Trauer bedeutet.« Die Ägypter hielten sexuelle Träume fast immer für ein schlechtes Zeichen, insbesondere für Frauen – es galt sogar als schlechtes Omen, wenn die Frau davon träumte, mit ihrem Mann zu schlafen. In den wenigen positiven sexuellen Träumen der Frau tauchen bisweilen Tiere auf, wie man an dieser recht amüsanten Stelle im *Papyrus Carlsberg* XIII sehen kann: »Hat ein Ibis mit ihr Verkehr, so wird sie ein reich ausgestattetes Haus haben.«[3] Schreiber nutzten das Wort *ad* (ein Bett auf Füßen) als Bezeichnung für den Schlaf und fügten den Begriff *rswt* (dargestellt durch ein offenes Auge) hinzu, um damit den Traum zu bezeichnen. Die wörtliche Übersetzung von *rswt* lautet ›aufwachen‹ bzw. ›Zustand des Wachseins‹. Somit besteht die Hieroglyphe für den Traum aus dem Symbol für Bett kombiniert mit einem offenen Auge. Dieses Symbol bringt die ägyptische Auffassung vom Träumen auf den Punkt: Es ist Wachsein im Schlaf – eine Möglichkeit, mit den Göttern und dem Jenseits zu kommunizieren. Außerdem ist es ein Mittel, um innerlich zu gesunden und das eigene Leben auf den richtigen Weg zu führen.

Schlaftempel gab es noch im antiken Griechenland. Wie die Ägypter glaubten auch die meisten Griechen, dass die Götter den Menschen Träume schicken, um Botschaften und Belehrungen zu übermitteln. In seinem Werk *Über die Weissagung im Schlaf* stellt Aristoteles diese Auffassung zwar ganz pragmatisch in Frage und kommt zu dem Schluss, Träume seien wahrscheinlich einfach nur Bilder, die auf früheren Erfahrungen und Gedanken beruhten. Dennoch hielt sich der Glaube an die prophetische Kraft der Träume: Jesus träumte, dass man ihn verraten würde. Der römische Kaiser Caligula sah sich im Traum vor dem Thron Jupiters – dem Obersten aller Götter –, ehe er fortgestoßen und hinab zur Erde geschleudert wurde: Dies hielt er für eine Vision, die von seinem baldigen Tod kündete. Caligula wurde am folgenden Tag ermordet.

Im Jahr 1590 wurde die junge Lucrecia de León aus Madrid verhaftet, da die spanische Inquisition der Ansicht war, ihre Träume seien ein »öffentliches Ärgernis« und sorgten für »Aufruhr«. Über einige Jahre hinweg zeichneten Geistliche die etwa 4000 apokalyptischen Träume der Lucrecia auf: Darin sah sie nicht nur das Ende der Welt voraus, sondern auch, dass Spanien gegen englische und türkische Truppen verlieren werde. Nur ein bedeutender Traum wurde wahr: der Untergang der Armada. Selbst ihr Vater hatte ihr gesagt: »Träume sind nichts als Träume«, und hinzugefügt: »Wenn du daran glaubst, werde ich anordnen, dass man dich tötet.« Schlussendlich wurde sie zu 100 Peitschenhieben verurteilt und musste zwei Jahre im Kloster schmachten.

Einige Träume mögen in anderer Hinsicht göttlich gewesen sein, wenn auch problematisch für die eheliche Harmonie. Im Jahr 1666, auf dem Höhepunkt der Pest in London, bezeichnete Samuel Pepys in seinem Tagebuch eine imaginäre Nacht voller Leidenschaft mit Lady Castlemaine als »das Beste, was man je geträumt hat«. Seine Ehefrau Elisabeth de St Michel war so argwöhnisch, dass sie fortan bei ihrem schlafenden Mann auf Anzeichen achtete, ob der Penis erigiert sei. Andererseits war die Ehe ohnehin belastet von Pepys' tatsächlicher Untreue. Dazu gehört auch die Affäre mit Deb Willet, einer Hausangestellten Elisabeths.

Aber als Elisabeth im Alter von 29 Jahren an den Folgen von Typhus starb, soll das den 36-jährigen Pepys offenbar so stark getroffen haben, dass er nie wieder Tagebuch führte.

Traumaufzeichnungen erreichten einen schwindelerregenden Höhenflug in der englischen Oberschicht des 18. Jahrhunderts. Ein Londoner Händler wurde reich mit seinem *Nocturnal Remembrancer*, einer Schreibtafel aus Pergament in einem Kästchen mit Eingriff und horizontalen Rillen für die Federführung, um Träume beim Kerzenschein aufzuzeichnen.[4] Im 19. Jahrhundert kehrte eine neue Gruppe Denker zurück zu der Frage, welche Bedeutung Träumen für die eigene Lebensführung habe, allen voran Sigmund Freud. In seinem Buch *Die Traumdeutung* von 1900 schreibt er, Träume seien symbolische Manifestationen unterdrückter Begierden, Ängste und Wünsche, die oftmals zu schmerzvoll seien, als dass man sie unmittelbar erfahren oder sich daran erinnern könne. Daher würden sie mittels der »Zensur der Psyche« in unserem Unterbewussten sublimiert.[5] In seinen Analysen griff Freud zurück auf das Werk des Traumdeuters und Wahrsagers Artemidor von Daldis, der im 2. Jahrhundert n. Chr. zahlreiche ägyptische Traumsymbole übersetzte, etwa dass die rechte Hand den Vater, Sohn oder Freund repräsentiere, die linke Hand die Mutter, Ehefrau oder Geliebte. Auch C. G. Jung ist dafür bekannt, dass er glaubte, Träume offenbarten Geheimnisse des Innenlebens und zeigten dem Träumenden verborgene Aspekte der eigenen Persönlichkeit. Der Arzt und Psychotherapeut Alfred Adler, ein Zeitgenosse von Freud und Jung, betrachtete Träume lieber als Mittel zur Problemlösung und vermutete, je mehr Träume man habe (oder sich in Erinnerung rufe), desto mehr Probleme habe man.

Der zeitgenössische Neurobiologe Jim Horne warnt, Träume seien nichts weiter als B-Movies, die man besser gleich wieder vergessen sollte: »Ein surreales Pastiche all der Dinge, mit denen wir kürzlich in Berührung kamen und über die wir im Wachzustand nachgedacht haben.«[6] Einige Wissenschaftler mutmaßen, dass sich die Traumphasen des Schlafs allenfalls positiv auf die physische wie mentale Erholung auswirken und darüber hinaus das Langzeitgedächtnis konsolidieren. Dennoch hält sich der uralte Glaube an die Bedeutung von Träumen beharrlich. Kelly Bulkeley etwa ist Religionspsychologe und Direktor der Sleep and Dream Database. Er steckt hinter einigen Websites zur Traumdeutung – z. B. der auf Donald Trump fokussierten Website IDreamOfTrump.net – und ist der Auffassung, Träume seien unentbehrlich für das Verständnis des Lebens.

Gelegentlich scheinen Träume eine Inspiration für das Handeln im Wachzustand zu sein, wie es die alten Ägypter vermutlich formuliert hätten. Der französische Philosoph René Descartes behauptete, er habe eines Nachts im Jahre 1619 einige Träume gehabt, die ihm die Grundlagen seiner neuen wissenschaftlichen Methode offenbarten. (In diesem Zusammenhang sollten wir der Vollständigkeit halber nicht den arabischen Universalgelehrten Alhazen vergessen – auch bekannt unter dem Namen Ibn al-Heithem –, der bereits fünf Jahrhunderte vor Descartes die induktiv-experimentelle Wissenschaftstheorie anwandte.) James Watson, der zusammen mit Francis Crick die Struktur der DNA beschrieb, träumte von einer spiralförmigen Treppe, die für ihn den Schlüssel zur Doppelhelixstruktur darstellte – aber das könnte sich auch zugetragen haben, nachdem er die Struktur in Rosalind Franklins Röntgenbeugungsdiagrammen (Röntgenstrukturanalyse) gesehen hatte. Mary Shelley sagte, die Idee zu *Frankenstein* sei ihr im Traum gekommen. Ein niedergeschlagen-depressiver Hergé träumte von seiner Hauptfigur Tim in Tibet. Paul McCartney träumte die Melodie für »Yesterday« und ging zunächst davon aus, es handele sich schlichtweg um einen alten Song, den er noch aus Kindheitstagen kannte. Und dem Regisseur James Cameron kam die Story für *Terminator* in den Sinn, als er mit Fieber im Bett lag.

Es gibt eine Menge Literatur über die Rolle der Träume in nichtwestlichen Gesellschaften. Australische Aborigines ziehen es vor, nah bei ihren Angehörigen zu schlafen, denn wie man schläft, beeinflusst die geistige Fähigkeit, mit der Traumzeit in

Verbindung zu treten.[7] Personen mit übernatürlichen Fähigkeiten behaupten, sie hätten Zugang zu mächtigen metaphysischen Gefilden und könnten zu Orten reisen, die für Gemeinsterbliche unerreichbar sind. Diese Fähigkeiten erwerben sie, indem sie an speziellen Orten schlafen, oder sie erhalten sie direkt von Geisterwesen, die ihnen im Traum erscheinen. Für einige Native Americans in den USA ist der Schlafentzug ein Weg zur spirituellen bzw. göttlichen Offenbarung und dem eigenen Erstarken – ein Zustand, bei dem sich Einzelne auf der Suche nach einer Vision in Trance versetzen, um eine Seelenreise anzutreten. Ein Schamane schließt die Augen und ist imstande, in seinem Geist enorme Strecken zu überwinden, wobei er den Körper zurücklässt. Diese Seelenreisen bleiben im Bewusstsein desjenigen, der sie erlebt hat. Sie sind Teil einer Matrix des kulturellen Wissens, der persönlichen Erfahrung und der Beziehungen, die letzten Endes in Erfahrungen münden, die den Gesetzen der Natur zuwiderlaufen. Visionen in Träumen üben einen wirkmächtigen, wenn auch oft diskreten Einfluss auf viele Gesellschaftsformen aus, die nichtwestlich geprägt sind.

Ticktack

Das Träumen ist natürlich nur ein Teil eines weitaus längeren Schlafvorgangs. Alle Lebewesen agieren täglich gemäß einer inneren biologischen Uhr oder zirkadianen Rhythmik. Beim Menschen registrieren 20 000 nicht am Sehprozess beteiligte Nervenzellen hinter dem Auge Reize aus der Umgebung, darunter die Anwesenheit von Licht, damit die innere Uhr richtig läuft.

Anfang der 1990er Jahre bat Thomas Wehr, Psychiater am US National Institute of Mental Health, eine Gruppe Freiwilliger, sich für die Dauer eines Monats an einem Ort aufzuhalten, an dem 14 Stunden pro Tag Dunkelheit herrschte: ein Versuch, die Lichtverhältnisse der Natur nachzubilden.[8] Ab der vierten Woche schliefen die Gruppenteilnehmer durchschnittlich acht

Stunden – aber nicht am Stück. Stattdessen lagen die Freiwilligen abends ein oder zwei Stunden wach, ehe sie rasch einschliefen, und zwar aufgrund eines Anstiegs des Hormons Melatonin, das verstärkt unter dem Einfluss der Dunkelheit gebildet wird. Nach drei bis fünf Stunden Schlaf wachten die Teilnehmer auf und blieben ein bis zwei Stunden wach, ehe sie wieder drei bis fünf Stunden schliefen. Wehr beschrieb die Zwischenphase als ein »entspanntes Wachsein«, als einen fast »meditativen Zustand«; in dieser Phase ließen sich bestimmte endokrinologische Werte nachweisen, z. B. erhöhte Prolaktinwerte – Prolaktin, das zur Stressreduzierung dient, ist während der Stillzeit und nach einem Orgasmus vermehrt im Blut nachweisbar. Für Wehr ließ das Experiment den Schluss zu, dass für den Menschen der Zwei-Phasen-Schlaf der eigentliche, natürliche nächtliche Rhythmus ist.

A. Roger Ekirch, Historiker an der Virginia Tech University, war verblüfft von Wehrs Untersuchungsergebnissen und fing an, historische Belege für den Zwei-Phasen-Schlaf zusammenzutragen.[9] In lateinischen Texten wie Livius' *Geschichte der Stadt Rom* (*Ab urbe condita*) und Vergils *Aeneis*, beide Werke entstanden im 1. Jahrhundert n. Chr., wird vielfach Bezug genommen auf den *primo somno* oder *concubine nocte*, also auf den »ersten Schlaf«. Von Autoren des Mittelalters wie etwa Geoffrey Chaucer wissen wir, dass sich die Menschen in Britannien oft am frühen Abend für den *fyrste sleep* ins Bett zurückzogen. Später wachten sie wieder auf, aßen vielleicht etwas und genossen dann einen zweiten Schlaf in den frühen Morgenstunden. Während der nächtlichen Wachphase, die man in England offenbar als »Wache« oder »Nachtwache« bezeichnete, dachten die Menschen vielleicht über ihre Träume nach, unterhielten sich, rauchten, aßen oder hatten Sex (jüdischen Texten zufolge galten diese Stunden als förderlich für die Zeugung). Manch ein anderer widmete sich in diesen nächtlichen Wachphasen dem Gebet.

In vielen Religionen sind die frühen Morgenstunden eine besondere spirituelle Zeit. Der Koran zum Beispiel empfiehlt, das

Nachtgebet (das Tahajjud) gegen zwei oder drei Uhr morgens zu verrichten, entweder zu Hause oder in der Moschee. Nach dem Gebet gehen die Gläubigen generell wieder ins Bett, ehe sie erneut für das verpflichtende Morgengebet Fadschr aufstehen. Bereits im 6. Jahrhundert verlangte Benedikt von Nursia, der Gründer des Benediktinerordens, von seinen Mönchen, nach Mitternacht aufzustehen und Psalmen zu lesen. Im Hochmittelalter war es für Katholiken selbstverständlich, in den stillen Stunden des Morgens zu beten. Diese Andachten hatten den zusätzlichen Vorteil, den Teufel zu bekämpfen. Denn laut den westlichen Volkssagen waren die Hexenkunst und die Schwarze Magie besonders wirksam in den frühen Morgenstunden. Von 1484 bis 1750 wurden 200 000 Frauen aus Westeuropa ermordet, weil man sie der Hexerei bezichtigte: Zu den ihnen vorgeworfenen Verbrechen gehörte auch, dass sie sich ohne einen triftigen Grund nachts im Freien aufgehalten hatten. Die sogenannte »Hexenstunde«, ein Begriff, der erstmals 1883 dokumentiert ist, umfasst verschiedene Nachtstunden zwischen Mitternacht und vier Uhr morgens – ein offensichtlicher Versuch, die Bewegungsfreiheit von Frauen einzuschränken. Dabei gibt es weitaus mehr Beweise dafür, dass *Männer* diese Stunden ausnutzten, um Verbrechen zu begehen. Im Jahr 1680 klagte Reverend Anthony Horneck, dass Wegelagerer und Diebesgesindel um Mitternacht aufstünden, um Menschen auszurauben und zu ermorden. 100 Jahre später, 1755, veröffentlichte Reverend J. Clayton seine moralisierende Schrift *Friendly Advice to the Poor* (›Wohlgemeinter Rat an die Armen‹) und warnte vor den »Gefahren mitternächtlicher Ausschweifungen«.

Andere, insbesondere anonyme Stadtbewohner, rief nachts die Arbeit. Orlando Gibbons, ein Komponist des frühen 17. Jahrhunderts, schrieb den Text für ein Marktlied mit dem Titel »The Cries of London« – gemeint sind die Rufe der Marktschreier. Zu Beginn des Lieds sind folgende Worte eines einzelnen Markthändlers zu hören: »God give you good morrow, my masters. Past three o'clock and a fair morning.« (›Einen guten Morgen, so

Gott will, meine Herren. Schon drei Uhr vorbei und ein schöner Morgen.‹) Kurz darauf gesellt sich ein Chor hinzu, der von all den Waren kündet, die zum Verkauf stehen – in der Annahme, dass die Kunden schon da sind. Offenbar herrschte bereits um drei Uhr morgens rege Betriebsamkeit in der Stadt.

Wenn es stimmt, dass mehrphasiger Schlaf einst weitverbreitet war, warum haben wir das dann vergessen, und warum finden sich nicht mehr Hinweise darauf? Vielleicht war der zweiphasige Schlaf so normal, dass er für die Menschen früher gar nicht der Rede wert war. Große Autoren des 17. Jahrhunderts wie der Dichter George Wither und der Philosoph John Locke sehen in diesem Schlafmuster einen gewöhnlichen Aspekt des Lebens. 1690 schrieb Locke, »*all men sleep by intervals*« (»[dass] alle Menschen in Intervallen schlafen«), ohne weiter darauf einzugehen. Im Übrigen gab es ab dem ausgehenden 17. Jahrhundert immer mehr Menschen, die Tagebuch führten und andere Niederschriften hinterließen, die womöglich Aufschluss geben über die Schlafmuster jener Zeit. In den Jahrhunderten zuvor tauchen Tagebücher viel seltener auf. Doch im 17. Jahrhundert war es bei den wohlhabenden Menschen bereits in Mode gekommen, bei künstlicher Beleuchtung länger aufzubleiben – und die meisten Autoren zählten zu den Wohlhabenden. Daraus könnte man schlussfolgern, dass der mehrphasige Schlaf eher in eine Zeit gehört, in der es noch kaum künstliches Licht gab, da die künstliche Beleuchtung den natürlichen Gegensatz von Tag und Nacht verschwimmen lässt.

Kann eventuell die anthropologische Forschung etwas zu dieser Debatte beitragen? Untersuchungen aus dem 20. Jahrhundert bei den Tiv-, Chagga- und |Gui-Bauern Afrikas, die kein künstliches Licht besitzen und ohne moderne industrielle Erzeugnisse leben, zeigen, dass der zweiphasige Schlaf bei all diesen Gruppen verbreitet war.[10] Bis etwa 1969 nutzten die Tiv in Zentralnigeria, die sich als Bauern selbst versorgten, den »ersten Schlaf« und »zweiten Schlaf« als traditionelle Einteilungen der Zeit. Andererseits untersuchte ein Team unter Leitung von Jerome Siegel des UCLA Sleep Disorders Center drei weit voneinander entfernt lebende Jäger- bzw. Sammlerethnien in Tansania, Namibia und Bolivien. Bei allen drei Volksgruppen fanden die Forscher nur wenig Hinweise auf einen nächtlichen mehrphasigen Schlaf, dafür aber Belege für Nickerchen am Tage, insbesondere während der Sommermonate. Sie fanden auch heraus, dass die Menschen nachts durchschnittlich etwa sechs Stunden schliefen, also weniger als die acht oder neun Stunden Schlaf, die oft von westlichen Ärzten empfohlen werden. Doch niemand aus den Volksgruppen wies Gesundheitsbeeinträchtigungen wie Übergewicht, Diabetes oder Stimmungsschwankungen auf – all diese Auffälligkeiten bringen Wissenschaftler gern mit Schlafmangel in Verbindung. Für Siegels Team scheint ein ununterbrochener Schlaf von etwa sechs Stunden auf »menschliche Kernschlafmuster« hinzuweisen, die »höchstwahrscheinlich charakteristisch für den vormodernen *Homo sapiens* sind«.[11]

Keine moderne Ethnie, ganz gleich, wie isoliert sie leben mag, ist wie ein unveränderliches Portal in die Vergangenheit. Keine der untersuchten Volksgruppen lebt in klarer, prähistorischer Abgeschiedenheit von der industriellen Welt. Die Pioniere der Anthropologie, die mitunter durchaus Gruppen untersuchten, die noch nie westlich geprägten Menschen oder moderner Technologie begegnet waren, erwähnten nie deren Schlaf, abgesehen davon, dass sie gelegentlich darauf Bezug nahmen, wer wann mit wem schlief. Ansonsten hielten sie das für zu banal, um es überhaupt zu erwähnen. Der aus Polen stammende Anthropologe Bronislaw Malinowski (1884–1942), der lange bei den Trobriandern in der Inselwelt des Südwestpazifiks lebte, notierte in seinem Tagebuch häufig, dass er »schlafen gehe«. Doch das tat er, während die Inselbewohner noch wach waren und plauderten, ein klassisches Beispiel dafür, wie unterschiedlich viele Anthropologen und ihre Probanden es mit dem Schlaf hielten. Obwohl Malinowski pflichtbewusst die Hütten beschrieb, in denen die Menschen schliefen, sagte er so gut wie nichts über ihre Betten oder Schlafpraktiken. Allerdings notierte er, der

Schlaf sei eine Zeit der Gefahr, da es zu Überfällen kommen könne und die Menschen dann besonders anfällig für Hexerei seien. Andere ältere Anthropologen wie Alfred Radcliffe-Brown (1881–1955), der das Hirtenvolk der Nuer am Nil untersuchte, machten ähnliche Beobachtungen.

Letzten Endes bringt jede Gesellschaft ihren Kindern zum Thema Schlaf unterschiedliche Dinge bei, denn Schlaf ist sowohl ein biologisches als auch ein kulturelles Phänomen. Außerdem ist der Homo sapiens ein wahrer Anpassungskünstler. Wir hatten immer schon verschiedene Möglichkeiten, Dinge in Angriff zu nehmen, und wir können nicht einfach davon ausgehen, dass alle Menschen immer auf ein und dieselbe Weise geschlafen haben. Obwohl in den wenigen anthropologischen Forschungen zum Schlaf in nichtindustriellen Gesellschaften der zweiphasige Schlaf das dominante Muster gewesen zu sein scheint, haben wir höchstwahrscheinlich nicht immer auf diese Art und Weise geschlafen. Dennoch könnte unsere Neigung zu zweiphasigen Schlafmustern einige unserer modernen Schlafschwierigkeiten erklären.

Industrialisierter Schlaf

In unserer modernen Welt, die von Terminplänen beherrscht wird, ist ein ganzer Industriezweig entstanden, der uns dabei helfen soll, auf Knopfdruck einzuschlafen und aufzuwachen. Die erste moderne Schlaftablette kam 1903 auf den Markt, ein synthetisches Barbiturat namens Veronal. Um 1930 stieg der jährliche Konsum von Barbituraten in den Vereinigten Staaten auf eine Milliarde Dosen pro Jahr. Für 2013 hält ein Bericht der Centers for Disease Control fest, dass neun Millionen Amerikaner oder vier Prozent aller Erwachsenen in den USA verschreibungspflichtige Schlaftabletten nehmen. Die weltweiten Ausgaben für Schlafmittel wurden 2014 auf etwa 58 Milliarden US-Dollar geschätzt, und diese Zahl dürfte bis 2023 noch die 100-Milliarden-Marke überschreiten. Die bittere Wahrheit ist, dass diese Tabletten den Schlaf nur um etwa 20 Minuten verlängern, außerdem haben sie Nebenwirkungen, angefangen bei erhöhtem Sturzrisiko bis hin zu Demenz.

Andererseits sind schlaffördernde Mittel nichts Neues. Der römische Kaiser Valerian (Regierungszeit 253–260 n. Chr.) war ein Meister im Herstellen eines Suds aus Baldrian, weshalb das Kraut nach ihm benannt wurde (*Valeriana officinalis*). Opium war ein weiterer Favorit, der lange im Gebrauch war. Altägyptische medizinische Papyri empfehlen, das Rauschmittel mit Lavendel und Kamille zu mischen. Im 16. Jahrhundert riet ein französischer Arzt, etwas Opium hinter dem Ohr zu verteilen, und zwar in einer kleinen Wunde, die ein Blutegel hinterlassen hat. Die meisten wohlhabenden Leute des 16. Jahrhunderts, die unter Schlaflosigkeit litten, bevorzugten die einfachere Variante: Sie entschieden sich für Laudanum, ein Gebräu aus Opium und verdünntem Alkohol. In den USA und im Europa des 19. Jahrhunderts war der beliebteste Schlaftrunk eine Mixtur aus Alkohol, Zucker und Opium, bekannt unter der Bezeichnung Opiumwein (oder Opiumtinktur); es handelte sich um eine morphiumartige Mischung, die oftmals günstiger war als ein Glas Gin oder Wein. Alkohol an sich galt ebenfalls als Heilmittel: Viele Deutsche nippten vor dem Zubettgehen an alkoholhaltigen »Schlaftrünken«.

Der exponentiell ansteigende Boom bei Schlafmitteln verlief parallel zur industriellen Revolution. Evolutionsbiologen sehen in solchen Tabletten womöglich bestätigt, dass der Mensch in der Lage ist, sich immer wieder neu anzupassen: Wir brauchen die Schlafmittel demnach, weil uns der industrielle Kapitalismus einen strikten Zeitplan auferlegt. Die meisten von uns müssen zu einer festen Zeit aufstehen, um rechtzeitig zur Arbeit zu gehen, und der Arbeitsplatz ist für gewöhnlich nicht zu Hause, außerdem müssen wir unsere Dienstzeiten einhalten. Für die Journalistin Arianna Huffington ist der Schlaf im Zuge der Industrialisierung »eine weitere Handelsware, die bis zum Anschlag ausgebeutet wird«.[12] Und diese kulturelle Indoktrinierung beginnt früh: Schon fünfjährige Kinder werden gezwungen, früh zur Schule zu gehen, und bestraft, wenn sie zu spät kommen. Thomas Jefferson, kaum ein strenger Verfechter der Industrialisierung, sah in der allgemeinen Schulpflicht eine Grundvoraussetzung einer demokratischen Republik – doch der durchstrukturierte Schulbetrieb bereitet die kommende Generation außerdem vor auf die Anforderungen am Arbeitsplatz mit ihrem erbarmungslosen Zeitplan.

Da uns die Pünktlichkeit so eingeschärft wird, packt uns möglicherweise die Angst, wenn wir in den frühen Morgenstunden aufwachen, weil wir vielleicht noch unserem angeborenen biphasischen Schlafmuster verhaftet sind: Wie bewältigen wir unausgeschlafen bloß den kommenden Tag? Millionen Menschen greifen deshalb zu Tabletten, andere machen sich einfach nur Sorgen. Doch bevor Taschenuhren, Dienstpläne am Arbeitsplatz und Zugfahrpläne aufkamen, unterlag der Schlaf keinem Zeitplan. Die einzige Folge, wenn man spät zu Bett ging, bestand darin, dass sich die Wachphase und der zweite Schlaf nach hinten verschoben. In Chaucers *The Squire's Tale* (*Die Erzählung des Knappen*) schläft Canacee, die Tochter des tatarischen Königs, »sobald der Abend kam«, und wacht dann in den frühen Morgenstunden nach ihrem ersten Schlaf auf, wohingegen ihre Reisegefährten viel länger aufbleiben und dann bis zum Sonnenaufgang schlafen.

Die Ära der Industrialisierung brachte eine neue Versuchung mit sich: Mit einem Mal verwandelte sich die Nacht in einen vom Lampenlicht erhellten Spielplatz. Nicht, dass die Vorstellung neu gewesen wäre. Straßenbeleuchtung existierte bereits in Teilen des spätantiken Ephesos und in Antiochia. In Südspanien gab es im maurisch geprägten Córdoba im 9. Jahrhundert beleuchtete Straßen. Allerdings blieben solche Lampen bis zur industriellen Revolution die Ausnahme. Erst gegen Ende des 19. Jahrhunderts war es dank preiswertem Gas und elektrischem Licht nicht mehr nur der Aristokratie vorbehalten, länger aufzubleiben. Matthew Walker, ein Schlafforscher an der University of California, Berkeley, behauptet, der daraus resultierende Widerwille dem Schlaf gegenüber mache uns dick, krank und depressiv.[13]

In der Vergangenheit war die Nacht eine dunkle Zeit. Als Archäologen hat es uns im Zuge unserer Arbeit manchmal an extrem abgelegene Orte verschlagen. Dort bekamen wir einen Eindruck davon, wie es sich in einer Welt anfühlt, die vollkommen unberührt von Elektrizität ist. Als wir im Jemen Ausgrabungen auf einem einsamen Gebiet am Roten Meer durchführten, verlief ein typischer Abend ungefähr so: Wir saßen nach Einbruch der Dunkelheit am Lagerfeuer (und im Winter wurde es früh dunkel), machten uns bewusst, wie unglaublich dunkel es um uns herum war, schalteten unsere Taschenlampen ein, zogen dadurch nur Insektenschwärme apokalyptischen Ausmaßes an, machten die Lampen sofort wieder aus, riefen uns in Erinnerung, dass wir mit der Sonne um fünf Uhr aufstehen mussten, und zogen uns zum Schlafen in die Geborgenheit der Zelte zurück. In unserer modernen Welt vergessen wir oft, wie beklemmend die Dunkelheit sein kann. Im Englischen hatte die Dunkelheit eine eigene Bezeichnung: *night season* (›Nacht-Saison‹). Selbst in großen europäischen Städten nahmen Reisende des Mittelalters die Dienste von Laternen- bzw. Fackelträgern in Anspruch, damit sie sich auf den Straßen zurechtfanden. In London hießen diese Dienstleister *link-boys*; sie trugen eine brennende Fackel, um den Leuten im ursprünglichen Sinne des Wortes ›heimzuleuchten‹, und fungierten als Eskorte.[14]

Die Dinge änderten sich erst 1667 unter König Ludwig XIV. von Frankreich. Auf königlichen Beschluss hin wurden in den Pariser Straßen Öllampen installiert – 1670 waren es schon 3000, um 1730 hatte sich die Zahl der Lampen verdoppelt. Gegen Ende des 17. Jahrhunderts waren 50 Städte in Europa dem Pariser Beispiel gefolgt. 1807 war die Pall Mall in London der erste städtische Straßenzug, der von Gaslampen erleuchtet wurde; verbrannt wurde ein durch Kohlevergasung hergestelltes Leuchtgas. 1823 wurden 200 Meilen des Londoner Straßennetzes von fast 40 000 Lampen erhellt.

Die öffentliche Straßenbeleuchtung revolutionierte das städtische Leben. Hellere Straßen sorgten dafür, dass sich die Leute sicherer fühlten, denn früher lauerten einem Diebe und Räuber auf, sobald man in der Dunkelheit nach draußen ging. Zum ersten Mal konnten alle Schichten einer schnell wachsenden städtischen Bevölkerung das Nachtleben genießen und sich bis zum Morgengrauen in Gesellschaft vergnügen. Ungestüme nächtliche Zecher sorgten für Probleme; Pubs und Bars, die spät nachts noch geöffnet waren, riefen bald öffentliche Empörung hervor. Unter anderem aus diesem Grund führte London in der ersten Hälfte des 19. Jahrhunderts seine erste Berufspolizei ein. Nach und nach wurde die Zeit des Schlafens sicherer und besser geschützt. Trotz all unserer modernen Leiden rund um den Schlaf ist das Gefühl von Sicherheit ein schlafförderndender Aspekt – Schlafforscher haben herausgefunden, dass Hauskatzen und domestizierte Pferde länger schlafen, wenn sie sich im Schutz von Häusern oder Stallungen befinden.[15] Vielleicht werden einige unserer modernen Schlafdefizite ausgeglichen durch Vorteile, die uns gar nicht mehr auffallen.

Was hat es mit der These auf sich, dass die Leistungsfähigkeit gesteigert wird, wenn man bewusst auf Schlaf verzichtet? Viele unserer führenden Persönlichkeiten behaupten, wenig Schlaf zu benötigen – unter ihnen Margaret Thatcher, Bill Clinton und Donald Trump. Zitieren wir noch einmal Arianna Huffington: »Ohne Schlaf auszukommen […] wurde zu einem Zeichen für Stärke, zu einem Maßstab der Männlichkeit, zu einem Maximum an Leistungsfähigkeit.« Doch diese Maskulinität ist keinesfalls ein ausschließliches Merkmal der heutigen Zeit, da jede einzelne Zivilisation der Welt (oder zumindest jede, die schriftliche Zeugnisse hinterlassen hat) patriarchalisch ausgerichtet war: Es herrschten die Männer. Der Machismo reicht zurück bis ins antike Mesopotamien.

Einige der größten Feldherren der Geschichte wurden dafür bewundert, mit wenig Schlaf auszukommen, unter ihnen Alexander der Große, Hannibal und Napoleon Bonaparte. Winston

Churchill, vielleicht der bekannteste Staatsmann, der wenig Schlaf brauchte, schwor auf sein Schläfchen um die Mittagsstunde – darin sehen einige Wissenschaftler Anzeichen für unseren angeborenen zirkadianen Rhythmus.

> »Manchmal muss man eben zwischen Lunch und Dinner ein Nickerchen machen, und machen Sie bloß keine halben Sachen«, riet er. »Ziehen Sie sich aus und legen Sie sich ins Bett. So mache ich es immer. Und glauben Sie nicht, Sie würden weniger arbeiten, nur weil Sie tagsüber schlafen. [...] Sie werden imstande sein, mehr zu schaffen. Man bekommt zwei Tage in einem. [...] Als der Krieg ausbrach, musste ich tagsüber schlafen, weil es für mich die einzige Möglichkeit war, mit der Last meiner Verantwortung fertig zu werden.«[16]

Aufgrund dieser Angewohnheit ging Churchill abends sehr spät zu Bett und schlief dann nur vier Stunden, sehr zum Verdruss seines Beraterstabes. Aber Churchill schlief nicht nur in seinem Bett, sondern traf von dort aus auch Entscheidungen aus dem Bauch heraus. Er besprach sich vom Bett aus mit Generälen und Ministern und plante die Niederlage Adolf Hitlers dort.

Andere energiegeladene Leute haben beteuert, mit wenig Schlaf auszukommen. Leonardo da Vinci soll angeblich – die Quelle mag unzuverlässig sein – nur zwei Stunden am Tag geschlafen haben, als er die Mona Lisa malte, aber 15-minütige Nickerchen alle paar Stunden gehalten haben. Benjamin Franklin prägte den Spaßverderbersatz: »Früh zu Bett und früh wieder heraus hält den Mann gesund, macht ihn reich und schlau« – aus seinen Tagebüchern geht hervor, dass er in Wirklichkeit viel schlief, für gewöhnlich von zehn Uhr abends bis fünf Uhr morgens. Voltaire schlief nachts nur vier Stunden, wobei ihm das Wachbleiben sicherlich nicht schwerfiel, da er bis zu 40 Tassen Kaffee am Tag konsumierte. Übrigens ist es kein Zufall, dass der Kaffeekonsum seit der industriellen Revolution massiv angestiegen ist.

Die meisten Menschen leiden, wenn sie nicht genügend Schlaf bekommen: Von dem Kurzschläfer Winston Churchill zum Beispiel weiß man, dass er unter Depressionen litt, die er als seinen »schwarzen Hund« bezeichnete. Dennoch gibt es einen kleinen Kreis von Leuten, die mühelos mit nur etwa fünf Stunden Schlaf auskommen und keinerlei gesundheitliche Beeinträchtigungen haben. Angehörige dieser elitären Gruppe, die von Natur aus wenig Schlaf brauchen, sind für gewöhnlich positiv und optimistisch eingestellt. Im Gegensatz dazu wird sehr langer Schlaf oft mit Niedergeschlagenheit in Verbindung gebracht. Thomas Edison, der mehr als jeder andere dazu beigetragen hat, dem etablierten zweiphasigen Schlaf ein Ende zu bereiten, gehörte zu den notorischen Kurzschläfern der Geschichte. Von ihm heißt es, er habe nicht mehr als vier Stunden Schlaf pro Nacht gebraucht, und die verbrachte er offenbar in einer Art Feldbett in seinem Büro oder gleich auf dem Boden neben seinem Arbeitsplatz. Im Alter von 80 Jahren schrieb er in der *New York Times* mit Verachtung über jene, die angeblich viel Schlaf benötigten:

> Der Mensch der Zukunft wird weniger Zeit im Bett verbringen. […] Früher stand man mit der Sonne auf und ging beim Sonnenuntergang ins Bett. […] In einer Million Jahren wird der Mensch gar nicht mehr ins Bett gehen. Wirklich, der Schlaf ist eine Absurdität, eine schlechte Angewohnheit. […] Nichts auf dieser Welt ist für die Leistungsfähigkeit der Menschheit gefährlicher als zu viel Schlaf.[17]

Wie vorherzusehen war, wird in unserer von Uhren bestimmten Zeit propagiert, das frühe Aufstehen sei der Schlüssel zu Ruhm und Reichtum. Als im Jahre 1859 die Young Men's Early Rising Association (›Frühaufstehervereinigung Junger Männer‹) gegründet wurde, ließen die Mitglieder verlauten, ihren Erfolg verdankten sie dem frühen Aufstehen. Diese Ideologie findet sich wieder in der sogenannten Miracle-Morning-Methode, einer

Online-Bewegung, die der hyperaktive DJ und Autor Hal Elrod ins Leben gerufen hat. Er legt seinen Anhängern nahe, um fünf Uhr morgens aufzustehen, um sich phänomenaler Produktivität zu erfreuen. Aus Forschungsgründen haben wir beide genau das ausprobiert: Und es funktionierte. Nie zuvor waren wir so produktiv – zumindest eine Woche lang. Doch danach waren wir müde, wir vermissten unsere abendlichen Vergnügungen und spürten, dass unsere Betten nach uns riefen. Inzwischen sind wir Jünger von Tom Hodgkinson, seines Zeichens Herausgeber des Magazins *The Idler* (›Der Müßiggänger‹) und Autor mehrerer Bücher zum Thema Müßiggang. In seiner Philosophie betont Hodgkinson, wie wichtig es sei, länger im Bett zu bleiben und das Leben mehr zu genießen.

Aber wie viel länger soll man nun im Bett liegen bleiben? 2002 führte Dan Kripke vom Scripps Sleep Center eine Studie durch, an der über eine Million Amerikaner teilnahmen, um herauszufinden, wie das optimale Schlafpensum aussieht. Kripke berichtet, die Sterberate sei bei jenen Menschen am niedrigsten, die etwa sieben Stunden pro Tag schliefen (damals der Durchschnitt in den Vereinigten Staaten).[18] Für 2017 hält die britische Website The Sleep Council im *Great British Bedtime Report* fest, dass 74 Prozent der Briten weniger als sieben Stunden Schlaf bekommen, 12 Prozent weniger als fünf Stunden – und 30 Prozent gaben an, nachts »schlecht zu schlafen«. Die Lösung für diese Problemlage ist schwer zu finden, aber wir würden uns wünschen, dass jeder einen Weg zu einer vorindustriellen Lebensweise findet: Jeder arbeitet nach seinen eigenen Vorstellungen und schläft, wie er oder sie es für richtig hält. Diejenigen, deren Schlafrhythmus sich als zweiphasig erweist, würden dann einfach nachts aufstehen und tun, was ihnen gerade in den Sinn kommt – sie würden also nicht nach der Schlaftablette greifen oder bei jedem Ticken des Weckers in Panik geraten. Denn schließlich kann man alles Mögliche im Bett tun.

Ein Heidenspaß

Im Jahre 64 v. Chr. heiratete Kaiser Nero zum fünften Mal. Er selbst schlüpfte in die Rolle der schüchternen Braut, sein ›Ehemann‹ war offenbar der freigelassene Pythagoras oder aber Doryphorus – die antiken Quellen sind sich in diesem Punkt nicht einig. Als gesichert gilt, dass es sich um eine skandalöse Hochzeit handelte. Ein über alle Maßen empörter Tacitus notierte in den *Annalen*:

> Nero selbst, der sich in erlaubter und nicht erlaubter Weise bloßstellte, hatte keine Schandtat übriggelassen, die seine Verderbtheit noch hätte steigern können, nur dass er einige Tage später einen Lustknaben aus jener Horde – er hieß Pythagoras – in einer richtigen Hochzeitsfeier heiratete. Der Imperator wurde in einen Brautschleier gehüllt und Vogelschauer wurden geschickt. Man sah die Mitgift, das Ehelager und die Hochzeitsfackeln, kurz alles, was sogar, wenn es sich um eine Frau handelt, die Nacht verhüllt.[1]

In römischer Zeit war die Ehe dazu da, die männliche Linie durch Nachkommen fortzusetzen, vorzugsweise Jungen, die dann in der Armee dienten oder Aufgaben in der Verwaltung entfernter Provinzen übernahmen. Für bedeutende Familien der griechischen und römischen Gesellschaft – wie auch in anderen Kulturkreisen – waren die eigenen Kinder wie ein Wetteinsatz in hochkarätigen politischen Spielen. Der Sex mit dem jeweiligen Ehepartner gehörte zu den ehelichen Pflichten, in gleicher Weise wurde von Frauen erwartet, möglichst viele Kinder nacheinander zur Welt zu bringen. Die Fruchtbarkeit der Eheleute sicherte das Überleben der Abstammungslinie, das gesamte Reich war gleichsam abhängig von deren Fortpflanzung. Gaius Musonius Rufus (um 30–101 n. Chr.), der die Philosophie der Stoa lehrte, bis Nero ihn verbannte, behauptete, der einzige Grund, warum der

Mensch Genitalien habe und sich vermähle, bestehe darin, Kinder zu haben – damit das Überleben der Menschheit gesichert sei.[2]

Unsere Sexualität hat sich vermutlich seit dem Auftauchen des ersten Homo sapiens vor etwa 300 000 Jahren nur wenig verändert. Auch wenn es individuelle Unterschiede geben mag, verspüren wir denselben Sexualtrieb wie die anonymen Künstler der Steinzeit, die ägyptischen Pharaonen oder viktorianische Damen. Aber wenn es darum geht, wie wir mit diesem Trieb umgegangen sind, reicht die Skala von streng-entsagungsvoll bis dekadent-ausschweifend. Wer mit wem schlafen konnte (und durfte), warum und wie das geschah, veränderte sich stark im jeweiligen sozialen Kontext. Das Bett erlebte viele dieser Kapriolen mit.

Beieinanderliegen

Auf den Wandmalereien der Grabkammer des ägyptischen Wesirs Mereruka sieht man – wie bereits in Kapitel 1 beschrieben –, wie der Wesir die Hand seiner Gemahlin hält, während sich beide dem Hochzeitsbett nähern.[3] Zweifellos war das, was dann folgte, Sex, aber eben mit der Absicht der Empfängnis. Für Pharaonen und hohe Beamte stellte der Geschlechtsverkehr einen sehr ernsten Zeitvertreib dar in einer Zeit, in der Herrscher plötzlich und unerwartet von einer Krankheit dahingerafft werden konnten. Hatte der jeweilige Herrscher keine Erben, konnte das innerstaatliche Krisen auslösen. Der Hof war ein Morast aus Intrigen und geheimen Machenschaften: Amtsträger wetteiferten um die Gunst ihrer Vorgesetzten, und für alle Verschwörer stand viel auf dem Spiel bei dem, was im königlichen Bett geschah, denn dort hatte der Pharao seinen Nachfolger zu zeugen. Der Gedanke an seine Pflicht lastete selbst dann auf ihm, wenn er in den Armen seiner nackten Frau lag. Die Künstler, die die Wände ägyptischer Grabkammern gestalteten, machten keine direkten Anspielungen auf den sexuellen Akt, und wenn doch, dann auf ganz subtile Art und Weise, wie es der Würde und dem hohen Amt der Personen geziemte, die in eindrucksvollen Gräbern bestattet wurden. Wir kennen nur eine hieroglyphische Darstellung, die ein Paar beim Geschlechtsakt zeigt: Diese Inschriften stammen aus einem Felsgrab des Mittleren Reichs bei Beni Hassan, aber sie wurden schon vor langer Zeit durch ständige Berührungen neugieriger Besucher stark beschädigt. Es gibt aber viele informelle Darstellungen des Geschlechtsakts in Graffiti und in einem Papyrus, der unter der Bezeichnung *Turiner erotischer Papyrus* bekannt ist. Auf dem Papyrus ist offenbar ein Bordell dargestellt, das unterschiedliche erotische Requisiten aufweist, unter anderem ein Hilfsmittel in Form eines Wagens.

Wie in allen anderen vorindustriellen Zivilisationen (oder zumindest in all jenen, deren schriftliche Quellen wir entziffern konnten) war das Leben in Ägypten rund um Männer organisiert. Die männliche Linie musste gesichert werden, da Besitztümer und Ländereien vom Vater auf den Sohn übergingen. Der Umstand, dass Frauen diejenigen waren, die die Kinder bekamen, stellte ein unangenehmes Risiko für die Ordnung der Dinge dar. Frauen und ihre Sexualität mussten also kontrolliert werden. In diesem Zusammenhang war das Hochzeitsbett ein bedeutendes Herrschaftsinstrument.

Bei den Sumerern aus Mesopotamien war die Ehe gleichbedeutend mit einem Geschäftsvorgang.[4] In ihrer Sprache bedeutete das Wort für Liebe ›Land abgrenzen‹. Wollte ein Paar heiraten, wurde ein Vertrag aufgesetzt, und die Familien der Braut und des Bräutigams bezahlten eine Mitgift bzw. einen Brautpreis. Unmittelbar nach der Hochzeitszeremonie und den Feierlichkeiten zog die Braut mit ihrem Ehemann in das Haus ihres Schwiegervaters um. Es folgte der Geschlechtsverkehr, wobei erwartet wurde, dass die Braut Jungfrau war und dass sie schwanger werden würde. Falls einer dieser Schritte umgangen oder nicht entsprechend durchgeführt wurde, konnte die Ehe für ungültig erklärt werden.

Die Griechen und Römer formalisierten die männlichen und

weiblichen Rollen im Ehebett. Als Oberhaupt der Familie arrangierten die Väter der Ober- und Mittelschicht sorgfältig die Ehen ihrer Töchter oder setzten Vormünder ein. In seinem Dialog *Oikonomikos* legt Xenophon dem vernichtend pragmatischen Ischomachos folgende Worte in den Mund, die an seine 14-jährige Braut gerichtet sind: »Sage mir, Frau, hast du schon darüber nachgedacht, weshalb ich dich eigentlich genommen und deine Eltern dich mir gegeben haben? Denn dass es nicht an andern mangelte, mit denen wir hätten schlafen können, das ist, wie ich weiß, auch dir klar«, sagt er, ehe er den Gedanken zum Abschluss bringt: »Als ich für mich und deine Eltern für dich überlegten, wen wir als besten Partner für Haus und Kinder nähmen, habe ich dich, und deine Eltern, wie es scheint, aus den in Frage Kommenden mich ausgewählt.«[5]

Selbst die Jungfräulichkeit eines römischen Mädchens gehörte nur zu einem Drittel ihm. Die beiden anderen Drittel gehörten seinen Eltern, die die Tochter, ausgestattet mit einer angemessenen Mitgift, an einen zukünftigen Schwiegersohn weitergaben. Die Pflichten einer römischen Ehefrau waren erdrückend und begannen in dem Moment, in dem sie einen Fuß über die Schwelle des Hauses ihres Mannes setzte. Es wurde erwartet, dass sie treu und keusch war, dass sie Kinder bekam und großzog, den Haushalt führte und Wolle spann. Eine Frau, die mit vielen Kindern gesegnet war und einen gut geführten Haushalt vorzuweisen hatte, genoss hohes Ansehen. Eine *Matrona* war die Frau eines römischen Bürgers, und ihre wichtigste Aufgabe bestand darin, Kinder zu bekommen, vorzugsweise Jungen, die dann später im Militär des Reiches dienten oder Verwaltungsaufgaben übernahmen und dadurch das Überleben des Familienstammbaums garantierten. Catull, römischer Dichter aus dem 1. Jahrhundert v. Chr., hielt in einem Hochzeitsgedicht fest, aus einer Hochzeitsnacht sollten Soldaten hervorgehen, um die Truppen an den Reichsgrenzen zu verstärken. Sein zynischerer Zeitgenosse Properz zeugte zwar Kinder, weigerte sich aber rundheraus, seine Söhne zu Legionären ausbilden zu lassen.

In der Zeit von Kaiser Augustus standen Frauen rechtlich auf einer Stufe mit Kindern und Sklaven. Sie mussten sich nicht nur ihren Vätern unterordnen, sondern auch ihren Brüdern und Ehemännern. Sexualität und Nachwuchs gehörten zu den Pflichten der Ehefrau. Wie sehr Frauen diese Pflichten genossen, bleibt ein Rätsel, aber oftmals werden sie, insbesondere diejenigen, die der wiederholten Schwangerschaften überdrüssig waren, dabei einfach nur auf dem Rücken gelegen und an Rom gedacht haben. Sexualität war zentraler Bestandteil der römischen Religion und somit auch des Staatswesens. Der Anwalt und Politiker Cicero äußerte sich zu dem Fortpflanzungstrieb, der bei allen Lebewesen ausgeprägt sei, und schrieb, die Verbindung zwischen Ehemann und Ehefrau sei »die Grundlage des Gemeinwesens, sozusagen die Kinderstube des Staates«.[6] Obwohl Töchter und Söhne der *patria potestas* (›väterlichen Gewalt‹) unterlagen, d. h., der Gewalt, die die Väter als Familienoberhaupt ausübten, gab es im Rom der frühen Kaiserzeit durchaus einige gebildete, ›emanzipierte‹ Frauen. Zwar durften sie weder wählen noch politische Ämter innehaben (abgesehen vom Priesteramt der Vestalinnen), sie verfügten aber dennoch über Einfluss. Als Cicero unmittelbar nach der Scheidung von seiner tatkräftigen und ehrgeizigen Frau Terentia gefragt wurde, ob er wieder zu heiraten gedenke, erwiderte er, er könne sich nicht gleichzeitig mit Philosophie und einer Ehefrau beschäftigen. Allerdings widerrief er bald, da er Terentia ihre Mitgift zurückzahlen musste, und das konnte er sich nur leisten, indem er wieder heiratete.

Wie alle verheirateten Paare in wohlhabenden Hausständen teilten sich vermutlich auch Cicero und seine Frau ein Schlafzimmer. Diese waren für gewöhnlich rechteckig, lagen entweder im ersten oder zweiten Stock und gingen auf einen offenen Innenhof, das Atrium. Die Fenster waren eher klein, nicht etwa der Privatsphäre wegen, sondern weil die römische Bauweise zumeist schlicht gehalten war, mit steinernem Fenstersturz oder bescheidenen Rundbögen aus Backsteinen. Das beherrschende Möbelstück war das Bett – der einzige relativ abgeschiedene Ort innerhalb des Hauses, den man zum Schlafen und für den ehelichen Geschlechtsverkehr nutzte. Die meisten hochwertigeren Betten bestanden aus Holz, die teuersten Modelle waren mit Metallornamenten versehen. Betten waren normalerweise nicht sehr robust, und das bedeutet, dass nur wenige erhalten geblieben sind. Wir wissen trotzdem, wie die Betten aussahen, und zwar hauptsächlich von Friesen in Herculaneum und Pompeji sowie von Wandmalereien oder Reliefs an anderen Orten. Römische Betten wiesen für gewöhnlich drei Seitenwände auf und sahen aus wie rechteckige, längliche Kästen auf Füßen; die vierte (lange) Seite war offen, damit man leicht ins Bett steigen konnte. Einige Betten besaßen schräge Kopf- und Fußenden, die den Kissen Halt gaben. Das *lectus* konnte ein bescheidenes Möbelstück sein, aber in wohlhabenden Haushalten wurde es mit zahlreichen Verzierungen versehen. Vorläufer der römischen Betten waren die klassischen griechischen Klinen oder Sofas, die ähnlich konzipiert waren.

Der Status der Frauen im mittelalterlichen Europa variierte beträchtlich. Einige Frauen wie Eleonore von Aquitanien (um 1121–1204) waren wohlhabend und mächtig, andere wurden einflussreiche Äbtissinnen und Verwalterinnen religiöser Gemeinschaften. Aber in der Ehe hatten die Ehemänner das Sagen, auch wenn es viele Abstufungen gab, besonders in Beziehungen, in denen beide Partner wohlhabend waren. Im England der Tudorzeit gehörten junge Frauen zum Eigentum des Vaters, ehe sie in den Besitz ihres Ehemannes übergingen. Als Sir William Roper eines frühen Morgens bei dem Staatsmann Thomas Morus vorstellig wurde, um eine von Morus' Töchtern als zukünftige Frau auszuwählen, führte Morus seinen Besucher ins Schlafzimmer, in dem seine beiden Mädchen auf einem Ausziehbett schliefen. Der Vater schlug die Bettdecke zurück. Die Mädchen lagen da, die Schlafkittel waren ihnen bis unter die Achselhöhlen gerutscht. Als sie sich anstandshalber auf den Bauch drehten, bemerkte Sir William: »Ich habe beide Seiten gesehen«, tätschelte einem der Mädchen das Hinterteil und verkündete, sie sei die Seine. Was die Mädchen von alldem hielten, ist nicht überliefert.[7]

In Morus' Zeit war das Beilager bzw. die rituelle Bettleite der Neuvermählten höheren Standes ein öffentliches Spektakel bei Hofe. In einer Ära arrangierter Ehen, die oftmals weitreichende diplomatische Folgen hatten, symbolisierte der Vollzug der Ehe eine unverbrüchliche Allianz. Nach den Hochzeitsfeierlichkeiten wurde die Braut von ihren Zofen entkleidet und ins Bett gelegt. Dann kam der Ehemann in seinem Nachthemd dazu, in Begleitung seines Gefolges, manchmal waren Musiker zugegen und ein Geistlicher, der die Ehe segnete. Man zog die Bettvorhänge zu. Bisweilen entfernten sich die Zeugen erst, wenn sie sahen, dass sich die nackten Schenkel des Brautpaars berührten. Oft blieben die Zuschauer sogar noch länger und warteten auf die unverkennbaren Geräusche körperlicher Vereinigung. Am nächsten Morgen wurden manchmal die fleckigen Laken vorgezeigt, um zu beweisen, dass die Ehe vollzogen war.

Von der Braut erwartete man, dass sie noch Jungfrau war, aber natürlich waren das nicht alle Frauen vor der Ehe. Um überzeugend vorzutäuschen, dass es bei der Defloration zu Blutungen gekommen war, wurden unterschiedliche Methoden angewandt: So verteilte man etwa heimlich etwas Blut mit einem Schwamm rund um die Vagina. Heute weiß man, dass viele Prostituierte des 19. Jahrhunderts in Europa und den Vereinigten Staaten die erwünschten Blutflecken auf dem Laken mit kleinen Glassplittern oder sogar Blutegeln bewerkstelligten, weil eine Prostituierte mehr Geld verlangen konnte, wenn sie behauptete, noch Jungfrau und somit frei von sexuell übertragbaren Krankheiten zu sein.

Generell war man der Meinung, für die Ehe seien am besten Partner geeignet, die ungefähr im selben Alter waren, dem gleichen Stand angehörten und über ähnliche Mittel verfügten. Heirateten Männer ein zweites Mal, war der Altersunterschied jedoch manchmal beträchtlich. Nachdem König Ludwig XII. von Frankreich 1514 im Alter von 52 Jahren erneut geheiratet hatte –

und zwar die 18-jährige Mary Tudor, Schwester von Englands König Heinrich VIII. –, verstarb er schon drei Monate nach der Hochzeit, offenbar geschwächt durch seine Anstrengungen im Bett. Wahrscheinlich waren nur wenige königliche Paare so leidenschaftlich, wenn man bedenkt, dass der Gedanke an die dynastische Kontinuität weitaus bedeutsamer war als sexuelle Anziehungskraft oder die Idee von romantischer Liebe. Adel und Königshaus planten weit im Voraus: Prinz Arthur Tudor (1486–1502) war gerade einmal zwei Jahre alt, als er mit Katharina von Aragon verlobt wurde, die zu diesem Zeitpunkt drei Jahre alt war. Im England des 17. Jahrhunderts war der Begriff ›Bett‹ so eng mit der Vorstellung von Heirat verbunden, dass er Teil der rechtlichen Definition wurde. Das Wort ›Bett‹ diente auch als Kurzformel, um den Status der Heirat zu beschreiben. Hatte ein Partner Ehebruch begangen, hieß es, er oder sie hätten das Bett des jeweils anderen besudelt – und der gekränkte Partner konnte den anderen »unsanft aus dem Bett befördern«.

*

Traditionelle chinesische Hochzeiten wurden für gewöhnlich arrangiert, fast wie Immobiliengeschäfte. Vermittler kümmerten sich um die finanziellen und gesellschaftlichen Details, und der Bräutigam stattete den Eltern der Braut erst dann einen Besuch ab, wenn die Verhandlungen abgeschlossen waren. Nach dem Besuch nahm er die Braut mit nach Hause. Noch am selben Tag wurde das Hochzeitsmahl abgehalten, und danach vollzog das Paar die Ehe in dem »geheimnisvollen Raum«, der Brautkammer. Auch in China wurde erwartet, dass die Braut noch Jungfrau war, somit verlangte man am nächsten Morgen den Beweis in Form des blutbefleckten Lakens. Viele Ehemänner schenkten ihren Bräuten illustrierte »Handbücher«, in denen verschiedene Stellungen für den Koitus abgebildet waren. Kaum waren sie verheiratet, sahen die meisten Frauen ihre Männer nur noch zu den Mahlzeiten und im Bett.[8]

In wohlhabenden Haushalten hatten die Bettvorhänge offenbar eine besondere Bedeutung für die Frau, symbolisierten sie doch die lebenslange Bindung an die Ehemänner. Reiche Leute gaben viel Geld aus für teure Bettvorhänge aus Seide, die mit Darstellungen himmlischer Wesen verziert waren. Diese Vorhänge bildeten sozusagen eine eigene Kammer im Schlafzimmer und hielten sowohl Insekten als auch die Kälte fern, außerdem ermöglichten sie ein Mindestmaß an Privatsphäre in einem großen Raum, in dem mehrere Personen schliefen. Auf einer beschriebenen Tuschmalerei auf Seide aus dem 3. Jahrhundert n. Chr., *Die Ermahnung der Lehrerin an die Hofdamen*, ist ein Himmelbett zu erkennen – eine Plattform auf vier Füßen mit Pfosten, an denen leichte Stoffvorhänge hängen.

Chinesische Höflinge, ähnlich wie die Beamten der Pharaonen, führten penibel Buch über das Sexleben des Kaisers. Für die Konkubinen im Palast war es an der Tagesordnung, heftig um die Gunst des Kaisers zu wetteifern. Welche Konkubine wann zum Herrscher durfte, regelte eine ganze Schar Eunuchen. Hatte der Kaiser die Konkubinen für die Nacht ausgesucht, wurden die Frauen in das kaiserliche Gemach getragen, ihre Blöße verhüllt von golddurchwirkten Stoffen, und am Fuße des Betts abgesetzt. Jede Konkubine kroch unter der Bettdecke so weit nach oben, bis sie das Antlitz des Kaisers erblickte. Von den frühen chinesischen Kaisern heißt es, sie seien wahre Sexmaschinen gewesen: Offenbar hatten sie in einer Nacht Sex mit bis zu neun Frauen, brachten jede ihrer Gespielinnen während des Vorspiels zum Orgasmus, ejakulierten aber nie selbst, was eine große Selbstbeherrschung verlangte. Es bleibt unklar, wie viel von diesen Berichten ins Reich der Phantasie gehört. Und was die Konkubinen auch immer gedacht oder empfunden haben mögen, sie spielten ihre Rolle und wussten, dass sie den Herrscher unterhalten sollten und zumindest so tun mussten, als würden sie ungeahnte Freuden genießen. Es war geradezu ideal für das Wohlergehen des Kaisers, viele Frauen in seinem Bett zu wissen, die einen Orgasmus erlebten, glaubte man doch, dass das Vaginalsekret die männliche Essenz steigere (Yang).

Abgesehen davon, dass er den Konkubinen Vergnügen bereiten sollte, wurde vom Kaiser erwartet, bei Vollmond die Nacht allein mit der Kaiserin zu verbringen. Aber selbst dann sagten ihm der Hofastrologe und der Leibarzt genau, zu welcher Zeit der Kaiser ejakulieren solle, um einen männlichen Nachfolger zu zeugen. Dieser formalisierte Sex konnte eindrucksvolle Ausmaße annehmen. Vom Gelben Kaiser von China, dem mythischen Begründer der chinesischen Zivilisation, heißt es, er habe Unsterblichkeit erlangt, indem er Sex mit tausend heiratsfähigen Jungfrauen hatte. Ein anderer Kaiser, Sui Yangdi (560–618), unterhielt 3000 Palastjungfrauen, mit denen er gelegentlich Sex hatte, und weitere 70 Konkubinen. Von ihm heißt es, er habe verlangt, dass seine Konkubinen und Hofdamen jungfräuliche Mädchen waren. Er holte sie nicht in sein Bett, sondern veranlasste, dass sie auf einen fahrbaren Stuhl gesetzt wurden, auf dem sie Arme und Beine spreizen mussten. Ein mechanisch betriebenes Kissen brachte das jeweilige Mädchen in die richtige Position, um »die kaiserliche Gunst zu erlangen«. Die männliche Obsession mit unerfahrenen, aber fruchtbaren Jungfrauen taucht immer wieder in patriarchalischen Gesellschaften auf, was nachvollziehbar ist, wenn wir uns in Erinnerung rufen, dass Männer ihre Nachkommenschaft gesichert wissen wollten. Aber eine Jungfrau ist nicht notwendigerweise gleichbedeutend mit Spaß im Bett, wenn man davon ausgeht, dass Übung den Meister macht.

Das viktorianische England, das oberflächlich betrachtet als Ausbund an Respektabilität und sittenstrengem Verhalten erscheint, war durchsetzt von jahrhundertealten Vorurteilen und Tabus. Sex war ein Thema, das man nicht ansprechen durfte, etwas, das man nur tat, um Kinder zu zeugen, und zwar ausschließlich in der Privatsphäre des eigenen Schlafzimmers. Frauen hatten keusch zu sein, das ideale christliche Vorbild war die Jungfrau Maria. Wer dabei erwischt wurde, Unzucht aus reinem

Vergnügen getrieben zu haben, musste um seinen guten Ruf bangen. Die Strafen für das Übertreten moralischer Grenzen fielen hart aus und wurden in aller Öffentlichkeit verbüßt. Die mit dem Begriff ›Bastard‹ verbundene Schande war äußerst spürbar. Puritanische Lehren hallten in den britischen, aber auch in vielen europäischen Gesellschaften nach.

Masturbation, einst ein Thema komödiantischer Freude im attischen Griechenland, war nun eine verbotene Praktik. Das Verbot wurde von gnadenlosen Hilfsmitteln wie dem Penisring verstärkt, dessen Stacheln den Träger aus dem Schlaf rissen, ehe erotische Träume Gestalt annehmen konnten. Zur Zeit der Herrschaft Heinrichs VIII. verstieß Analsex, ob homosexuell oder heterosexuell, »gegen den Willen des Menschen und Gottes« und wurde mit dem Tode bestraft. In der viktorianischen Epoche galt Homosexualität unter Männern als Krankheit, während weibliche Homosexualität gar nicht erst denkbar erschien. Sexuelle Aufklärung war unbekannt. Der fiktive viktorianische Moralapostel Mrs Grundy, der im 19. Jahrhundert in England in unzähligen Scherzen und Satiren auftauchte, bekräftigte die vorherrschende Einstellung dahingehend, dass das Schlafzimmer ein Ort der Zeugung zu sein habe, es müsse aber so wenig Vergnügen wie möglich im Spiel sein.[9]

Doch trotz der patriarchalischen Struktur, die in großen Zivilisationen vorherrscht, gab es auch andere Kulturen, in denen Frauen das Sagen hatten – oder zumindest den Männern gleichgestellt waren –, sobald es darum ging, das Bett zu teilen. Im Zuge seiner bahnbrechenden anthropologischen Studien untersuchte Bronislaw Malinowski vor 100 Jahren das Sexualleben der Menschen auf den Trobriand-Inseln, Papua-Neuguinea. Die Inselbewohner bildeten, ähnlich wie die Hopi und die Irokesen in den Vereinigten Staaten, eine matrilineare Gesellschaft – die Kinder und das Vermögen verblieben in den Familien der Mütter.[10] Die Frauen wurden ermuntert, selbstbewusst aufzutreten, wenn es darum ging, einen Liebhaber zu suchen oder zurückzuweisen. Es gab keine formelle Hochzeitszeremonie; stattdessen schlief das Paar gemeinsam in einem Bett. Wenn beide Partner heiraten wollten, akzeptierte die junge Frau ein Geschenk von ihrem Liebhaber – Yamswurzeln waren gern gesehen. Daraufhin akzeptierten die Eltern der jungen Frau die Ehe. Scheidung war einfach und beruhte auf einer gemeinsam getroffenen Entscheidung. Wollte der Mann wieder zurück zu seiner Frau, umwarb er sie mit noch mehr Yams und anderen Gaben, aber die Entscheidung, den Mann wieder ins Bett zu lassen, lag allein bei der Frau. Die Inselbewohner glaubten, Babys seien das Resultat eines Zaubers, bei dem der Geist der Ahnen in den Leib der Frau fahre. Nach der Geburt des Kindes oblag es dem Bruder der jungen Mutter, seine Schwester mit einer Ernte Yamswurzeln zu beschenken, denn auf diese Weise würde das Kind mit Nahrung aus der mütterlichen Stammlinie versorgt. Im Alter von sieben oder acht Jahren erkundeten Jungen wie Mädchen spielerisch die Geschlechtlichkeit, um zu lernen, wie das Leben mit gleichaltrigen Freunden verläuft. Der tatsächliche Sex wurde dann vier oder fünf Jahre später praktiziert. In den meisten Dörfern gab es eine spezielle Hütte, die *bukumatula*, in der Betten für außereheliche Begegnungen standen (diese Betten sind nicht näher beschrieben). Aber es herrschte keine Anarchie der freien Liebe. Malinowski beschrieb sorgfältig die Regeln, die für solche Begegnungen galten, und notierte, es werde als schlechtes Benehmen erachtet, einem anderen Paar beim Liebesakt zuzusehen.

Das Sakrale und das Profane

Das *Gilgamesch-Epos*, der frühe literarische Klassiker aus Mesopotamien, beschreibt Sex als großes Vergnügen der Menschen auf der Welt. Als Enlil, der Gott der Fruchtbarkeit und Weisheit, die Göttin Ninlil ehelichte, verlief die erste gemeinsame Nacht stürmisch: »Ich will dich auf einem großen Bett lagern lassen, / auf einem Prachtbett will ich dich lagern lassen. / Sitzen lassen will ich dich auf einem Ruhesessel, dem Sitz / zu (meiner) Linken, / die Könige der Erde werden (dort) deine Füße küssen.«[11] Obwohl die Ehe damals von der Familie arrangiert wurde, schätzten die Mesopotamier die romantische Liebe und hinterließen viele Lieder über Menschen, die sich innig ineinander verlieben. »Schlaf, weiche! Ich möchte meine Geliebte in den Armen halten«, lautet die erste Zeile eines Liebesgedichts.

Offensichtlich genossen die Mesopotamier Sex, aber nicht immer im Bett. In Massen gefertigte sumerische Terrakottatafeln aus dem frühen 2. Jahrtausend v. Chr. sind da ganz eindeutig. Auf einer Tafel ist eine Frau zu sehen, die mit einem Strohhalm aus einem Bierkrug trinkt, während ein Mann sie von hinten penetriert und nebenbei einen Schluck aus einem Weinbecher nimmt. Das soll symbolisieren, dass die beiden Oralsex praktizieren. *Coitus a tergo*, also von hinten, war beliebt, vermutlich deshalb, weil Analsex damals eine verbreitete Methode war, um eine Schwangerschaft zu vermeiden. Auf anderen Tafeln sind die Partner auch stehend und in der Missionarsstellung zu erkennen. Ein Forscher vertritt die Ansicht, diese Tafeln seien ein kulturelles Gemeingut und somit für Männer, Frauen und Kinder zugänglich gewesen.

Trotz der Regularien, die am ägyptischen Hof vorherrschten, hatten die Ägypter viele Ausdrücke und Wörter für Sex, darunter etwa das euphemistische »mit jemandem schlafen«, das enthusiastische »sich mit jemandem vergnügen« und den Fluch »möge ihn ein Esel schänden!« Das alte Ägypten kannte unsere moderne Prüderie nicht, sondern zeigte offen erigierte Penisse als Symbol der Fruchtbarkeit. Bei den Ausgrabungen am Hafen von Naukratis im Nildelta im 19. Jahrhundert waren die Archäologen entsetzt, als sie Hunderte erotische Figuren entdeckten, viele davon wiesen enorme Phalli auf. Diese Funde ziemten sich nicht für die Ausstellung, also blieben sie in den Lagerräumen von Museen verborgen. Unter den Fundstücken war auch eine kleine Statue aus Kalkstein, die Horus als Kind darstellte – der Penis war derart groß dargestellt, dass er das Haupt von Horus wie eine riesige Bananenstaude überragt. Ähnliche »Naukratische Figuren«, wie die Ausgräber sie euphemistisch nannten, sind seither in vielen anderen ägyptischen Siedlungen der Spätzeit des alten Ägypten (664–332 v. Chr.) zutage gefördert worden, insbesondere im Nildelta. Sie wurden mit ziemlicher Sicherheit bei Fruchtbarkeitsriten benutzt, wie z. B. beim »Fest der Trunkenheit«, mit dem die Ägypter feierlich die Nilüberschwemmungen begingen.

Auch in römischen Texten finden sich zahlreiche Anspielungen auf den Spaß, den man im Bett haben kann. Der berühmte Mythos von Amor, dem Gott der Liebe, und Psyche, der Göttin der Seele, erzählt, wie sehr Psyche das Bett und die Nacht liebte, den Tag jedoch fürchtete. Sie ist Amor versprochen, darf ihn aber nie sehen. Liebevoll umsorgt und vorbereitet für die Hochzeitsnacht erwartet sie ihren Gemahl in einem Bett, das mit feinen Stoffen ausgestattet ist. Von da an empfängt sie ihren Mann jede Nacht in wahren Orgien ehelicher Freuden. Sie hat indes gelobt, ihres Geliebten niemals bei Tageslicht ansichtig zu werden. Eines Morgens erliegt sie jedoch der Versuchung, worauf Amor flieht und nie zurückkehrt. Selbst bei arrangierten Ehen kann man antiken Grabinschriften entnehmen, wie groß die gegenseitige Hingabe der Partner gewesen sein muss. Der Fleischer Lucius Aurelius Hermia und seine Frau, Aurelia Philematium – beide waren freigelassene Sklaven aus Griechenland, die im 1. Jahrhundert v. Chr. in Rom lebten – begegneten einander, als Aurelia sieben Jahre alt war. Sie lebten 33 Jahre zusammen. Zufällig hat ihre Grabinschrift die Zeiten überdauert und ist heute im Britischen Museum zu sehen. Lucius ließ die Worte verewigen: »Sie, die mir im Tod vorausgegangen ist mit keuschem Körper und liebenden Geist, war die einzige Frau für mich.« Sie schrieb über ihn: »Mein Mann, den ich verloren habe, weh mir, war wahrlich mehr als ein Vater für mich.«[12]

Die Chinesen waren erfrischend unverblümt, beinahe schon dogmatisch, wenn es um Sex im Schlafzimmer ging. Ihre Sexhandbücher sind wahre Kataloge spezifischer Erwartungen und Anweisungen. »Je mehr Frauen, mit denen ein Mann Geschlechtsverkehr hat, desto größer wird sein Vergnügen beim Akt sein«, schrieb der daoistische Philosoph Ge Hong (auch Ko Hung) im 4. Jahrhundert n. Chr.[13] Die daoistische Doktrin »der Oberste Pfad der Natur« beherrschte das chinesische Denken und die Gesellschaft mehr als 2000 Jahre lang. Zu den Grundzügen der daoistischen Philosophie gehört, dass den Menschen, die lernen, wie man in perfekter Harmonie mit der Natur lebt, ein langes Leben und Glückseligkeit beschieden sind. Jeder habe nach einem harmonischen Zusammenspiel von Yin, der passiven Kraft, und Yang, der aktiven Kraft, zu streben. Arbeiten beide Kräfte eng zusammen, so wehen sie den Lebensodem in Richtung des Weges oder Pfads – Tao bzw. Dao. Kommen Menschen vom natürlichen Pfad ab, können sie dorthin zurückgeführt werden, mittels körperlicher Disziplin. Zu den wichtigsten Disziplinen gehörte der Geschlechtsakt, der – wie wir im Falle der Kaiser gesehen haben – die notwendige Vereinigung von Yin und Yang herbeiführt. Die Yin-Essenz war die Feuchtigkeit, die die Geschlechtsorgane der Frau benetzt, Yang der Samen des Mannes. Somit war der Geschlechtsverkehr einer der Wege zum Himmel. Eine wahre Flut von expliziten Sexlehrbüchern brachte dem Leser bei, wie man das ideale Gleichgewicht von Yin und Yang erreichen kann – das hing gleichermaßen vom Vergnügen der Frau wie des Mannes ab.

Chinesische Sexhandbücher waren für gewöhnlich in sechs Kapitel unterteilt. Nach einer essayistischen Einleitung zu kosmischen Fragen und der Bedeutung der Sexualität ging der Text über zum Vorspiel und kam dann zu den Stellungen und Techniken des Geschlechtsakts. Gemäß der daoistischen Lehre »ist der Mann dazu geboren, mit dem Gesicht nach unten zu liegen, die Frau liegt auf dem Rücken«, aber die Handbücher boten auch andere Praktiken an. In weiteren Kapiteln wird der therapeutische Wert von Sex erörtert, es wird erklärt, wie man die richtige Frau findet und wie sich eine Frau während der Schwangerschaft verhalten solle. Dabei dreht sich alles um die Yin-Yang-Harmonie. Die Yin-Essenz der Frau war schier unerschöpflich, wohingegen der Mann nur über begrenzte Mengen der Yang-Essenz verfügte. Idealerweise hatten die Partner dann, wie die Kaiser, den Geschlechtsakt so lange wie möglich auszuleben. Ein Werk mit dem Titel *Yufang mijue* (›Die geheimen Anleitungen aus der Jadekammer‹) verkündet, ein kräftig gebauter Jüngling von 15 Jahren könne zweimal am Tag ejakulieren. Ein kräftig gebauter 70-Jähriger könne das einmal im Monat tun.

Was den Geschlechtsakt an sich betraf, so konnte Sex überall stattfinden, wo eine ebene Fläche zur Hand war. Chinesische Betten waren ursprünglich Matten, auf denen die Leute saßen und schliefen. Schlafplattformen kamen mit dem Aufkommen des Buddhismus in China etwa 200 n. Chr. in Mode, denn nach Auffassung der Buddhisten saß Buddha auf einer erhöhten Empore. Die Plattform genoss schon bald ein gewisses Prestige als Sitz für Ehrengäste und hohe Beamte, und auch Betten wurden kunstvollere Gebilde. Gut gefüllte Kissen trugen zum Komfort bei – und ermöglichten einfallsreiche Stellungen beim Sex. In Chinas kalten Wintern wussten die Schlafenden ein warmes Bett zu würdigen. In prähistorischer Zeit machten die Menschen oft ein Feuer auf einem Lehmboden, verteilten später die warme Asche und legten dann ihre Schlafmatten auf den vorgewärmten Boden. Um 100 v. Chr. besaßen viele Häuser bereits eine erhöhte Plattform, die *kang* genannt wurde, unter der ein Ofen installiert war. Frauen verbrachten tagsüber eine Menge Zeit auf der *kang*, die für alle möglichen Aktivitäten genutzt wurde, auch für Sex.

*

Auch indische Hindus betrachteten Sex als religiöse Pflicht, als eine vergnügliche Möglichkeit, das eigene Karma zu verbessern und die Hoffnung auf eine Wiedergeburt der Seele auf höherer Ebene zu nähren. Das *Kamasutra* erschien um 250 n. Chr., als die Klasse der Kaufleute an Bedeutung gewann, zu Wohlstand kam und sich ihres sozialen Status bewusst wurde. All das bewog die Kaufleute, nach dem richtigen Verhalten sowohl in religiösen als auch sozialen Kreisen zu streben. *Kama* (›Genuss, Verlangen‹) war eine individuelle Suche, etwas Selbstbezogenes und oftmals eine Angelegenheit harter Realität. Zugleich erschien das berühmteste aller Sexhandbücher zu einem Zeitpunkt, an dem die Hindus erkannten, dass Sex viel mehr zu bieten hatte als bloßes Flirten und die rein mechanischen Abläufe des Geschlechtsakts.[14]

Dem anonymen Verfasser des *Kamasutra* ging es neben den rein mechanischen Abläufen auch um die verworrenen Gefühle von Menschen, die verliebt sind. Anders als in den klinischen chinesischen Sexhandbüchern werden vier Kategorien der Liebe benannt: die simple Freude am Sex; Abhängigkeiten von verschiedenen Arten von Sex, etwa Küssen oder Oralsex; Liebe, die eine starke, spontane gegenseitige Anziehung der Partner mit sich bringt; und die einseitige Liebe, in der der eine Partner die Schönheit des anderen bewundert. Die Liebe manifestiert sich auf einer anderen Ebene als der bloße Sex. In den chinesischen Handbüchern ging es vor allem darum, was im Bett geschah, weniger darum, wie man mit dem Partner im Bett landet oder welche Möglichkeiten es gibt, den Ehemann auf asexuelle Weise zu befriedigen, was jedoch ein grundlegender Aspekt weiblichen Verhaltens im *Kamasutra* ist. Das Buch stellt sieben Arten des Beisammenseins vor, die Bandbreite reicht von Sex zwischen Verliebten bis hin zu Adligen, die Bedienstete verführen. Es gibt Klassifizierungen des Penis nach Größe und ein sehr berühmtes Verzeichnis von Stellungen beim Verkehr. Heute kann man sogar eine App für das Smartphone herunterladen, die einem die Stellungen wie in einem Ratgeber erklärt. Aber das Buch legt besonderen Wert auf das sinnliche Vergnügen und aufwendige Vorbereitungen. »Im Raum des Vergnügens, geschmückt mit Blumen und erfüllt von Wohlgerüchen, im Beisein seiner Freunde und Bediensteten« empfängt der Mann die Frau und verwickelt sie in eine angenehme Unterhaltung, ehe alle das Zimmer verlassen und der Mann und die Frau zum eigentlichen Ereignis übergehen.

Das *Kamasutra* ist ein athletisches Handbuch für Liebende. Viele der Stellungen erfordern die Geschmeidigkeit von jungen und gelenkigen Partnern, aber für die meisten Stellungen benötigt man eine bequeme Plattform und gezielt platzierte Kissen und andere weiche Unterlagen, damit die Frau für die Penetration und Befriedigung eine optimale Position einnehmen kann. Man könnte fast vermuten – womöglich fälschlicherweise –, erst mit dem *Kamasutra* seien weiche Kissen auf sexueller Ebene ins Spiel gebracht worden. Die Anweisungen des Buches, aber auch die Anleitungen anderer Handbücher, waren jedenfalls weitverbreitet. Scheikh Nefzawi, Autor von *Der parfümierte Garten* aus dem frühen 16. Jahrhundert, arbeitet in ernstem Ton sämtliche gängigen Sexstellungen ab und summiert sie letzten Endes auf elf. Schließlich stellt er fest, offenbar mit gutem Grund, dass die Inder »sehr viel weiter sind als wir, wenn es um das Wissen und die Erforschung des Koitus geht«.

Die Griechen sind bekannt für ihre homosexuellen Abenteuer. Auf den meisten Vasenmalereien wird das Paar nicht auf einem Bett dargestellt, sondern stehend, wobei ein Partner dem anderen den Penis zwischen die Oberschenkel schiebt. Es gibt einige wenige Beispiele von Analverkehr. In den meisten Fällen findet der Geschlechtsakt zwischen einem älteren und einem jüngeren Mann bzw. Knaben statt. Der ältere Mann scheint meist die Initiative zu ergreifen, man sieht ihn oft mit hängendem Kopf und gebeugten Schultern, als ob er sich winden und zugleich betteln würde. Der jüngere Partner steht für gewöhnlich aufrecht und weist den älteren Mann manchmal von sich.

›Päderastie‹ bezeichnete die Liebe eines gestandenen Mannes zu einem Knaben, der zwar das Alter der Pubertät erreicht hat, aber noch kein Erwachsener ist. Wenige Männer im klassischen Griechenland hatten Verkehr mit anderen erwachsenen Männern, auf Betten oder sonstwo. Man bevorzugte Knaben, allerdings war der Sex mit präpubertären Jungen illegal. »Die Blüte eines zwölfjährigen Knaben ist erstrebenswert«, schrieb Straton, »aber mit dreizehn ist er weitaus erfreulicher. Süßer gar ist die

Blume der Liebe, die mit vierzehn erblüht, und der Zauber nimmt zu mit fünfzehn. Sechzehn ist ein göttliches Alter.«[15] Dies gibt die klassische Auffassung wieder, dass Päderastie ein Bestandteil höherer Bildung war. Sokrates meinte, sie ermögliche die Kultivierung moralischer Vollkommenheit. Die Liebe, die griechische Männer der klassischen Epoche füreinander empfanden, mag zum Teil darauf zurückzuführen sein, dass man Frauen mit Geringschätzung begegnete. »[D]ie weibliche Natur [ist] im Grunde genommen keineswegs geringer als die des Mannes«, soll ein großmütiger Sokrates gesagt haben, es fehle »ihr nur selbständige Einsicht und Kraft«.[16] Die weibliche Homosexualität war bei den Griechen ebenfalls bekannt, vor allem auf der Insel Lesbos. Homosexualität genoss ein derart hohes Ansehen, dass Plutarch feststellte, in »Sparta wurde die Liebe derart in Ehren gehalten, dass selbst die respektabelsten Frauen ganz vernarrt in Mädchen waren.«[17] Betten gehörten zur Szenerie der griechischen Sexualität, sie waren aber keineswegs die unvermeidliche Bühne dafür.

Im antiken Rom waren es nicht nur die Männer, die sich mit anderen Männern oder auch mit Kurtisanen trafen. Verheiratete Frauen schlichen sich mit anderen Männern ins Bett. In der frühen Kaiserzeit rückte Augustus den Ehebruch ins Licht der Öffentlichkeit, indem er Strafen einführte, darunter die Verbannung ins Exil für den Mann wie auch für die Frau. Solche Vergehen waren zuvor als interne Familienangelegenheit betrachtet worden. Es gab allerdings Schlupflöcher: Prostituierte aufzusuchen galt nicht als Verbrechen. Der Senat war überrascht, als daraufhin immer mehr Frauen darum ersuchten, in die Listen der Prostituierten aufgenommen zu werden – viele der Bittstellerinnen waren angesehene Frauen. Wie viel Sex die Leute hatten, bleibt Mutmaßungen überlassen, aber Rabbi Elieser, der 80 n. Chr. in Palästina lebte, schrieb einen Kommentar zum Talmud, in dem er anführt, wie viel sexuelle Aktivität für unterschiedliche Gruppen von Männern angemessen sei. Studenten und Arbeitslose konnten jeden Tag Sex haben; Menschen, die arbeiteten, zweimal die Woche; Eseltreiber einmal die Woche, Kameltreiber einmal im Monat, und Seeleute einmal im halben Jahr.

Im mittelalterlichen Europa schliefen einfache Leute in öffentlich zugänglichen Räumen für gewöhnlich auf dem Fußboden oder dem Erdboden. Das beeinträchtigte nicht notwendigerweise den Genuss oder die Häufigkeit geschlechtlicher Aktivitäten. Die Aufzeichnungen der Kirchengerichte werfen ein Licht auf die faszinierende Welt der Sexualität im Mittelalter, denn die Kirche war verantwortlich für die Gesetze, die Moral und Sittlichkeit regulierten. Bei vielen der verhandelten Fälle ging es um Menschen, die Sex in Stallungen hatten. Schließlich war dies der Ort, wo häufig die männlichen Bediensteten schliefen. Ein Großteil der sexuellen Aktivitäten fand unter freiem Himmel statt, vermutlich im hohen Gras oder an Orten, an denen es zumindest halbwegs bequem war. Nur die Privilegierten teilten sich ein erhöhtes Bett. Als der mythische Held Beowulf aus dem 8. Jahrhundert die »große Met-Halle« des Dänenkönigs Hrothgar aufsucht, legt er Helm und Waffen ab und steigt auf das große Bett. »Der Kriegswilde legte seinen Kopf auf ein Kissen und mit ihm die Seinen, die mutigen Seemänner« (688–690). Fast immer hielten mittelalterliche Künstler Schlafende in halbsitzender Position fest, Gesicht und Oberkörper waren klar zu erkennen. Dadurch konnten sie Haltung und Miene der Schlafenden darstellen, darüber hinaus dokumentierten sie die Schlafgewohnheiten jener Tage.

In Europa, wo die Kirche sehr mächtig war, wimmelt es in der mittelalterlichen Literatur von Berichten lüsterner Priester, die Frauen im Beichtstuhl verführen, von Mönchen und Nonnen, die sich heimlich auf den harten Bettstätten ihrer Zellen oder an anderen Orten ein Stelldichein geben, sowie von Adligen, die Geliebte haben und Dienstmädchen verführen. Eine Studie, die sich auf Kirchenbücher in Ostengland beruft und den köstlichen Titel *Naughty Nuns and Promiscuous Monks* (›Unanständige Nonnen und promiske Mönche‹) trägt, kommt zu dem Schluss, in den Großteil dieser Aktivitäten seien Außenstehende verwickelt gewesen. Die Zunahme und das Abflauen sexuellen Fehlverhaltens seien nun einmal charakteristisch für die menschliche Natur und könnten daher nicht als ungewöhnlich bezeichnet werden.[18]

Das England der Tudors hatte widersprüchliche Ansichten zum Thema Sex. Einerseits wurde betont, die Lust der Frau sei erforderlich, damit es überhaupt zur Empfängnis komme, andererseits hieß es, die Frau solle ihr Vergnügen nicht zeigen. Die einzig zulässige Stellung der Frau sei die Rückenlage, bei allen anderen Positionen glaubte man, es bestünde das Risiko, ein verunstaltetes Kind zu empfangen. In zivilisierten Kreisen musste man sich guten Sex oft schlichtweg erkaufen oder vielleicht außerehelich genießen.

Sex sells

Römische Männer trieben nicht nur mit ihren Ehefrauen Unzucht, sondern auch – wenn sich ihre Frauen erst einmal still damit abgefunden hatten – mit Geliebten und Knaben. Wurde aber eine Frau beim Ehebruch erwischt, sank sie herab auf die Stufe der Gefallenen und Stigmatisierten: dazu zählten Schauspielerinnen, Tänzerinnen, Prostituierte und all jene, denen es nicht gestattet war, freie Bürger Roms zu heiraten. Männer, die Ehebruch begingen, brauchten keine Strafen zu fürchten, aber ein Ehemann konnte eine schuldige Frau töten, ohne strafrechtlich belangt zu werden. Die Auffassung, ein Mann dürfe Ehebruch begehen, eine Frau hingegen nicht, zieht sich durch die Jahrhunderte. Frauen in England erhielten erst 1923 das Recht, sich von einem ehebrecherischen Mann scheiden zu lassen.

Für Sex zu bezahlen, war in Griechenland wie im Rom der Antike ein Geschäft mit einer langen Tradition. Besucht man Pompejis berüchtigte Bordelle, versteht man schnell, dass es dort, übrigens auch in anderen Bordellen im Römischen Reich, Sex wie am Fließband gab.[19] Die Graffiti an den Wänden der Etablissements haben eine Fülle von literarischen (oft sehr plumpen) Ergüssen hervorgebracht. »Ich habe hier eine Menge Mädchen gevögelt«; »Sollemnes, du vögelst gut«: So lesen sich die Prahlereien von Männern, die schon eine halbe Ewigkeit tot sind. Inschriften wie diese wurden in die Wände des berühmten Bordells in Pompeji geritzt, das als Lupanar oder die »Wolfshöhle« bezeichnet wurde. Die obszönen Wandmalereien zeigen Frauen, die rittlings auf Männern sitzen, man sieht sie auf allen vieren, in Gruppen, ihre Freier werden bestens bedient. Hedonistische Phantasien verkaufen sich eben gut, aber die Handlungen spielten sich in einem streng zweckdienlichen Umfeld ab, das so beschaffen war, dass die Männer ja nicht zu lange blieben. Das Lupanar war eine triste Fabrik für die sexuelle Befriedigung ihrer Kunden. Die Prostituierten gingen ihrem Gewerbe in zehn fensterlosen, engen, schäbigen Kammern im zweiten Stock nach; der Vorraum war jeweils mit einem Vorhang abgetrennt. Eine dünne Matratze, gefüllt mit Heu oder Stroh, lag auf einem harten steinernen Bett an der Wand. Man geht heute davon aus, dass die meisten der Frauen, die dort arbeiteten, ursprünglich Sklavinnen aus Asien oder Griechenland waren. Ihre Dienste konnte man gegen Bargeld in Anspruch nehmen, man konnte aber auch in Naturalien zahlen, etwa mit zwei Laiben Brot oder einem halben Liter Wein – bezahlt wurde natürlich der Besitzer des Hauses. Für die Kunden aus Pompeji, Männer der Mittel- oder Arbeiterschicht, dürfte sich der Besuch des Lupanars mit seinem erotischen Vergnügen angefühlt haben wie heutzutage ein Abstecher ins Fast-Food-Restaurant: Ein Bedürfnis wird mit bedrückender Effizienz befriedigt.

Männliche wie weibliche Prostitution war rechtens, und daher hatten die meisten römischen Bordelle sieben Tage die Woche geöffnet, rund um die Uhr. Einst hatte Rom mindestens 45 dieser Etablissements. Cicero notierte, es sei gut für den Staat, wenn Männer Sex kauften. Die Preise waren niedrig, daher konnte es sich jeder Römer leisten, zu einer Prostituierten zu gehen. Für Sex zu bezahlen, gehörte genauso zum Leben eines Bür-

Ein erotisches Wandgemälde aus dem Lupanar, Pompeji

gers wie der Besuch der Gladiatorenspiele, Wagenrennen oder öffentlichen Bäder. Die Betten waren nichts anderes als Steinnischen, aber was tat das schon zur Sache, wenn der Akt schnell über die Bühne ging? Einige billige Absteigen, Tavernen und Schänken, die *noctilucae* (›Nachtlichter‹) hießen, hatten kleine Kabinen oder Nischen im hinteren Bereich, ausgestattet mit dem erforderlichen steinernen Bett samt Strohmatratze.

Chinesische Männer waren polygam, Konkubinen gehörten zu jedem wohlhabenden Haushalt. Ein reicher Mann, der mehrere Gespielinnen hatte, war gut beraten, umsichtig zu handeln, d. h., er sollte tunlichst vermeiden, dass es innerhalb der Frauengemächer zu Streitigkeiten kam. Ein anonymer Mann aus dem 15. Jahrhundert riet seinem Sohn, er möge seine Aufmerksamkeit den Frauen widmen, die bereits dem Hausstand angehörten, anstatt sofort auf die neu eingetroffene Frau einzugehen. Das neue Mädchen, so der Vater weiter, habe aufmerksam neben der Couch aus Elfenbein zu warten, während er – der Sohn – die anderen Frauen genoss. Nach der vierten oder fünften Nacht könne er Verkehr mit der Neuen haben, aber die anderen Frauen, auch die Konkubinen, müssten anwesend sein.

Im mittelalterlichen Europa gab es Ehebruch auch in der gehobenen Gesellschaft, vorausgesetzt, man beachtete die unausgesprochenen Regeln. Offenbar gingen die Damen genauso aggressiv vor wie die edlen Ritter, wenn nicht gar noch aggressiver, allerdings wissen wir dies aus den mahnenden Erinnerungen von Männern, die betonten, die Frauen seien Sklavinnen ihrer Gelüste und müssten daher unter Kontrolle gebracht werden. Ein missbilligender Geschichtsschreiber des 19. Jahrhunderts schrieb über Sir Lanzelot vom See und Königin Guinevere, das Verhalten der beiden sei »zuchtlos jenseits all dessen, was diejenigen, die diese interessanten Aufzeichnungen mittelalterlichen Lebens nicht gelesen haben, mühelos begreifen können«[20].

Im viktorianischen England florierte männliche und weibliche Prostitution hinter der respektablen Fassade. Zuhälter handelten illegal mit Frauen und Kindern. Einige viktorianische Männer suchten teure Etablissements für Flagellantismus auf, die sadomasochistische Phantasien bedienten, benannt nach dem Marquis de Sade (1740–1814) oder Leopold von Sacher-Masoch (1836–1895). Es handelte sich um starke, heimliche Vergnügungen, die nur für Viktorianer mit genügend Geld und/oder den richtigen Verbindungen erschwinglich waren. Gelegentlich erlangten die Betreiber dieser Etablissements Berühmtheitsstatus.

Wo große Machtgefälle vorherrschen, da gibt es auch Gewalt. Kinder zur Zeit des Marquis de Sade wurden oft grob behandelt: »Wer sein Kind liebt, züchtigt es«, galt als typisch puritanische Auffassung. Das Kindermädchen fuchtelte mit einer Gerte herum, wie auch der Schulmeister mit einem Stock. Viele der viktorianischen Jungen der Oberschicht hatten, wenn sie Eton, Westminster, Rugby oder irgendein anderes englisches Jungen-Internat verließen, bereits sexuell motivierte Gewalt erlebt.[21] Madame Theresa Berkley, die sich zweifellos jener masochistischen Strukturen bewusst war, leitete in den 1820er und frühen 1830er Jahren ein gut ausgestattetes Freudenhaus in Londons respektabler Hallam Street. Sie war eine Domina, eine Meisterin in der Kunst, anderen Schmerzen zu bereiten, und eine Expertin in Sachen Züchtigung, erotischer Flagellation und Peitschen. Ihr Berkley Horse (›Berkley Pferd‹), ein schräges Brett bzw. Gestell, das sie für die Züchtigungen benutzte, brachte ihr ein Vermögen ein. Sie beschäftigte auch Frauen, die von den zahlenden Kunden gezüchtigt werden durften. Zu Berkleys Instrumentenkasten gehörten Birkenruten, die im Wasser lagerten, damit sie schön biegsam blieben, darüber hinaus Brennnesseln, die, so heißt es, »Tote wiederauferstehen ließen«. May Frances Jeffries, eine andere Bordellbetreiberin, die etwas später ins Geschäft einstieg, leitete sowohl mehrere teure Bordelle als auch ein »Flagellationshaus« im respektablen Londoner Vorort Hampstead. Zu ihren Kunden sollen Vertreter des Hochadels gehört haben.

Während die Vielfalt der Sexspielzeuge keine Grenzen kennt, dient als Bühne für gewöhnlich das bescheidene Bett – das bereits für sexuelle Aktivitäten und Phantasien dagewesen ist, lange bevor Betten auf Füße gestellt wurden. Obwohl das Bett bei dem oftmals munteren Vorgang des Kinderzeugens stets seine Rolle spielte, wurde es erst in jüngerer Zeit zu dem Ort, an dem Kinder, wie es heute normal ist, geboren werden.

Ruft die Hebamme

Neun Monate nach dem Heidenspaß von Kapitel 3 sehen sich einige Frauen mit einem noch größeren Spaß konfrontiert: der Geburt. In der westlichen Hemisphäre der Moderne gebären die meisten Frauen auf dem Rücken liegend, in einem Krankenhausbett mit Kunststoff- oder Metallrahmen, auf einer Polyurethan-Schaumstoffmatratze, manchmal verbunden mit flimmernden Monitoren und vollgepumpt mit schmerzlindernden Mitteln. Auch wenn die Technologie absolut modern ist, spielt das Bett bei der Geburt erst seit erstaunlich kurzer Zeit eine Rolle.

Geburten v. Chr.

Die Jäger und Sammler, die vor etwa 20 000 Jahren in der Nähe der italienischen Stadt Ostuni lebten, zeigten ein Verhalten, das man sonst nicht bei anderen Jägern und Sammlern findet: Sie bestatteten ihre Toten auf einem Friedhof. Unter den Bestatteten war eine Frau im Teenageralter oder etwas älter. Ihre Handgelenke waren überladen mit Armreifen, von denen nur die aberhundert durchbohrten Muschelschalen erhalten geblieben sind; weitere Perlen schmückten ihren Kopf. Die junge Frau lag auf der linken Seite, den rechten Arm über dem Bauch. Als Archäologen den Erdboden rund um die Beckengegend der Frau entfernten, entdeckten sie die filigranen Knochenreste eines fast kompletten Fötus, eingezwängt zwischen den Schenkeln. Zweifellos haben die Menschen, die diese Frau bestatteten, versucht, ihr dabei zu helfen, wahre Höllenwehen zu überstehen. Als sie die Frau nicht mehr retten konnten, legten sie sie in die Erde, als betteten sie sie zur Ruhe, und bedeckten ihren Leib mit kostbarem Ornat.[1]

Ungefähr 20 000 Jahre später wurde einigen von uns gesagt, ein solches Trauma sei das Resultat von Evas Ungehorsam angesichts der verbotenen Frucht. »Ich will dir viel Schmerzen schaffen, wenn du schwanger wirst; du sollst mit Schmerzen Kinder gebären«, sprach der Gott der abrahamitischen Religionen.[2] In Wahrheit scheint es, als habe die Evolution den weiblichen Schmerz und ein paar falsch im Mutterleib liegende Kinder zum Wohle aller in Kauf genommen. Sowie sich unsere Urahnen aufrichteten und auf zwei Beinen standen, vor ungefähr sechs Millionen Jahren, verengte sich nämlich der Geburtskanal. Gleichzeitig nahmen Schädelumfang und Größe des Gehirns zu, so dass beim modernen Menschen eins von tausend Babys einen zu großen Kopf hat, der dann nicht durch den Geburtskanal passt. Aber wir haben diese besorgniserregenden Eigenschaften – unsere größeren Köpfe und geschickten Hände, die wir dank des aufrechten Gangs frei bewegen können – genutzt, um bei der Geburt unterstützend tätig zu werden. Anders als die meisten Muttertiere hat fast jede Frau, die in den Wehen liegt, Hilfe. Und manchmal wird diese Unterstützung zu einer großen Inszenierung.

Während des Großteils der Menschheitsgeschichte war das Bett nicht der Ort, an dem die Geburtswehen bzw. die Geburt stattfanden, sondern eher eine Plattform, um sich nach der Niederkunft auszuruhen. Bei einer der ältesten bekannten Darstellungen der Geburt handelt es sich um eine kleine Statuette aus gebranntem Ton: eine beleibte Frau, vermutlich eine Art Fruchtbarkeitszauber, die sich auf etwa 5800 v. Chr. datieren lässt und die man in einem Getreidebehälter in einer der ersten Ackerbausiedlungen, Çatalhöyük in der heutigen Türkei, gefunden hat. Die Figurine ist 16,5 Zentimeter hoch (ohne Kopf, da er fehlt) und ist heute bekannt als die *Sitzende Frau von Çatalhöyük*. Sie sitzt auf einem Thron mit Armlehnen aus Katzenköpfen und scheint ein Kind zu gebären. Kein Bett ist zu sehen, nur ein Stuhl.[3] Geburtsstühle, konkret handelte es sich um niedrige Hocker, tauchen erstmals im 2. Jahrtausend v. Chr. in Mesopotamien auf. Schriftliche Zeugnisse verraten uns, dass eine Frau sich erst nach der Geburt in ihr Bett zurückzog, um dort 30 Tage allein und abgeschieden zu ruhen. Die Reichen leisteten sich Betten mit Holzrahmen, abgehoben vom Boden, mit gewebten Matratzen und vielleicht Leinenlaken, Wolldecken und vollen Kissen. Nicht ganz so wohlhabende Frauen lagen womöglich auf Schilfbündeln oder auf einer mit Lehmziegeln ausgelegten Fläche mit gewebter Schilfmatte, während die Armen sich mit Schilfmatten begnügen mussten.

Dass die Frau eine Zeit lang in Abgeschiedenheit das Bett hütete, war eine exzellente Idee, weil dadurch Verunreinigungen nach der Geburt durch andere Menschen vermieden werden konnten. Laut WHO treten 41 Prozent aller Sterbefälle bei Kindern unter fünf Jahren in den ersten 28 Tagen des Lebens auf, und 75 Prozent der Todesfälle ereignen sich in der ersten Woche.[4] Aber die Mesopotamier, die noch nichts von Keimen und Bakterien wussten, begründeten die Isolation der Mutter mit der weiblichen Unreinheit. Es waren nicht die Besucher, sondern die Frauen, die sich angeblich in einem unreinen Zustand befanden, befleckt von Geburt und Blut. Nur durch Ausschluss und Ritual konnten sie wieder in einen reinen Zustand zurückversetzt werden.

Im alten Ägypten spielten Betten eine ähnliche Rolle, wenn es um Reinhaltung, Ruhe und Erholung ging. In nur einem Text, einem Dokument aus dem 7. Jahrhundert v. Chr., das wir heute als *Papyrus Brooklyn* kennen (47.218.02), wird eine Frau in den Wehen beschrieben, die sich hinlegt – vielleicht auf ein Bett oder eine Matte aus Schilf (der Text ist in diesem Punkt zu ungenau). In allen anderen uns bekannten Fällen standen, knieten oder hockten die Frauen bei der Geburt, benutzten ›Geburts-Lehmziegel‹ oder einen Hocker. Selbst das Hieroglyphensymbol für Geburt zeigt eine Frau auf den Knien, Kopf und Arme des Neugeborenen kommen aus ihrem Leib. Ein seltener Textfund aus dem Arbeiterlager bei Deir el-Medina, am gegenüberliegenden Ufer des Nils auf der Höhe von Luxor, stützt diese These. Der Text beschreibt eine Frau, die auf dem Boden kniet, eine Hebamme hält die in die Höhe gestreckten Arme der werdenden Mutter, während eine zweite Frau das Baby auffängt oder aus dem Unterleib zieht. Genau dasselbe sehen wir auf einem Relief am Tempel in Esna in Oberägypten: die nackte Königin Kleopatra VII. (69–30 v. Chr.) kniet und streckt die Arme nach oben, während eine Hebamme sie von hinten stützt. Eine zweite Geburtshelferin kniet vor ihr und hält das Kind der Herrscherin hoch – zu Ehren der Königin wird das Kind bereits als stattliches Kleinkind dargestellt. Diese Art der bildlichen Darstellung geht zurück bis in die Zeit der Königin Hatschepsut (Mitte des 15. Jahrhunderts v. Chr.), deren Mutter, Königin Ahmose (auch Ahmes), Gemahlin des Thutmosis I., ähnlich dargestellt ist.

Zwar haben Frauen nicht unbedingt das Bett für die Geburt aufgesucht, dennoch zogen sich einige in ihre Schlafräume zurück, um das Kind dort zur Welt zu bringen: Im oben erwähnten *Papyrus Brooklyn* finden sich zwei Schutzsprüche für das Schlafzimmer. Andere Frauen sind vielleicht aufs Dach oder in eine Art Schutzzone hinter dem Haus gegangen – es gibt ein paar Darstellungen von werdenden Müttern, die in weinumrankten Lauben gebären. Halten wir fest, dass die Frauen vermutlich Abgeschiedenheit suchten, die man in beengten städtischen Behausungen wahrscheinlich nicht so leicht finden konnte.

Wie schon bei den Themenkomplexen Sex, Schlaf, Essen und Mumifizierung haben die alten Ägypter es durchgehend versäumt, Details rund um den Geburtsvorgang festzuhalten. Vielleicht war dieses Thema nicht interessant genug, vielleicht wurden all die Informationen, die den Geburtsvorgang betreffen, auch mündlich von Hebammen überliefert, die selbst weder lesen noch schreiben konnten. Einer der wenigen Texte, der die Geburt beschreibt, ist der *Papyrus Westcar*, der dem britischen Abenteurer Henry Westcar in den 1820er Jahren unter »mysteriösen Umständen« in die Hände fiel. Auf der von einem unbekannten Schreiber verfassten Papyrusrolle, die meist in das späte Mittlere Reich (um 1800 v. Chr.) oder in die 13. Dynastie (um 1700 v. Chr.) datiert wird, werden fünf Geschichten erzählt, die letzte dieser Geschichten beschreibt die schwierige Niederkunft einer mythischen Frau namens Reddjedet (auch Rudj-Djedet). [5]

»Reddjedet spürte den Schmerz, und die Geburt war schwierig«, beginnt der Text. Daher erfleht ihr Mann, der Hohepriester des Sonnengottes Ra, die Hilfe der Gottheiten Isis, Nephthys, Meschenet, Heqet und Chnum. Die Göttinnen erscheinen, verkleidet als Tänzerinnen, und schließen sich in Reddjedets Zimmer ein. Die Frau gebiert daraufhin männliche Drillinge, die von der Hebamme Isis aufgefangen werden. Als zukünftige Könige einer neuen Dynastie kommen ihre Kinder auf wundersame Weise mit goldüberzogenen Gliedmaßen zur Welt – die Haut ist von göttlicher Färbung – und tragen Kopfbedeckungen aus Lapislazuli (der Farbton göttlicher Haarpracht). Nach der Geburt, so der Schreiber weiter, verbringt die Königin eine ganze Weile in einem abgeschiedenen Raum und wird von Frauen umsorgt, darunter auch von ihrer Dienstmagd, die am Ende aus unerfindlichen Gründen von einem Krokodil gefressen wird. Obwohl die Erzählung von Reddjedets Niederkunft einige wertvolle Informationen über den Geburtsvorgang und einige Rituale nach der eigentlichen Geburt enthält, ist nicht explizit von einem Bett als Ort der Niederkunft die Rede. Vermutlich war es gängige Praxis und angenehmer, Kinder auf einer Schilfmatte auf dem Boden zur Welt zu bringen.

Während der Geburt stimmten Hebammen bisweilen Gebete an, verbrannten duftende Harze oder boten der werdenden Mutter Bier an. Alkohol war ein gängiges Mittel, um den Schmerz zu lindern, darüber hinaus gelangte die Gebärende mit seiner Hilfe in den Schutzbereich der Gottheit Hathor, der »Herrin der Trunkenheit«. Bisweilen haben Hebammen offenbar eine Art Zauberstab aus Nilpferdstoßzähnen eingesetzt, in den Schutzsymbole eingeritzt waren und der mitunter starke Abnutzungen aufwies, die auf heute unbekannte Rituale hindeuten.[6] Sobald das Baby den Mutterleib verlassen hatte, durchtrennte die Hebamme die Nabelschnur mit einem harten Schilfrohr oder einem speziellen Messer aus Obsidian, das oft wie ein Fisch geformt war. Da man glaubte, die Plazenta sei gleichbedeutend mit der Lebenskraft des Menschen, wurde sie aufbewahrt, getrocknet und oft vergraben, vorzugsweise unter der Türschwelle des Hauses. Dieses Ritual wurde sogar noch zu Beginn des 20. Jahrhunderts in einigen Regionen Ägyptens praktiziert.

Heilkunst und Magie waren immer schon eng miteinander verbunden. In alten gynäkologischen Texten finden sich neben dem Rat, wie man mit einem Gebärmuttervorfall umzugehen hat, auch Sprüche, die Fehlgeburten verhindern sollen. Wie schon in Mesopotamien verbrachten auch die Frauen im alten Ägypten die Zeit unmittelbar nach der Geburt in Abgeschiedenheit, allerdings gönnte man ihnen nur zwei Wochen. Ab 1800 v. Chr. tauchen Kopflehnen an Betten auf, die mit Symbolen der Schutzgötter für die Geburt verziert sind, und zwar Aha / Bes und Ipy / Taweret, die vermutlich den Leib der Frau schützen sollten. Ab 1450 v. Chr., ungefähr 100 Jahre vor Tutanchamun, stoßen wir auf Figurinen aus gebranntem Ton und Stein, die womöglich das Wochenbett darstellen: nackte Frauen im Bett, neben sich das Kind, die kunstvolle Perücken und Schmuck tragen. Den Texten aus Deir el-Medina ist zu entnehmen, dass es so etwas wie Vaterschaftsurlaub gab und dass Männer spezielle Dinge kauften, um ihren Frauen zu helfen, darunter z. B. maßgefertigte Betten mit Füßen, die die Gestalt des Zwerggottes Bes besaßen. Sobald die 14 Tage Isolation vorüber waren, verließen Mutter und Kind das Bett und wurden feierlich wieder in die Gesellschaft integriert.

Magie und Heilkunst

Im Laufe der Zeit nahm das medizinische Wissen zu. Im 6. Jahrhundert v. Chr. hinterließ der indische Arzt und Chirurg Sushruta erstaunlich detaillierte wissenschaftliche Aufzeichnungen sowohl zu normalen Schwangerschaften und Geburten als auch zu pathologischen Entbindungen.[7] Einige seiner Erkenntnisse haben vielleicht sogar die Griechen beeinflusst. Magie spielte in der griechischen Heilkunst jener Zeit immer noch eine Rolle, und selbst der ursprüngliche Eid des Hippokrates aus dem 5. Jahrhundert v. Chr. beinhaltet Beschwörungsformeln. Es gab auch viel Pragmatismus. Griechische und römische Medizin erklärten gleichermaßen, dass ein Fötus, der womöglich nicht mehr lebte oder falsch lag, entfernt werden müsse, um das Leben der Mutter zu retten.

Gruselige Sammlungen von Geburtsinstrumenten fand man an Orten wie dem sogenannten »Haus des Chirurgen« in Pompeji. Messer mit krummer Klinge benutzte man, um einem Fötus, der falsch lag, Gliedmaßen zu entfernen. Der Chirurg Soranos von Ephesos (um 98 – um 138 n. Chr.) empfahl, man solle, um der Mutter keinen Schaden zuzufügen, nur schon herausragende Teile des toten Fötus amputieren, anstatt im Mutterleib zu operieren.[8] Zu große Köpfe wurden mit einem Kranioklast gespalten oder zertrümmert – mit einer gebogenen Zange, die Zähne hatte. Wahrscheinlich hielt sich die Empörung über all das in Grenzen. Soranos schreibt, das Kind solle nach der Geburt erst dann der Mutter übergeben werden, nachdem die Großmutter oder eine Tante mütterlicherseits den Bösen Blick abgewehrt hätte, indem ein Finger in Speichel getaucht wurde. Dann durfte der Vater ans Bett treten, um zu entscheiden, ob das Kind leben durfte oder sterben musste. Der epigrammatische Dichter Poseidippos schrieb im 3. Jahrhundert v. Chr.: »Den Sohn zieht man auf, auch wenn man arm ist, die Tochter hingegen setzt man aus, auch wenn man reich ist.«[9] Ungewollte Kinder konnte man beispielsweise am Tempel der Pietas auf dem Forum Holitorium aussetzen, während verunstaltete »Ungeheuer« ertränkt oder erstickt wurden. In seiner *Politik* schlug Aristoteles vor, ein Gesetz solle das Großziehen von verunstalteten oder behinderten Kindern unter Strafe stellen. Verunstaltungen wurden oft der Frau angelastet, da man der Ansicht war, sie habe während der Schwangerschaft das Falsche angeschaut. Man riet Frauen, schöne Bildwerke zu betrachten, um sicherzustellen, dass die Kinder wohlgestaltet waren, wohingegen das Betrachten eines Affen dazu führen könne, dass das Kind stark behaart und mit zu langen Armen zur Welt käme.

Wie bei allen größeren Zivilisationen üblich, bestimmten auch die Griechen und Römer die Abstammung über die männliche Linie. Aber da nun einmal Frauen die Kinder zur Welt brachten, stand es in ihrer Macht, das männliche System zu unterbrechen. Damit das patriarchalische System auch weiterhin funktionierte, mussten Frauen unter Kontrolle gehalten werden. Zu den effektiven Maßnahmen, um dieses Ziel zu erreichen, gehörte die althergebrachte Methode, zu behaupten, Frauen seien nach der Geburt unrein und Kinder allein durch das Zutun des Mannes zur Welt gekommen. Sowohl die Griechen als auch die Römer betrachteten Frauen lediglich als leere Gefäße, durch die das Kind eines Mannes geboren wurde, ohne einen wirklichen Beitrag der Frau – es sei denn, es gab Probleme, wie etwa durch das Anstarren eines Affen.

Obwohl es von Männern dominierte Systeme waren, widmete man der Gesundheit der Frauen eine gewisse Fürsorge. Unter den 20 medizinischen Büchern, die Soranos von Ephesos verfasste, behandelt eins die Gynäkologie. Von seinen Schriften sind nur wenige erhalten, aber Soranos' Texte wurden oft von späteren Autoren zitiert. Er empfahl, Hebammen müssten saubere Hände haben, und pries eine spezielle Aromatherapie während der Schwangerschaft an: Frauen sollten den Duft von Äpfeln oder einer frischen Erdscholle einatmen (in diesem Zusammenhang wird einem bewusst, wie sehr sich unsere Vorstellung von Düften in der heutigen Zeit verändert hat). Nach der Geburt verordnete er der Frau drei Wochen Bettruhe. Die Städterin zog sich in ihr Bett bzw. auf die Kline zurück – die klassische Ruheliege der Griechen: Ein rechteckiges Bett auf vier Füßen, von denen zwei länger sein konnten, damit die Armstütze oder Kopflehne genügend Halt hatte. Zahlreiche Abbildungen von Klinen auf Vasen lassen erkennen, dass die gewebten Liegeflächen mit Stoffen drapiert waren und Kissen die Kopflehnen polsterten. Wohlhabende Frauen genossen den Luxus von Schichten feingesponnener Stoffe und Ruheliegen mit weichen Kissen. Einige junge Mütter beschäftigten eine Amme. Tacitus lobte jedoch die germanischen Frauen dafür, dass sie ihren Kindern selbst die Brust gaben. Der Schluss liegt nahe, dass es als tugendhaft angesehen wurde, wenn die Mütter das Stillen selbst übernahmen, dass es aber von jenen verachtet wurde, die sich eine Amme leisten konnten. In der Zeitspanne der Kindbettruhe erhielten die Kinder ihren Namen – am achten Tag die Mädchen, am neunten Tag die Jungen – und zwar nach der kritischen Phase des plötzlichen Kindstodes. Es war damals undenkbar, dass die Frau nach der Geburt nicht das Bett hütete, aber wenn wir den Ausführungen in Strabons (um 63 v. Chr. – um 23 n. Chr.) *Geographie* Glauben schenken wollen, war es in Iberia der Mann, der sich ins Bett zurückzog, nachdem die Frau das Kind zur Welt gebracht hatte, und von der Frau umsorgt wurde.

Zelte und der »Stuhl des Stöhnens«

Das kaiserliche China entwickelte ein komplexes Gewebe höchst komplizierter Vorschriften rund um die Geburt.[10] Die Regeln, welche Rolle das Bett zu spielen hatte, waren genauso komplex. Die erste Voraussetzung war, dass eine Frau im letzten Monat ihrer Schwangerschaft ein Zelt aufschlagen oder eine Hütte vorbereiten sollte. Das sollte ihr als spezielles Geburtsquartier dienen, es durften also nicht einfach nur Wandschirme um das reguläre Bett aufgestellt werden. Huan Xuan, ein Warlord aus dem 4. Jahrhundert n. Chr., empfahl seiner Konkubine, sie könne das alte Zelt seiner Ehefrau benutzen, was nahelegt, dass es sich bei diesen Geburtszelten um eine spezielle ›Ausrüstung‹ handelte – und dass Huan der letzte Romantiker war.

Das Zelt oder die hüttenartige Behausung wurde außerhalb des Hauses errichtet, manchmal aber auch in einem größeren Raum innerhalb des Gebäudes, ähnlich wie die Laube im alten Ägypten. Das Aufstellen des Zelts konnte eine gefährliche Sache sein. Ein medizinischer Text jener Epoche hob warnend hervor: »Wann immer man eine Geburtshütte baut [...], ist es verboten, sie auf frisch geschnittenen Weizenstängeln oder unter hohen Bäumen zu errichten, denn das bringt großes Unglück!«[11] Geburtshoroskope schrieben vor, in welche Himmelsrichtung man die Hütte auszurichten hatte und an welcher Stelle die Plazenta vergraben werden sollte. Ab dem 10. Jahrhundert n. Chr. wurde die Platzierung und Ausrichtung der Hütten so komplex, dass das Geburtshoroskop oft im Geburtszimmer aufgehängt wurde. Wenn die Niederkunft nahte, musste die Familie »Betten und Tische wegräumen, Gras an drei oder vier Stellen auf dem Boden verstreuen, Stricke an Holzbalken befestigen, damit eine waagerechte Schranke entsteht [...], so dass sich die Frau wie bei einem Querbalken daran abstützen kann«, erklärt ein chinesischer Text aus dem frühen Mittelalter.[12] Und wieder zeigt sich, dass es offenbar lange Zeit die Norm war, dass Frauen bei der Geburt in die Hocke gingen bzw. sich auf den Boden legten. Im 5. Jahrhundert n. Chr. schrieb der Arzt Chen Yanzhi: »Früher legten sich Frauen bei der Geburt auf den Boden und saßen auf Stroh, als würden sie den Tod erwarten.«[13] Vermutlich wurde rechtzeitig Stroh auf dem Boden verteilt.

Hebammen standen für gewöhnlich hinter den Gebärenden und hielten sie auf Taillenhöhe fest, wahrscheinlich war dies die am weitesten verbreitete Position bei der Geburt in China vor dem 20. Jahrhundert. Die werdende Mutter legte sich erst auf den Boden oder auf ein Bett, wenn sie zu erschöpft war. Ein Text rät für den Fall von Komplikationen bei der Geburt, dass sich »die Mutter auf ihr Bett legt«, was im Umkehrschluss bedeutet, dass Frauen kein Bett benutzten, wenn alles gutging. Diese Praxis mag der Höhe einiger Betten geschuldet sein. Denn nach dem 3. Jahrhundert n. Chr. standen die Betten der Elite manchmal sehr hoch über dem Boden. Von einer werdenden Mutter aus der Südlichen Dynastie wird berichtet, sie habe sich absichtlich von ihrem Bett auf den Boden geworfen, um den Fötus vorzeitig loszuwerden, also muss ihr Bett sehr hoch gewesen sein. Die Vorliebe für hohe Betten könnte in Zusammenhang mit dem Buddhismus stehen, der China erst um etwa 200 n. Chr. erreichte. In der Bilderwelt der neuen Glaubensrichtungen wurde Buddha sitzend auf einer erhöhten Plattform dargestellt, nicht etwa auf einer Matte am Boden. In diesem Zusammenhang kamen Emporen in Mode, als Ehrenplätze für besondere Gäste, Würdenträger oder hohe Beamte. Schon bald wurden daraus längere Konstrukte zum Ruhen, bis sich schließlich erhöhte Betten herausbildeten.

Die Chinesen betrachteten Geburten als Angelegenheit der Frauen, bei der weibliche Hebammen anwesend waren. Aber wenn sich der Vater des Kindes an alle Regeln gehalten hatte, dann hatte die Frau die erfolgreiche Geburt ihm zu verdanken. Um auf magische Weise zu bewirken, dass Plazenta und Kind gleichzeitig kamen, zog der pflichtbewusste Mann seine Kleidung aus und deckte damit einen Brunnenschacht ab. Um für eine sichere Geburt zu sorgen, konnte er seiner Frau seine gemahlenen und angesengten Fingernägel oder aber geröstetes Schamhaar als Speise anbieten, vermischt mit einer Paste aus Zinnober. Solche Rezepte kommen uns heute bizarr vor, aber damals galt es als unerlässlich, diese Regeln zu befolgen. Der Arzt Chen Yanzhi aus dem 5. Jahrhundert n. Chr. schrieb, eine Geburt sei so, als würde man auf dem Boden liegend den Tod erwarten. Unmittelbar nach der überstandenen Geburt brachten die Verwandten Schweineleber herbei, um gebührend zu feiern. Je nachdem, wie wohlhabend die Familien waren, bekam die junge Mutter auch Hammelfleisch, Elch- oder Rehfleisch. Chinesische Ärzte des Mittelalters bezeichneten die Zeit unmittelbar nach der Geburt als »drei Tage auf Leben und Tod« und empfahlen den Frauen, »im Bett zu bleiben, halbsitzend mit Kissen im Rücken, die Knie angewinkelt«, da sie »unter Beobachtung standen«. In ihrem Zustand der Unreinheit musste die Frau in ihrem Zimmer bleiben, in Abgeschiedenheit für 30 Tage. Sex war für die Dauer von 100 Tagen tabu, damit sich die Frau nicht die »Krankheit der Fünf Belastungen und der Sieben Schädigungen« einfing, zu denen etwa Scheidenausfluss gehörte. Die antiken Texte geben den Frauen nicht explizit die Schuld, wenn es unter der Geburt zu Schwierigkeiten kommt, aber auch dort wird wieder angedeutet, Frauen seien unrein und hätten zahlreiche Maßnahmen zu ergreifen, um zu verhindern, dass Tabus gebrochen oder die Geister beleidigt werden.[14]

Andere Tabus, die mit der Geburt zu tun haben, ziehen sich durch Europa. Im England der Tudorzeit zog sich eine Frau im letzten Monat der Schwangerschaft in ihre Schlafkammer zurück. Über Wochen besprengte sie die Laken mit Weihwasser, hielt die Fenster geschlossen, verstopfte die Schlüssellöcher und zog die Vorhänge gegen das Tageslicht zu. Der Glaube war weitverbreitet, schwierige Geburten könnten durch lauernde Teufel verursacht werden oder wenn man abergläubische Regeln missachtete, etwa indem man den Mond anstarrte. Mitunter verabreichte man der Schwangeren volkstümliche Heilmittel und verteilte pulverisierte Ameiseneier auf ihrem Bauch. In der Zeit vor der Aufklärung richteten die Menschen die Art der medizinischen Behandlung danach aus, inwiefern Krankheit und Heilmittel äußerliche Ähnlichkeiten aufwiesen – beispielsweise aß man die gefurchte Walnuss, um die Gehirnfunktion zu unterstützen (in diesem Fall tut sie das tatsächlich, aber das ist reiner Zufall).[15]

Stand die Geburt bevor, durften dem Ereignis nur Frauen beiwohnen – sogar das englische Wort *midwife* (für ›Hebamme‹, früher ›Wehmutter‹) bedeutet von der Etymologie her ›mit-Frau‹ (von altengl. *mid* ›mit‹), also die Frau, die bei der Geburt dabei war. Die Rolle des Mannes bestand darin, von Tür zu Tür zu gehen und die Hebamme sowie die Freundinnen und weiblichen Verwandten der Schwangeren zu rufen. Diese Frauen bezeichnete man als *God-sibs* (enge Freunde oder Verwandte bei der Geburt bzw. ›Patinnen‹, altengl. *godsibb*), daher stammt übrigens das Wort *gossip* in der heutigen Bedeutung ›Tratsch‹. Die herbeigerufenen Frauen sollten die werdende Mutter beruhigen, vielleicht indem sie ihr erzählten, was sich außerhalb der Schlafkammer so alles ereignet hatte. Die Frauen befolgten mitunter alte Rituale; dazu gehörte es, Ringe von den Fingern zu streifen oder Gürtelschnallen zu öffnen – beides, Ringe wie Gürtel, stand sinnbildlich für Strangulation und konnte dem Ungeborenen potentiell gefährlich werden. Der werdenden Mutter hängte man Talismane um, z. B. Kaurischnecken, die vom Aussehen ein bisschen an die weiblichen Geschlechtsorgane erinnern und daher für diese Körperregion gut sein sollten.

Wenn die Wehen einsetzten, ruhte die Frau manchmal auf einer kleinen tragbaren Pritsche, die ganz nach Bedarf verschoben werden konnte. Oder sie saß auf dem Geburtshocker der Hebamme, bekannt als »Stuhl des Stöhnens«. Nach der Reformation wurde das Stöhnen gewissermaßen lauter, da Mittel gegen den Schmerz verboten wurden. Eine Hebamme wurde 1591 bei lebendigem Leibe verbrannt, weil sie bei der Geburt opiumhaltige Essenzen eingesetzt hatte. Viele der alten katholischen Methoden – die Amulette, Statuetten, Heilmittel und Beschwörungsformeln – waren inzwischen geächtet, da sie als Aberglaube galten. Als 1553 die katholische Königin Mary auf den englischen Thron kam, tauchten allerdings viele der verbotenen Kultobjekte wieder auf, was den Schluss zulässt, dass diese Gegenstände vielleicht nie ganz verschwunden waren.[16] Gleichwohl mussten sich die meisten Frauen, zumindest offiziell, nun auf Heilkräuter, Gebete und die herbeigerufenen Frauen verlassen.

Auch wenn viele Mütter spezielle Leinenwäsche für das Wochenbett besaßen – oftmals Familienerbstücke, die die Frau zur Hochzeit bekam und die ihr dann für die Niederkunft gebracht wurden –, fand der blutige Akt der Geburt selbst für gewöhnlich auf Lumpen oder altem, weichem Leinen statt. Die Reichen konnten sich ins Herrengemach zurückziehen; ärmere Leute begaben sich an einen Ort, der eigens von der Wohnung abgetrennt wurde, um mehr Privatsphäre zu haben, bestenfalls in der Nähe der zentralen Feuerstelle. Nach dem Ereignis wusch die Hebamme das Baby. Ein Prinz wurde womöglich mit Wein gesäubert, man rieb seine Haut mit Butter ein, der Bauchnabel wurde mit einer Mischung aus getrockneter echter Aloe und arabischem oder abessinischem Weihrauch bestäubt.

In Tudorzeiten galt die junge Mutter, ungeachtet des Status, als *green woman* (in der Bedeutung ›unreif‹ bzw. ›anämisch‹) und wurde als unrein betrachtet, denn sie war befleckt von Sex und Geburt. Während des Wochenbetts durfte die Frau nicht hinauf zum Himmel oder auf den Erdboden schauen und hatte die Blicke anderer zu meiden; Sex war erst recht strengstens verboten. War die Zeit der Wöchnerin vorüber, erhielt sie offiziell den Muttersegen (im katholischen Sprachgebrauch noch im 20. Jahrhundert als Aussegnung bekannt), der sie gesellschaftlich und moralisch wieder vollständig rehabilitierte. Für die Zeremonie wurde die Frau verschleiert von der Schlafkammer zum Kirchenportal gebracht, ganz so, als würde sie heiraten, man verlieh ihr also quasi jungfräulichen (reinen) Status. Wenn sie sich nicht wohlfühlte und nicht zur Kirche gehen konnte, stattete ihr der Priester zu Hause einen Besuch ab.

Frauen wussten sehr wohl um die Gefahren der Geburt. Schwangere ließen oft Porträts von sich für die Nachwelt anfertigen, für den Fall der Fälle. Im Florenz des 15. Jahrhunderts schrieben die meisten Frauen ihr Testament, sobald sie wussten, dass sie schwanger waren. Selbst die reichsten Königinnen waren nicht sicher, sondern tatsächlich verletzbarer als die meisten anderen Frauen. Es kam nämlich vor, dass bei der Geburt des zukünftigen Monarchen bis zu 70 Personen im königlichen Schlafgemach weilten. Für die werdende Mutter bestand dadurch ein erhöhtes Risiko, am »Kindbettfieber« zu erkranken, medizinisch Puerperalfieber bzw. Puerperalsepsis: Jene Krankheit wurde ausgelöst durch Erreger, die meist durch schmutzige Hände oder unsaubere Kleidung übertragen werden. Zwei Frauen von Heinrich VIII. – Jane Seymour und Katherine Parr (letztere wurde in ihrer zweiten Ehe Mutter) – starben auf diese Weise, nachdem sich der besorgte Hofstaat in ihre Gemächer gedrängt hatte. Es ist schwierig, die Sterblichkeitsrate der Frauen im Kindbett zu ermitteln, aber eine Untersuchung aus dem 16. Jahrhundert in Aldgate, London, meldet eine Rate von 2,35 Todesfällen pro 100 Schwangerschaften.[17] Wenn man bedenkt, dass eine Frau bis zu sieben Kinder zur Welt bringen konnte, bedeutet es, dass ungefähr eine von sieben Müttern letzten Endes im Kindbett starb.

Auch in den Kolonien auf nordamerikanischem Boden konnte die Zahl der Zuschauer bei der Geburt hoch sein. Eine puritanische Frau hatte mitunter mehr als zehn Personen in ihrer Schlafkammer, darunter ihre Hebamme, ihre Schwiegermutter und einige Nachbarinnen. Das Herrenschlafzimmer (oder je nach Wohlstand und Umständen die Küche) war der bevorzugte Ort für die Niederkunft, vermutlich auf einem Lager aus Stroh, das dann nach der Geburt verbrannt wurde. Ab etwa 1760 verlangten allerdings immer mehr amerikanische Frauen der Oberschicht, bei der Geburt müsse ein Arzt anwesend sein.

Geburt im Bett

Geburten im Bett können bis ins Frankreich des 16. Jahrhunderts zurückverfolgt werden, als die moderne Geburtschirurgie aufkam. Der Geburtshelfer (engl. *obstetrician*) bat die Frau nun, sich auf das Bett zu legen, so dass er buchstäblich ›vor ihr stehen‹ konnte (von lat. *obstare* ›gegenüberstehen von‹), um die medizinische Ausstattung zum Einsatz bringen zu können (wir schreiben hier »er« und »sein«, weil alle Geburtshelfer zunächst männliche Bader bzw. Wundärzte waren).

Bis ins 18. Jahrhundert wurde die Arbeit eines Geburtshelfers als unschicklich betrachtet, gesellschaftlich standen sie mit Zimmerleuten und Schuhmachern auf einer Stufe. Da die männlichen Geburtshelfer eine traditionell weibliche Domäne betraten, gerieten sie in einen heftigen Wettstreit mit den Hebammen. Um mehr Einfluss zu erlangen, entwickelten die Geburtshelfer eine neue, krankheitsorientierte Sichtweise auf die Geburt. Geburten waren immer schon ein gefährliches Ereignis gewesen, sie wurden aber nie als Leiden eingestuft. Von nun an machten sich die neuen Wundärzte jedoch daran, den Frauen einzureden, die Schwangerschaft sei eine Krankheit und die Frau habe daher im Bett zu liegen wie eine Invalidin. Dadurch erreichten die Geburtshelfer, dass ihre Anwesenheit mit all den chirurgischen Instrumenten nicht nur angemessen, sondern geradezu unerlässlich war. Die werdende Mutter lag passiv auf dem Rücken, und dank all seinen Fertigkeiten gelang es dem Geburtshelfer, das Baby aktiv zu holen.

Die neue Ideologie fasste rasch Fuß. 1598 schrieb Frankreichs wegweisender Geburtshelfer Jacques Guillemeau (1550–1613) in seiner einflussreichen Schrift *De l'heureux accouchement des femmes* (*Die glückliche Geburt der Frauen*), das Zurücklehnen auf dem Bett sei die beste Position, damit die Frauen bequem lagen und der Geburtsvorgang beschleunigt werden könne. Im Jahr 1668 veröffentlichte der Geburtshelfer François Mauriceau (1637–1709), ein Chirurg unter Ludwig XIV., das Werk *Les Maladies des Femmes grosses et accouchées* (*Tractat von den Kranckheiten schwangerer und gebährender Weibs-Personen*). Sein Buch spiegelt die damals längst populäre Ansicht wider, die Schwangerschaft sei eine Krankheit, die von Männern behandelt werden müsse, wobei das Bett als geeignete Plattform diente.

> Es soll aber das Beth also zugerichtet sein / daß die jetztgebärende Frau auf dem rücken lige / mit dem Leib halb ligende und halb sitzende; das ist / den Kopf und Brust umb etwas aufgerichtet / daß sie nicht gar und gantz zu ligen komme / auch nicht allzu strack aufsitze; dann auf solche weise wird sie freyer athmen / auch ihre Kindswehe besser außarbeiten können / als wann sie allzu tieff in dem Beth ligen solte.[18]

Das Bett wurde also als die angemessene Bühne für die Geburt festgesetzt. Und doch mag noch ein anderer, bizarrer Aspekt eine Rolle gespielt haben, als man schwangere Frauen dazu brachte, sich auf den Rücken zu legen. Offenbar gefiel es Mauriceaus König Ludwig XIV., Frauen bei der Geburt bzw. in den Wehen zuzuschauen. Da es ihm nicht passte, dass er bei den traditionellen Geburtshockern keine ungehinderte Sicht hatte, soll er

Eine Frau bei der Geburt im 18. Jahrhundert

die neue, liegende Position vorgeschlagen haben. Ob Ludwig tatsächlich den Ausschlag gegeben hat, ist nicht bekannt, aber wenn man bedenkt, dass der Monarch einen fast gottgleichen Status genoss, könnte diese Episode der Wahrheit entsprechen. Wie auch immer, schon gegen Ende des 17. Jahrhunderts war das Bett in Frankreich der Ort, an dem für gewöhnlich die Geburt stattfand – davon ausgenommen waren lediglich die Bauersfrauen der ländlichen Regionen.

Zu den Neuerungen, die von den Geburtshelfern beworben wurden, gehörte die Geburtszange, entwickelt von der Chamberlen-Familie im frühen 17. Jahrhundert. Die Chamberlen-Geburtszange besaß zwei gebogene Löffelblätter, die den kindlichen Kopf umfassten, es fehlte aber noch die Krümmung der modernen Zangen, die sich dem weiblichen Becken anpasste. Die Arbeit der Chamberlens blieb lange ein Familiengeheimnis, bis Hugh Chamberlen die Methode 1690 preisgab. Solange die Geburtszange unbekannt war, müssen die Fertigkeiten der Chamberlens, die Entbindungen unter einem Laken oder einer

Decke durchführten, aber fast wie Zauberei gewirkt haben. Zunächst betrachtete man derartige Instrumente mit Argwohn, und Hebammen setzten sich gegen übereifrige Ärzte zur Wehr, die mit Geburtszangen hantierten. Doch letzten Endes hielten immer mehr Menschen die Hebammen für Überbleibsel einer längst vergangenen Zeit, die von Aberglauben geprägt gewesen war. Als Joseph Bolivar DeLee 1899 das Chicago Lying-in Hospital eröffnete, vertrat er die Ansicht, die Geburt sei ein medizinischer Vorgang, bei dem Hebammen nichts zu suchen hätten. Auch er fand, dass Entbindungen in Betten stattfinden sollten, mit Schmerzlinderung und Zangengeburt.

Krank im Kindbett

Obwohl DeLee darauf bestand, dass das Krankenhausbett die bessere Wahl sei, erwiesen sich diese Betten anfangs keineswegs als glückliche Wahl. Im 18. Jahrhundert besaß das Hôtel-Dieu, Paris' ältestes Krankenhaus für die Niederkunft, 1200 Betten und eine große Entbindungsstation. Doch die Nachfrage überstieg die Anzahl der verfügbaren Betten, daher waren die Frauen häufig gezwungen, Betten mit anderen zu teilen; manchmal brachten sie nebeneinander ihre Kinder zur Welt. Das Hospital erlebte häufige Epidemien von Kindbettfieber, mit einer Sterblichkeitsrate zwischen zwei und acht pro 100 Entbindungen – damit war die Rate zehnmal so hoch wie außerhalb des Hôtel-Dieu. Die Frauen bekamen plötzlich Fieber, hatten Schmerzen und Schwellungen, litten an Blutverlust und starben binnen weniger Tage. Niemand wusste damals, was die Ursache für eine Puerperalsepsis war, manche Leute glaubten, es liege an der Muttermilch, die verdorben sei. An dieser Hypothese hielt das Hôtel-Dieu noch 1746 fest, als es wieder einmal zu einer Kindbettfieberepidemie kam, die erstmals genau dokumentiert wurde. Als die Angestellten die Leichen der Frauen obduzierten, fanden sie etwas, das sie für »geronnene Milch« hielten, die in den Eingeweiden und anderswo »klebte« – allerdings handelte es sich nicht um Milch, sondern um Eiter.

Andere Ärzte hatten andere Erklärungen parat – aber die Schuld sahen sie immer bei den Frauen. Entweder hatte die Frau zu Beginn der Schwangerschaft zu enge Unterröcke getragen, oder der Scheidenausfluss hatte sie vergiftet. Niemand wäre auf die Idee gekommen, den Fehler beim Arzt zu suchen, der von einer Patientin zur nächsten ging und unwissentlich Bakterien an den Instrumenten oder an seinen Händen mitbrachte. Erst Ignaz Semmelweis (1818–1865) machte sich voller Leidenschaft, aber letzten Endes erfolglos dafür stark, dass sich Ärzte und Studenten der Medizin in der geburtshilflichen Abteilung des Allgemeinen Krankenhauses in Wien gründlich die Hände waschen sollten, ehe sie Patientinnen untersuchten. Oftmals kamen Ärzte direkt von einer Autopsie ins Untersuchungszimmer. Semmelweis konnte seine Kollegen nicht von seiner Theorie überzeugen, obwohl es ihm in seiner Klinik gelang, die Sterblichkeitsrate drastisch zu senken. Der Arzt und Dichter Oliver Wendell Holmes (1809–1884) machte sich ungefähr zur selben Zeit in Amerika dafür stark, die Ausbreitung des Kindbettfiebers zu verhindern. Er forderte die Ärzte auf, sie sollten sich die Hände waschen, ehe sie bettlägerige Frauen untersuchten, aber auch Wendell stieß auf harten Widerstand der sogenannten Fachwelt. Ärzte seien Gentlemen, versicherte ihm Charles Meigs vom Jefferson Medical College in Philadelphia, und »die Hände eines Gentlemans sind sauber«.[19]

Die britische Obsession des 19. Jahrhunderts, selbst Andeutungen auf Sexualität zu vermeiden, übertrug sich auch auf die Geburtshilfe. Als Königin Victoria 1837 gekrönt wurde, konnten Ärzte bei einer Geburt anwesend sein, aber sie durften ihre Patientinnen nicht ansehen, sondern sie bloß berühren – manchmal tasteten die Ärzte blindlings unter mehreren Laken nach dem Baby. Später lagen die viktorianischen Frauen für gewöhnlich auf der linken Seite und zogen die Knie an den Unterleib, wenn ein Arzt sie behandelte, denn diese Art von Verrenkung verhinderte, dass Patientin und Arzt einander ins Gesicht sahen. In aristokratischen Kreisen waren außerdem spezielle tragbare Betten in Mode, die allein für die Geburt gedacht waren. Auf einem Bett zu entbinden, das getrennt vom Ehebett stand, half dabei, die sexuellen Konnotationen der Geburt auf ein Minimum zu reduzieren.

Doch schon bald lockte das sehr asexuelle, keimfreie Krankenhausbett mit Metallrahmen und gestärkten Laken mehr und mehr Frauen an. Die Medizin veränderte sich rasant. Zum Fortschritt auf diesem Gebiet trugen beispielsweise Josephs Listers (1827–1912) bahnbrechende Forschungen zur antiseptischen Medizin aus den 1860er Jahren bei, die eine sterile Chirurgie ermöglichten. Fortan gehörten wiederverwendete, blutbefleckte Bettlaken der Vergangenheit an. Listers Forschungen folgten relativ zeitnah auf James Simpsons (1811–1870) Verwendung von Chloroform als Anästhetikum, dessen wundersame schmerzlindernde Vorzüge er angeblich bei einer Nacht mit Selbstversuchen entdeckte. Chloroform wurde Königin Victoria 1853 bei der Geburt ihres achten Kindes verabreicht; sie beschrieb das Mittel als »über alle Maßen« erfreulich. Damit begann der Siegeszug der Anästhetika während der Geburt.

Die moderne Bettgeburt

Ab Mitte der 1930er Jahre fanden in den Vereinigten Staaten mehr Geburten im Krankenhaus als im häuslichen Umfeld statt. Unmittelbar nach der Geburt brachte man das Baby auf eine große Neugeborenenstation und legte es in ein sauberes, mit Gitterstäben versehenes Kinderbettchen. Alle drei bis vier Stunden trug man ein Kind nach dem anderen zur Mutter, damit sie es stillte, ein machbares Vorhaben dank der Entwicklung der angeblich sehr viel besseren Säuglingsnahrung.

Trotz aller wissenschaftlichen Fortschritte führte gegen Ende der 1930er Jahre immer noch eine von 200 Schwangerschaften zum Tod der Mutter. Erst mit der Entwicklung von Antibiotika in den 1940ern sank die Sterberate deutlich. Das große Gehirn und die geschickten Hände des Homo sapiens hatten das Undenkbare erreicht: Schlussendlich hatte der Mensch anscheinend über die Natur triumphiert. Gegen Ende des 20. Jahrhunderts hatte sich die Geburt fast gänzlich vom häuslichen Umfeld ins Krankenhausbett verlagert. Ein tiefgreifender Wandel: Um 1900 entbanden etwa 5 Prozent der amerikanischen Frauen in Krankenhäusern; in den 1920ern hatte diese Rate in einigen großen US-Städten etwa 65 Prozent erreicht und kletterte schließlich 1955 auf 95 Prozent. Im Jahr 2020 waren es dann knapp 99 Prozent.

Schwangere »Patientinnen« lassen nun ganze Reihen von Untersuchungen über sich ergehen, und etwa ein Drittel aller jungen Mütter in den USA und in Großbritannien entscheidet sich bei der Art der Entbindung für den Kaiserschnitt. Plinius der Ältere behauptete, ein Vorfahre von Julius Cäsar sei auf diese Weise zur Welt gekommen. Tatsächlich kommt das Wort *Sectio caesarea* (für ›Kaiserschnitt‹) höchstwahrscheinlich von lat. *caedere* ›hauen, aufschneiden‹ oder von dem römischen *Lex Caesarea* (›kaiserliches Gesetz‹): Dieses Gesetz bestimmte, man habe einer Frau, die gegen Ende der Schwangerschaft starb, unmittelbar nach dem Ableben das Kind aus dem Leib zu schneiden – denn es war tabu, schwangere Frauen zu bestatten. Vor der Entdeckung und Verwendung von Aseptik und Anästhesie bedeutete ein Kaiserschnitt mit ziemlicher Sicherheit den Tod der Mutter. Heute ist das Geburtsbett im Krankenhaus für die meisten von uns das erste Bett, dem wir im Leben begegnen.

Pro Jahr rät man 80 000 Frauen in Nordamerika, denen eine Risikoschwangerschaft bescheinigt wurde, wochenlang das Bett zu hüten, ehe die Geburt ansteht. Einige Leute sind der Auffassung, dies sei nichts anderes als ein »Bettruheschwindel«. Verordnete Ruhe, so heißt es weiter, habe keinerlei Auswirkung auf den tatsächlichen Geburtsvorgang und könne sogar den mentalen Zustand der Schwangeren nachteilig beeinflussen.[20] Was das

Gebären in Rückenlage betrifft, so zeigt eine erst kürzlich durchgeführte Metaanalyse, dass die Entbindung bei Frauen, die sich im Krankenhaus für sogenannte alternative Positionen wie die Hocke oder die Geburt im Stehen entscheiden, kürzer ausfällt und weniger Kaiserschnitte und Periduralanästhesien erforderlich sind. Einer Studie aus dem Jahr 1961 ist zu entnehmen, dass nur 18 Prozent der Frauen in vorindustriell geprägten Gesellschaften auf dem Rücken entbinden; wie wir gesehen haben, entspricht dies vermutlich auch der historischen Praxis in unserer westlichen Welt. Und die Hebammen kämpfen immer noch dagegen: Das Royal College of Midwives in Großbritannien gab seinem Jahresbericht 2010 den Titel: »Holt sie aus dem Bett«.

Wenn es um neues Leben geht, ist aus dem Bett als Ort der aktiven Erholung ein Ort der passiven Geburt geworden – diese Entwicklung fällt zeitlich mit der Ablösung der ausschließlich weiblichen Hebammen durch überwiegend männliche Geburtshelfer zusammen: Heute sind 85 Prozent Männer. Wie jede patriarchalisch geprägte Gesellschaftsform vor uns haben wir heutzutage den Erfolg einer Geburt in die Hände von Männern gelegt. Allerdings hat sich noch etwas verändert. Denn das Bett ist keine Zone weiblicher Unreinheit mehr. Jetzt, da wir viele Krankheiten überwunden haben, die während oder nach der Entbindung auftreten können, bleiben nur wenige Frauen einen Monat als »unreine Wöchnerin« im Bett. Stattdessen wird Frauen geraten, irgendwelchen Medienberühmtheiten nachzueifern, die nur wenige Tage nach der Geburt in ihren engen Jeans herumspringen. Auch das könnte sich nachteilig auf die mentale Gesundheit von Frauen auswirken.

In den frühen 1970ern argumentierten Feministinnen, die Betreuung und Versorgung rund um das Thema Geburt müsse entmystifiziert und das Leben der Frauen von medikamentösen Vorgaben befreit werden. Die Geburt, so lautete die Argumentation, sei schließlich keine Krankheit, und die meisten Entbindungen benötigten keinen Aufenthalt im Krankenhaus. Demzufolge sprachen sich die Feministinnen vehement für eine

Rückkehr der Hebammen aus. Aber als sie Hausgeburten befürworteten, gerieten sie in einen erbitterten Streit mit den Vertretern der medizinischen Berufe. Zwar verbietet kein US-Bundesstaat die Hausgeburt, aber man drohte Ärzten, die zu Hausgeburten gerufen wurden, mit dem Verlust von Krankenhausprivilegien oder sogar mit dem Entzug der Lizenz. Die Wogen haben sich inzwischen ein wenig geglättet, und heute sind Hebammen bei etwa 8,2 Prozent der Geburten in den USA anwesend, verglichen mit nur 1,1 Prozent im Jahr 1980.

Gewiss haben wir es trotz allem der modernen Medizin zu verdanken, dass wir noch nie so sicher waren. Deshalb entscheiden sich 99 Prozent der Frauen in unserer westlich geprägten Welt bewusst für das Bett im Krankenhaus. Mit diesem Schritt entgehen fast alle werdenden Mütter dem Schicksal des mit Schmuck behängten Mädchens von Ostuni oder der Hauptfrau des indischen Großmoguls Arjumand Banu, die 1631 bei der Geburt ihres 14. Kindes starb und im Taj Mahal bestattet wurde. Ganz zu schweigen von Charlotte Brontë, die 1855 wie viele andere vor ihr an den Folgen von *Hyperemesis graviarum* starb (unstillbares Schwangerschaftserbrechen mit Gewichtsverlust und Dehydrierung), offenbar in fortgeschrittener Schwangerschaft. Das Wochenbett war ein Ort, an dem das Leben sehr schnell in den Tod übergehen konnte.

Tod und Jenseits

Ungefähr um das Jahr 450 n. Chr. starb eine schwarzhaarige Frau der Moche-Kultur mit Mitte oder Ende 20. Man bestattete sie in Hunderte Meter Baumwollstoff eingewickelt und mit einer gewebten Schilfrohrmatte bedeckt, die ihr vermutlich zu Lebzeiten als Schlafstätte gedient hatte. Der gut erhaltene, ausgetrocknete Körper weist immer noch Falten loser Haut auf Bauchhöhe auf, was vermuten lässt, dass die Frau mindestens ein Kind geboren hatte. Die Archäologen, die die Mumie fanden, kamen zu dem Schluss, dass die Frau wahrscheinlich an den Komplikationen der Geburt starb.[1]

Das Grab der Frau war von Räubern verschont geblieben, was extrem selten vorkommt, und wurde erst 2006 entdeckt, und zwar im oberen Bereich der ansonsten stark geplünderten Lehmziegelpyramide von Cao Viejo, die zum El-Brujo-Pyramidenkomplex am nördlichen Küstenbereich Perus gehört. Die Mumie, der man den Namen Señora de Cao gab, war mit einer interessanten Mischung aus traditionell weiblichen und männlichen Grabbeigaben bestattet worden, darunter Goldschmuck, goldene Nähnadeln, Zubehör für Webrahmen, zwei zeremonielle Kriegskeulen und 23 Speere. War sie eine mächtige Anführerin oder eher die Frau eines Herrschers gewesen, der ihr die militärischen Insignien verliehen hatte? Da schriftliche Aufzeichnungen fehlen, können wir diese Fragen nicht beantworten. Sicher ist, dass die Frau eine bedeutende Persönlichkeit war. Neben ihrem großen Schlaflager ruhten einige andere Tote, darunter ein Mädchen, das zwischen 17 und 19 Jahre alt gewesen sein dürfte – sie hatte einen Strick um den Hals und war vermutlich geopfert worden, um der Herrin als Führerin in die Nachwelt zu dienen.

Aber warum wurde die Señora de Cao, wenn man ihren hohen Status und die üppigen Grabbeigaben in Betracht zieht, mit einer einfachen Schilfrohrmatte bestattet? Vielleicht erwies sich die Matte als praktisches Hilfsmittel, um die vielen Grabbeigaben fassen zu können, aber vielleicht sollte die Matte ihr auch Geborgenheit während der letzten Reise geben. Eine kürzlich erhobene Studie ergab, dass sich 70 Prozent der Menschen in der westlichen Welt wünschen, im eigenen Bett zu sterben – ein Wunsch, der etwa 50 Prozent von uns versagt bleibt, da sie in eben jenem keimfreien Krankenhausbett sterben, in dem sie auch geboren wurden. Das Bedürfnis, im eigenen Bett zu sterben, spiegelt die andauernde Verbindung wider zwischen Schlaf, Tod und der Vorstellung vom Leben nach dem Tode. Vor langer Zeit, etwa 2200 v. Chr., beruft sich Gilgamesch in einem der ältesten Epen der Menschheit auf diese Ähnlichkeit zwischen Schlaf und Tod, als er zu seinem leblosen Gefährten spricht: »Was ist das jetzt für ein Schlaf, der dich ergriff? Bewusstlos bist du geworden, hörst mich nicht!«[2]

Wann immer Archäologen menschliche Grabstätten finden, liegen die Toten in der Regel so, als würden sie schlafen: Man sieht sie lang ausgestreckt auf dem Rücken oder auf der Seite in einer Fötalposition. Im Gegensatz dazu kann man aus einer ungelenken Position schließen, dass der Tote einfach so liegengelassen wurde, wie er fiel – eine verdrehte oder ungelenke Position lässt man nur Feinden, Missetätern oder all denjenigen angedeihen, die entmenschlicht wurden, wie etwa den 54 enthaupteten Wikingern, die am Ridgeway Hill in Dorset, Südengland, in ein Massengrab geworfen wurden. Sitzende oder verkehrt herum liegende Positionen waren bei Bestattungen unüblich, aber auch diesbezüglich bestätigen Ausnahmen die Regel, wie etwa bei der Elite der Sicán-Kultur in der Küstenregion Perus in der Spanne vom 9. bis zum 14. Jahrhundert n. Chr.

Die meisten von uns behalten diese Verbindung von Schlaf, Tod und Leben nach dem Tod bei. Wir sagen »Ruhe in Frieden« oder »entschlafen«. Im Alten Testament ist eines der Wörter für Bett identisch mit den phönizischen und ugaritischen Wörtern für Sarg (*mskb*), und das walisische Wort *bedd* bezeichnet sowohl ein Bett als auch ein Grab. Das traditionelle Hirtenvolk der Nuer am Nil glaubt, dass die Seele während des Schlafes unter den Ahnen wandelt und dass der Tod eintritt, wenn der Körper erwacht, ehe die Seele zurückkehrt. Wir können nicht sicher sein, ob die Nuer damit falschliegen. Und eben dieser Mangel an Wissen verleitet uns Menschen dazu, dem Tod mehr Rituale angedeihen zu lassen als jedem anderen Ereignis im menschlichen Leben. Innerhalb dieses Dramas rückt das Bett folgerichtig in den Mittelpunkt, auch wenn es bedeutet, dass man einen sterbenden Monarchen für ein letztes, formelles Lebewohl ins Bett schleifen muss.

Rituale und Geister

Für die Mesopotamier, die uns die ältesten bekannten schriftlichen Aufzeichnungen über Bestattungsriten hinterlassen haben, war das Totenbett von großer Bedeutung. Sobald sich abzeichnete, dass jemand starb, wurde die Person zu einem speziellen Bestattungsbett gebracht, an dem sich Familienangehörige und Freunde versammelten. Auf die linke Seite der Bettstatt stellte man einen leeren Stuhl. Dort sollte die Seele nach dem Tode Platz nehmen, während der Leichnam gewaschen, mit Ölen oder Wohlgerüchen gesalbt und sein Mund geschlossen wurde. Weihrauch wurde verbrannt. Der Leichnam lag auf dem Bett, neben den Grabbeigaben, zu denen Habseligkeiten des Verstorbenen gehörten, aber auch Gaben für die Götter, Nahrung, Getränke und Sandalen.

Sandalen waren unerlässlich für die Reise der Seele ins Jenseits, allerdings zogen es die Superreichen vor, im Wagen gefahren zu werden, denn der Weg war beschwerlich. Zunächst hatte der Geist die von Dämonen heimgesuchte Steppe nach Westen zu überqueren. Dann wurde er über den infernalischen Fluss Khubur befördert, wo der Geist letzten Endes von einer Gottheit willkommen geheißen wurde, der den Namen des Verstorbenen auf einer Gesamtliste der Menschen abhakte. Hatte sich die Seele einmal in der Unterwelt eingerichtet, führte sie ein eher tristes

Dasein, unterbrochen nur von der gelegentlichen Speisengabe eines Verwandten. Eine Ausnahme galt für Totgeburten; solche Kinder, so hieß es, verbrächten die Ewigkeit mit Spielen und ernährten sich von Honig.

Für Freunde und Familienangehörige auf Erden begann eine Zeit des Trauerns: Den Ärmsten der Armen ohne Unterstützung sterben zu lassen, galt als Anzeichen größter Respektlosigkeit. Passend zur Phase der Trauer hüllte man sich in Sackleinen, stimmte lautes Wehklagen an und zerkratzte sich den ganzen Leib. Man konnte professionelle Klageweiber buchen, zumeist Prostituierte, dazu schlug man weithin hörbar eine Trommel. Begräbnisse waren kostspielig, und die Bestattungsunternehmer jener Tage verlangten als Bezahlung das Bestattungsbett und den Stuhl plus die Kleidung, in der die Person gestorben war, darüber hinaus Korn, Brot und Bier. Mitte des dritten Jahrtausends v. Chr. sprach der sumerische Herrscher Urukagina (auch Irikagina) von Lagasch ein Machtwort und begrenzte die Anzahl der Bestattungsgaben. Bierkrüge wurden von sieben auf drei reduziert, Brotlaibe von 420 auf 80, erlaubt waren von da an nur noch ein Bett und eine Kopfstütze pro Bestattung, wobei das Bett nach dem Begräbnis vom Grab entfernt werden musste.[3] Mesopotamische Bestattungsriten luden, ähnlich wie unsere heutigen Hochzeitsfeierlichkeiten, dazu ein, kommerziell ausgenutzt zu werden. Dazu muss man wissen, dass der Glaube vorherrschte, der Geist des Toten könne zurückkommen und die Lebenden heimsuchen, wenn der Leichnam nicht angemessen bestattet wurde. Aus diesem Grund begruben die siegreichen Mesopotamier stets ihre Feinde, sogar nach der Schlacht.

Urukaginas Gesetzesvorschrift, die Betten nicht in Gräbern zu belassen, impliziert, dass die Menschen das damals normalerweise so handhabten. Bettbestattungen sind vielfach belegt für die Region auf der anderen Seite des Roten Meeres. Seit 4000 v. Chr. bestatteten die Menschen in Ägypten und Nubien (dem heutigen Sudan) ihre Toten auf bettähnlichen Tragen oder Bahren aus geflochtenem Holz, aber auch auf Betten aus dem jeweiligen Hausstand. Als der amerikanische Archäologe George Reisner zu Beginn des 20. Jahrhunderts Ausgrabungen bei Kerma durchführte, der Hauptstadt des nubischen Königreichs von Kusch, entdeckte er mehrere Bettbestattungen, die auf etwa 1700 v. Chr. datiert wurden.[4] Am weitesten verbreitet war das Totenbett aus Holz, manchmal mit Füßen, die aussahen wie Kuhklauen, und einer gemaserten Matratze. Manchmal wiesen die Betten Abnutzungserscheinungen auf, was die Vermutung zulässt, dass es die alltäglichen Betten der Verstorbenen gewesen waren. Obwohl Reisner mehr Gräber mit Betten fand als ohne, waren solche Bestattungen wahrscheinlich den Reichen vorbehalten, die es sich leisten konnten, auf ein zusätzliches Bett zu verzichten. Bei modernen Bestattungen im Sudan tragen die Menschen ihre Toten noch heute auf Betten zu Grabe, aber für gewöhnlich nehmen sie dann die Betten nach einer Zeitspanne der rituellen Reinigung wieder mit nach Hause.

Das Totenbett war auch wesentlicher Bestandteil der Bestattungen im alten Ägypten. Als Tutanchamun im späten 14. Jahrhundert v. Chr. starb, blieb sein Grab unvollendet, aber die Wände seiner Grabkammer waren bemalt mit Szenen seiner Begräbnisprozession.[5] Zwölf Trauernde in weißen Tuniken ziehen einen Schlitten mit einer hölzernen Bettbahre, auf der seine Mumie ruht. Tutanchamuns Bett ist gekrönt mit einem Schrein, der mit »Girlandenkränzen« geschmückt war, wie sein Entdecker Howard Carter es ausdrückte. Der Begräbniszug überführte die Mumie von der königlichen Leichenhallenkapelle am Rande der Wüste mit Blick auf den Nil, wo man den Leichnam vermutlich einbalsamiert hatte, zum Grab. Hinter dem Ritualbett trugen Bedienstete in langer Prozession all die anderen Güter, die der Tote im Jenseits brauchen würde, darunter die Kanopenkästen, in denen die inneren Organe aufbewahrt wurden, sowie Kleidung, Nahrung, Schmuck und Möbel. Diese Prozession wurde von Klageweibern begleitet, die teilweise dafür angeworben wurden und angemessen aufgelöst auszusehen hatten, mit wildem Haar, bloßen Brüsten und theatralischen Gesten.

Hatte der Zug den Eingang zum Grab erreicht, wurde die Mumie den letzten Begräbnisritualen unterzogen, die für gewöhnlich der älteste Sohn beaufsichtigte. Da Tutanchamun aber schon mit 19 Jahren starb und keine lebenden Erben hinterließ, führte sein Nachfolger Eje – vermutlich sein Großvater und ein eher zwielichtiger Charakter – das heiligste aller Rituale durch: die Mundöffnungszeremonie. Im Verlauf dieses Rituals wurde die Mumie auf magische Weise wieder zum Leben erweckt, um Nahrung, Getränke und Licht zu empfangen – Nahrung und Licht waren zwei Schlüsselelemente im Grab, die für das Jenseits benötigt wurden. Eje, gehüllt in das Pantherfell, rezitierte die vorgeschriebenen Formeln, während er Augen und Mund der Mumie mit speziellen Werkzeugen berührte, u. a. mit einem rituellen Messer. Mit der fischschwanzähnlichen Klinge glich es dem Typus jener Messer, mit denen im alten Ägypten die Nabelschnur der Neugeborenen durchtrennt wurde. Auf diese Weise wurden vermutlich Assoziationen von Geburt und Wiedergeburt im Tode wachgerufen. Die rituelle Berührung bei diesen Zeremonien scheint recht grob gewesen zu sein, denn eine Untersuchung von 51 Mumien unter der Leitung des Swiss Mummy Project konnte bei einigen Frakturen und abgesplitterte Schneidezähne nachweisen.[6]

Tutanchamun wurde in ineinander verschachtelte Sargschreine gelegt, die wiederum auf einer vergoldeten Bettbahre ruhten. Carter beschreibt sie auf seiner Karteikarte als eine »schwere bettförmige Bahre aus Holz«, die »konkav geformt war, um den konvexen Boden des anthropomorphen äußeren Sargs aufnehmen zu können.«[7] Die Holzbahre war kunstvoll gearbeitet, mit zwei Löwenhäuptern oben, Schwänzen hinten und Füßen, die so aussahen, als wären sie die vorderen und hinteren Pranken eines Löwen. Die Bodenplatte wies eine Gewebestruktur auf, so dass sie wie eine bündige Matratze aussieht, und war vollständig aus Gold, während die Unterseite schwarz glasiert war. Ein Bett, wie es einem König und einem Gott gebührt. Goldene Schreine wurden im unmittelbaren Umfeld errichtet, dann wurde das Grab mit Schätzen gefüllt, zuletzt wurde die Tür versiegelt.

Als ehemaliger Gott auf Erden sollte König Tutanchamun seine Zeit im Jenseits standesgemäß neben seinen Göttergefährten verbringen, allerdings bleibt im Ungewissen, wie dieses Jenseits aussah. Für ›gewöhnliche‹ Ägypter hatte der Tod die Bedeutung, in ein anderes Land zu gehen, das als *Sechet-iaru* (›Gefilde der Binsen‹) bezeichnet wurde, ein heller Ort der Glückseligkeit, an dem die Menschen in Gesundheit leben konnten. Die Armen wurden einfach in der Wüste bestattet, vielleicht mit einem Amulett oder zwei, wohingegen in einigen Epochen die Reichen mit üppigen Beigaben und Möbeln beerdigt wurden. So war es jedenfalls bei Kha, dem Architekten der Gräber von König Amenophis II. (auch Amenhotep), Thutmosis IV. und Amenophis III. (15. bis 14. Jahrhundert v. Chr.). Das lange Zeit unberührte Grab des Kha wurde vor nunmehr 100 Jahren in der Arbeiterstätte bei Deir el-Medina entdeckt.

Der Architekt wurde gemeinsam mit seiner Gemahlin Merit bestattet, und abgesehen von Mengen an Schmuck, Gewändern, Möbelstücken, Nahrung sowie Khas Sammlung von 60 knappen, dreieckig geschnittenen »Unterhosen« nahm jeder der beiden Ehepartner ein schönes Bett mit ins Grab. Khas bestand aus Holz, mit Füßen, die an Löwenpranken erinnern, und einer dichtgewebten Matratze. Es passte nicht recht in die Grabkammer, aber anstatt es wieder zurückzutragen, ließen es die Leute, die ihn zum Grab gebracht hatten, im Gang der Vorkammer unmittelbar vor der Tür stehen. Wahrscheinlich war es gar nicht für das Grab angefertigt worden, sondern das Bett, in dem Kha zu Lebzeiten geschlafen hatte. Merits Bett ähnelte dem Khas, war aber kleiner und weiß bemalt. Ihr Bett wies Laken auf, Bettdecken mit Fransen, Handtücher und eine hölzerne Kopflehne, die mit zwei Schichten Stoff überzogen war.[8] Diese Betten hatten wirklich eine Bedeutung für ihre Besitzer und waren vermutlich auch die Unterlagen, auf denen die Leichname zum Grab getragen wurden.

Ein gutes Totenbett eignete sich ausgezeichnet dafür, der Nachwelt zu vermitteln, wie man sich den eigenen Status auf Erden und im Jenseits vorstellte. Nur wenige Kulturen reizten diese Symbolhaftigkeit so sehr aus wie die Griechen der Antike. Wenn man bedenkt, dass es innerhalb der griechischen Gesellschaft als äußerst kultiviert galt, sich während der Mahlzeiten auf einem Speisesofa – der Kline – zurückzulehnen, war es nur eine Frage der Zeit, ehe die Elite ihre Toten tatsächlich auf solchen Betten bestattete. Zwar kann das Speisesofa bereits bei Begräbnissen älterer Kulturen nachgewiesen werden, etwa in einem Grab bei Jericho aus dem 2. Jahrtausend v. Chr., doch erst bei den Griechen gehört das Totenbett in Form einer Kline seit dem 5. Jahrhundert v. Chr. zu den am häufigsten abgebildeten Objekten auf Begräbnisvasen.[9]

Archäologisch lassen sich die Totenbettklinen nur selten nachweisen. Ein Grund dafür könnte sein, dass sich die hölzernen Rahmen schon lange aufgelöst haben, denkbar ist aber auch, dass derartige Betten normalerweise nicht im Grab blieben. Eine Inschrift aus dem 5. Jahrhundert von der Insel Keos in der Ägäis empfiehlt, man solle sowohl das Bett als auch die Decken nach der Bestattung wieder nach Hause bringen. Nur selten missachtete man diesen Rat. Beispiele dafür finden sich auf dem Kerameikos-Friedhof in Athen, denn einige Gräber dort weisen klar erkennbare Überreste von luxuriösen hölzernen Klinen auf, mit Einlegearbeiten aus Elfenbein aus dem Nahen Osten, Bernstein und Knochenverzierungen. Wer auf einem solchen Sofa bestattet wurde, hatte sicherlich ein Anrecht, im Jenseits unbegrenzt Festmahle zu feiern.

Die Vorliebe der alten Griechen für die Kline als Totenbett könnte in Zusammenhang mit einer veränderten Wahrnehmung des Jenseits stehen.[10] In Homers *Odyssee* aus dem späten 8. Jahrhundert v. Chr. ähnelte die griechische Auffassung vom Jenseits noch den Vorstellungen der Mesopotamier: Die Seele fristete ein tristes, unveränderliches Dasein im Hades, an einem dunklen Ort der Unterwelt, umgeben von Wasser. Nur diejenigen, deren Körper bestattet worden waren, vermochten das Wasser zu überqueren und den Hades zu erreichen, und das vielköpfige Hundeungeheuer Kerberos fraß alle auf, die versuchten, den Ort wieder zu verlassen. Es gab weder Belohnung noch Bestrafung dafür, wie man sich im Leben verhalten hatte. In der Archaischen Zeit (8. bis 6. Jahrhundert v. Chr.) wurde der Hades allmählich angenehmer, aber erst in der klassischen Zeit (5. bis 4. Jahrhundert v. Chr.) nahm die Vorstellung von Elysion (lat. *Elysium*) oder dem Paradies Gestalt an, und genau in dieser Epoche kam die Kline als Totenbett auf.

Auch wenn das Totenbett an vergnügliche Festmähler denken ließ, waren immer noch strenge Begräbnisrituale erforderlich. Zunächst wurde eine nahe Verwandte, die mindestens 60 Jahre alt war, damit beauftragt, den Leichnam zu salben, zu waschen und mit der vorgesehenen Kleidung zu versehen. Danach wurde der Leichnam auf die Kline gelegt, der Kopf ruhte auf einem Kissen, die Füße zeigten in Richtung Tür. Auf Vasenmalereien ist zu erkennen, wie sich Männer der Kline nähern, die rechte Hand erheben, während sich die Frauen pflichtbewusst gegen die Stirn und die Brust schlagen. Mitunter sieht man Musikerinnen, die Kithara, Flöte oder Lyra spielen, aber in der klassischen Epoche gab es so gut wie keine professionellen Klageweiber mehr. Doch das Bett blieb Bestandteil des Ritus.

Bei der etruskischen Elite war es Mode, sich in Terrakottasärgen bestatten zu lassen, deren Ausgestaltung an Szenen eines Gastmahls erinnerte. Der Ehegattensarkophag von Cerveteri aus dem späten 6. Jahrhundert v. Chr. zählt zu den großen Meisterwerken der etruskischen Kunst. Auf dem Sargdeckel ist plastisch ein Ehepaar dargestellt, das gemeinsam beim Festmahl auf einer Kline liegt. Die Gesichter der Figuren strahlen Freude aus, beide tragen langes, geflochtenes Haar – alles wundervoll aus Ton gearbeitet. Die Frau hält in der linken Hand ein kleines, rundliches Objekt, das vermutlich ein Granatapfel sein soll, ein Symbol der

Unsterblichkeit. Etruskische Frauen scheinen mehr Freiheiten genossen zu haben als einige ihrer Zeitgenossinnen, und so kann die Frau sich behaglich an der Seite ihres Mannes entspannen. In der griechischen Antike waren Bankette (Symposien) den Männern vorbehalten. Später taucht die Kline als Totenbett auf, wo auch immer die Griechen und Römer gerade siedelten – allerdings meistens, wie im Fall der Etrusker, mit örtlichen Varianten. Man weiß, dass Alexander der Große bis zum Indus vordrang (im heutigen Pakistan), daher überrascht es vielleicht nicht sehr, dass manche Darstellungen den Buddha im Tod auf einer Ruheliege im griechischen oder römischen Stil zeigen, mit gedrechselten Beinen, in der dortigen Ausprägung des Gandhāra-Stils.

Im Westen kamen die Bestattungsklinen nach dem Untergang des Römischen Reichs allmählich aus der Mode, obgleich wir noch im 16. Jahrhundert auf ein paar Grabfiguren stoßen, die sich mit einem Arm auf einem Sofa abstützen. Doch diese Möbelstücke tauchten erst in der viktorianischen Zeit wieder vielerorts auf, als die Briten im Siegesrausch ihres Weltreiches alles, was nach klassischer Antike aussah, erneut in Mode kommen ließen. Ehrgeizige Viktorianer betteten ihre Toten also auf eine Art Kline im klassischen Stil, die dann im Wohnzimmer zur Schau gestellt wurde: die Chaiselongue, in England auch bekannt unter dem Namen *Fainting Couch* (*to faint* ›ohnmächtig werden‹). Obwohl das Element des Gastmahls verschwunden war und die viktorianische Liege eher mit Frauen als mit Männern in Verbindung gebracht wurde, blieb die Vorstellung von Luxus im Tode erhalten.

Rund ums Bett

In vielen Kulturen bildete das Sterbebett einen Ort der Begegnung, an dem Freunde, Familienangehörige und andere Personen zusammenkamen, oft in großer Zahl. Zeugen waren von entscheidender Bedeutung, wenn der oder die Sterbende, z. B. das Familienoberhaupt, im Begriff war, Besitz und Titel weiterzugeben. Chinesische Kaiser zogen es vor, vor großem Publikum aus dem Leben zu scheiden. Denn sie wollten erst unmittelbar vor dem Tod die Namen ihrer bevorzugten Nachfolger nennen, ein nicht immer erfolgreiches Verfahren, um Streitigkeiten um die Thronfolge zu vermeiden. Es kam außerdem zu einigen Unglücksfällen. Auf dem Sterbebett nahm der chinesische Kaiser Wenxuan (526–559 n. Chr.) ein Elixier, das sein Leben verlängern sollte. Es brachte ihm den Tod.[11] Damit war er in guter Gesellschaft: Die unterschiedlichsten Elixiere haben etliche chinesische Kaiser und hohe Beamte ins Jenseits befördert, darunter auch den Kaiser Ai der Jin-Dynastie, der 365 n. Chr. im Alter von 25 Jahren starb, nachdem er einen Trank zu sich genommen hatte, der leider genau das hielt, was er versprach: Nämlich, dass derjenige, der den Trank zu sich nähme, niemals alt werden würde. Wenxuan war wenigstens so schlau gewesen, sein Elixier erst auszuprobieren, als er sein Ende ohnehin nahen sah.

Indische Maharadschas neigten dazu, ihre Nachfolger auf dem Sterbelager auszuwählen und formal als Erben anzuerkennen, eine vernünftige Entscheidung in instabilen Reichen, in denen ein Adoptivsohn auf die Idee kommen könnte, den Erbfall zu beschleunigen, wenn er zu früh auserkoren wurde. Das Sterbebett gewann somit immense Bedeutung, wann immer intensive Überlegungen angestellt wurden, wer der mögliche Nachfolger sein würde.

Als Königin Elisabeth I. 1603 im Alter von 69 Jahren im Bett starb, waren allerdings relativ wenige Personen anwesend. Laut Aussage ihrer Hofdame Elisabeth Southwell fingen die Probleme an, nachdem die sterbende Königin nach einem »richtigen Spiegel« verlangt hatte.[12] Jedes vom Hof abgesegnete Porträt zeigte die jungfräuliche Herrscherin als makellose Schönheit mit perfekten Zügen, obwohl Elisabeth seit ihrer Pockenerkrankung Narben im Gesicht und verfaulte Zähne hatte. Als sie sich dann selbst im Spiegel sah, soll sie derart entsetzt gewesen sein, dass sie all jene aus ihrem Gemach jagte, die ihr über die Jahre geschmeichelt und ihr etwas vorgegaukelt hatten.

Dennoch gehörten am Tag ihres Todes zur verringerten Schar der Anwesenden immer noch die Kammerzofen, die Leibärzte, Kaplane, der Erzbischof von Canterbury und Mitglieder des Kronrates. Gebete wurden gesprochen, und als Elisabeth auf der Schwelle zum Tod stand, fragte man sie, ob sie mit König Jakob IV. von Schottland als Nachfolger einverstanden sei. Da sie nicht mehr imstande war, zu sprechen, hob sie in einer Geste der Zustimmung die Hand. Es kursierten viele Gerüchte um die Jungfräulichkeit der Königin, auch um die Frage, ob sie nun Kinder zur Welt gebracht hatte oder nicht. Daher hatte Elisabeth strikte Anweisungen hinterlassen, ihr Körper dürfe nicht, wie es den Gepflogenheiten entsprach, aufgeschnitten oder einer Obduktion unterzogen werden. Stattdessen bettete man sie umgehend zur letzten Ruhe in ihren Sarg, der auf ihr Bett gelegt wurde, bewacht von den Kammerzofen. Das Bett selbst war von schwarzem Samt überzogen und mit großen Straußenfedern dekoriert. Ganz in der Tradition des Mittelalters legte man eine lebensgroße Holzfigur der toten Königin auf den Sargdeckel. Das Bildnis sollte ihr Stellvertreter sein, bis der nächste Monarch den Thron bestieg, und es blieb bis zur Bestattung auf dem Sarg liegen.

Der Nachhall dieses königlichen Todes durchlief ganz Europa. Im Jahr 1715 starb Ludwig XIV. so, wie er gelebt hatte: in aller Öffentlichkeit und in seinem Prunkbett. Das königliche Bett war für das Leben am französischen Hof von so großer Bedeutung, dass die Leute, die das Gemach betraten, sogar vor dem leeren Bett niederknieten, als wäre es ein Altar. Zwei Tage vor seinem Tod führte Ludwig XIV. noch seine Staatsgeschäfte vom Bett aus und bestimmte seinen Urenkel zu seinem Nachfolger. Sein engster Hofstaat blieb am Sterbebett, während viele Leute das Gemach betraten und wieder verließen, darunter die Ärzte, die das von Wundbrand befallene Bein untersuchten, seine Familienangehörigen, Höflinge und andere Schaulustige.

Nach dem Tod des Königs wurden mehrere Räume im Palast mit schwarzem Tuch verhängt, aber abweichend von der Tradition erhielt Ludwig XIV. keine Beisetzung *in effigie*. In Frankreich war es Sitte gewesen, ein Bildnis des Herrschers aus Weidengeflecht in Auftrag zu geben (in England benutzte man dafür Holz), das dann mit Händen aus Wachs und einer Maske versehen wurde – einem Abguss der Totenmaske. Diesen ›Doppelgänger‹ kleidete man ein und platzierte ihn auf das Prunkbett, als würde das Bildnis Besucher empfangen. Das Bildnis nahm sogar an Mahlzeiten teil, als wäre es der echte, noch lebende Herrscher. Bildnisse dieser Art wurden bei Trauerzügen präsentiert, und die Leute strömten in Scharen herbei, um den toten Herrscher zumindest *in effigie* sehen zu können. Aber Ludwigs Vater Ludwig XIII. hatte diese Praxis bereits im Jahr 1622 für beendet erklärt, mit der Begründung, sie sei ihm zu heidnisch.

Die Zusammenkunft am Sterbebett war indes nicht nur für Könige von Bedeutung. Das Sterbelager war ein Ort der Begegnung. Freunde und Familienangehörige versammelten sich, um den Sterbenden zu begleiten – und einander Trost und Unterstützung zu geben. Im elisabethanischen England wurde ein Leichnam für gewöhnlich gewaschen und in Totengewänder gehüllt sowie, falls es der Geldbeutel zuließ, notdürftig einbalsamiert. Schließlich wurde der Leichnam auf einer Bahre oder im offenen Sarg aufgebahrt, oft auf dem Bett der verstorbenen Person. Dann begann die Totenwache. Freunde und Familienangehörige sorgten dafür, dass der Leichnam bis zur Bestattung keinen Moment allein blieb. Diese Tradition war bis in die Mitte des 20. Jahrhunderts verbreitet.

Katholiken war es wichtig, den Menschen während seiner letzten Stunden vor dem Tod zu begleiten, da man der Auffassung war, dass sich das Schicksal der Seele in jener Zeitspanne entscheide – je nachdem, ob die Engel oder die Teufel rund ums Bett die Oberhand gewannen. Ein ruhiger, friedlicher Tod deutete darauf hin, dass die Engel obsiegt hatten. Nach der Reformation beharrten die Protestanten darauf, man könne das eigene

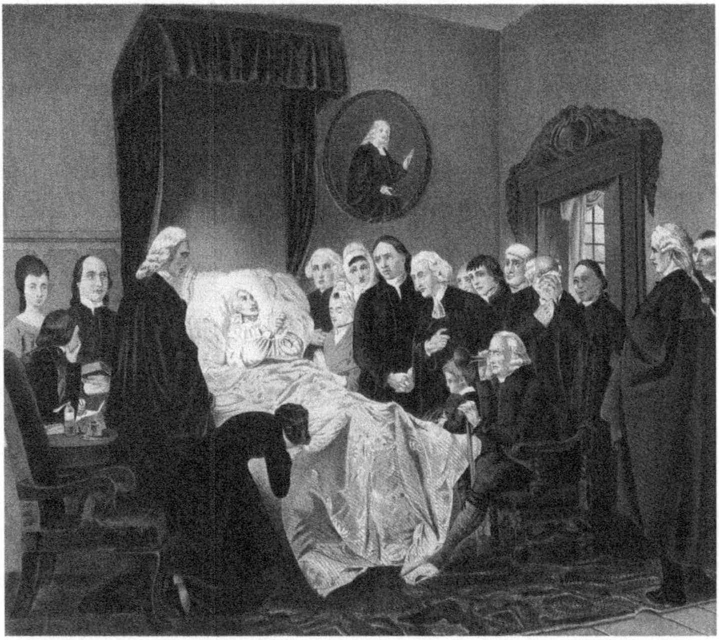

Ein christliches Sterbebett mit allem, was dazugehört.
Das Ableben des Reverend John Wesley. Eine Lithographie von etwa 1840

Schicksal nicht in allerletzter Minute entscheiden, zumal jene Behauptung dazu geführt haben mag, dass die Menschen sich vor dem Sterbelager fürchteten. Dennoch legte Eliabeths protestantischer Kaplan Wert darauf festzuhalten, die Königin sei mit ihrem letzten Atemzug auf direktem Weg ins Himmelreich gelangt. Sie »schied sanft aus diesem Leben«, notierte er, »wie ein Lamm, leicht wie ein reifer Apfel, der vom Baum fällt.«[13]

Im Islam versammelten sich Familienangehörige und Freunde ebenfalls um das Sterbelager. Sobald sich das Ende abzeichnete, ermunterten die Anwesenden die sterbende Person, ihren Glauben mit der Schahada zu bekennen: »Es gibt keinen Gott außer Allah, und Mohammed ist sein Prophet.« Im Original klingt das Bekenntnis mit den vielen la-Silben allerdings recht tröstlich und lyrisch. Falls es dem Sterbenden bereits zu schlecht ging, flüsterte man ihm die heiligen Worte ins Ohr, genau wie man sie Kindern nach der Geburt zuflüsterte. Nach dem Tod wusch man den Leichnam, hüllte ihn ins Leichentuch und legte ihn in einen Sarg, der auf einer Bahre ruhte. Die Bestattung sollte idealerweise binnen eines Tages stattfinden, gefolgt von einer vorgegebenen Zeitspanne der Trauer. Hygiene und drohende Verwesung waren zweifellos die Gründe für diese schnellen Bestattungen, denn im Islam ist die Feuerbestattung verboten. So wurde es auch lange Zeit im Judentum gehandhabt.

Für europäische Juden des 16. und 17. Jahrhunderts war es eine Mitzwa (ein Gebot), also eine gute Tat oder eine religiöse Pflicht, sich am Sterbebett zu versammeln. Die Gemeinschaft der Gläubigen tat ihr Möglichstes, um sicherzustellen, dass niemand allein starb. Im Idealfall legte die sterbende Person ein Bekenntnis vor zehn Juden ab, dazu gehörte auch, bestimmte Gebete zu sprechen, und danach segnete der Sterbende die Familienangehörigen oder schloss sie in seine Gebete ein. Nach dem Tod musste der Leichnam gewaschen und innerhalb von 24 Stunden bestattet werden. An einer Stelle im Talmud spricht Gott: »Ich hatte mein Bildnis unter euch gebracht, und eurer Sünden wegen kehre ich es um; kehrt nun eure Betten um.«[14] Um dem Folge zu leisten, drehten trauernde Juden üblicherweise ihre Liegen oder Betten um und ließen sie sieben Tage lang, während der sogenannten Shiv'a, auf dem Boden liegen.

Europäer des 17. Jahrhunderts beschrieben ähnliche Szenen des emotionalen Beistands bei Bestattungen entlang der afrikanischen Goldküste (in etwa das heutige Ghana). Zwar war kein Europäer damals mit den Menschen in Westafrika vertraut genug, um ein ›klassisches‹ Totenbett zu sehen zu bekommen, aber die Europäer berichteten von großen Zusammenkünften nach dem Tod einer Person und erzählten verächtlich, dass der Priester den Toten direkt ansprach und ihn fragte, wie er gestorben sei und ob jemand für seinen Tod verantwortlich sei. Tatsächlich sind aber genau das ja die Fragen, die sich die meisten von uns stellen, vielleicht waren diese Rituale also gut für die mentale Verfassung der Verwandten. Der älteste Sohn bestattete für gewöhnlich seinen Vater, und zwar unter oder neben der Bettstatt. Jeden Morgen bot er seinem Vater rituell den ersten Bissen oder ersten Schluck der Speisen an, die er zu sich nahm. Die englischen Kolonisten bezeichneten diese Praxis als barbarisch und machten ihr ein Ende.

Letzte Worte

Die am Sterbebett Versammelten beugten sich häufig zum Sterbenden hinab, eifrig darauf bedacht, dessen letzte Worte zu vernehmen. Würde die sterbende Person nun ihr Lebenswerk und die Ziele im Leben in einer letzten, unsterblichen Aussage zusammenfassen? Würde sie zu einer Art göttlicher Führer für die jenseitige Welt? »Bertie«, krächzte Königin Victoria unmittelbar vor ihrem Tod. »Alles langweilt mich«, sagte Churchill. »Ich gehe zu Bett«, bellte Stalin, ehe er seine Soldaten nach Hause schickte. »Ich brauche Sie nicht mehr. Sie können auch zu Bett gehen.« Es ist schwer, etwas Tiefgründiges zu sagen – oder vielleicht fällt es einem schwer, sich noch dafür zu interessieren, ob man tiefgründig ist –, wenn man weiß, dass man jeden Moment sterben wird.

Die Menschen in der westlichen Welt sind besonders an letzten Worten interessiert, ein Trend, der zurückreicht bis zum publikumswirksamen Tod des Sokrates: Er wurde 399 v. Chr. dazu verurteilt, den Schierlingsbecher zu leeren, nachdem man ihn für schuldig befunden hatte, sich den Göttern gegenüber respektlos verhalten zu haben und einen schädlichen Einfluss auf die athenische Jugend auszuüben. Sein Schüler Platon hielt die Ereignisse schriftlich fest. Alles endet damit, dass Sokrates das Gift trinkt, sich hinlegt (vermutlich auf ein Bett), sich mit einem Laken zudeckt und spürt, wie sich das Gift langsam in seinem Körper ausbreitet. Im letzten Moment soll Sokrates das Tuch vom Gesicht genommen haben, um seinem Freund am Sterbelager noch eine letzte Bitte angedeihen zu lassen: »O Kriton, wir sind dem Asklepios einen Hahn schuldig, entrichtet ihm den, und versäumt es ja nicht.«[15]

Was für eine Antiklimax, könnte man da sagen. Aber seine Freunde waren von Ehrfurcht ergriffen: Sokrates war bis zum Ende seines Lebens tugendhaft geblieben. Für die Römer war der Tod des Sokrates die ultimative Art, aus dem Leben zu scheiden, und damit begann die Sitte, den letzten Worten eines Menschen besondere Aufmerksamkeit zu schenken. Der römische Philosoph Seneca beschloss, sich auf ähnliche Weise wie Sokrates das Leben zu nehmen, und sorgte dafür, dass sein Sekretär zugegen war, um Senecas letzte Worte aufzuschreiben.

»[D]a er ja gehindert werde«, sagte er laut Tacitus' Überlieferung, »ihnen für ihre Verdienste den schuldigen Dank abzustatten, hinterlasse er ihnen das nunmehr Einzige, jedoch auch das Schönste, das er besitze, das Bild seines Lebens. Wenn sie dies im Gedächtnis behielten, würden sie den Ruf einer edlen Bildung als Lohn für ihre so unerschütterliche Freundschaft davontragen.«[16] Andere behaupten, es sei ihm noch gelungen, einen Trinkspruch auszubringen auf Jupiter den Befreier. Das ist vermutlich wahrscheinlicher, da Senecas Tod, wie Tacitus berichtet, lange währte und insgesamt eine hässliche Angelegenheit war. Tod durch Schierling verursacht nämlich für gewöhnlich heftige Krämpfe und führt zu Erbrechen. Da war es weitaus sauberer, bei der Kreuzigung zu bleiben, die bereits in der griechischen Antike die gängige Bestrafung für Verbrecher war.

Angesichts dieser Wirkung des Schierlings ist es ziemlich wahrscheinlich, dass Sokrates' letzte Worte wie auch sein Verhalten ebenfalls ins Reich der Legende gehören. Vermutlich trifft das auf all die besten Zitate vor dem Tod zu. Kaiser Augustus soll gesagt haben: »Ich habe eine Stadt aus Lehm vorgefunden, und ich habe euch eine Stadt aus Marmor hinterlassen«, wobei seine Gemahlin Livia ebenso zweifelhaft behauptete, er habe noch einige Verse aus einem griechischen Theaterstück rezitiert. Elisabeth I. sagte, vermutlich auch das fiktiv: »All meine Besitztümer gegen einen Augenblick mehr Zeit.« Von Oscar Wilde, der mittellos in einem Pariser Hotel starb, ist das Zitat überliefert: »Entweder geht diese scheußliche Tapete – oder ich.« Tatsächlich sagte er dies bereits Wochen vor seinem Tod.

Da wir die Toten nicht mehr fragen können, ist es ein Leichtes, letzte Worte zu erfinden. Jesuiten und andere nordamerikanische Missionare berichteten oft von Reden, die die einheimischen »Indianer« vor dem Tod gehalten haben sollen, und nutzten diese für ihre Sache. Aus Sicht der Missionare begann die ideale indianische Totenbettszene damit, dass der Sterbende sein nahendes Ende erahnte. War der Indianer bereits zum Christentum konvertiert, betete er zu Gott, für die Gesundheit seiner Freunde und Angehörigen. Er bat um Gnade oder flehte Gott darum an, dass den Missionaren auch weiterhin dabei Erfolg beschieden sein möge, andere heidnische Indianer zu bekehren. Die letzten Worte lauteten passenderweise immer: »Jesus, nimm mich auf!« –, wobei der Sterbende einen letzten flehenden Blick gen Himmel warf.

Gelegentlich gibt man durchaus etwas Bemerkenswertes von sich, wenn man den Tod vor Augen hat, sich aber ansonsten bester Gesundheit erfreut. So geschah es im Fall von George Engel, der 1887 in Chicago vom Galgen herabrief: »Ein Hoch auf die Anarchie! Das ist der glücklichste Moment in meinem Leben!« Niedergeschriebene letzte Worte laden zu intensiverem Nachdenken ein. Tweets und Social Media sind besonders beliebt. Leonard Nimoy, der Spock-Darsteller aus *Star Trek*, veröffentlichte als seinen letzten Tweet: »Das Leben ist wie ein Garten. Perfekte Augenblicke können erlebt, aber nicht bewahrt werden, außer in der Erinnerung. LLAP (für: *live long and prosper* ›Lebe lang und in Frieden‹).«[17] Der letzte Tweet kann auch unerwartete Bedeutung erhalten, wie im Fall von Reeva Steenkamp, die schrieb: »Was hast du für morgen für deine Liebste geplant??? #get excited #Valentines Day.«[18] Sie konnte nicht wissen, dass ihr Freund, der olympische Sprinter Oscar Pistorius, sie kurz darauf erschießen würde.

Das eigene Sterbebett

Thomas Hardys Protagonistin Tess Durbeyfield kommt einmal der Gedanke, dass

> es noch ein anderes Datum gebe, von größerer Bedeutung für sie als jene Tage: das ihres eigenen Todes, wenn all diese Reize verschwunden sein würden, ein Tag, der versteckt und unsichtbar unter all den anderen Tagen des Lebens lag, der kein Zeichen von sich gab und keinen Laut, wenn er alljährlich an ihr vorüberzog; und war darum doch nicht weniger unentrinnbar da.[19]

Die Bibel sagt, dieser Tag komme für gewöhnlich nach 70 Jahren (Psalm 90). Einem weisen Text aus der syrischen Stadt Emar zufolge haben die Götter dem Menschen eine maximale Lebensspanne von 120 Jahren beigemessen; weiter heißt es, man könne es als großen Segen ansehen, die vierte Generation der eigenen Familie zu erleben, wenn man selbst 90 Jahre zählt, was als sehr hohes Alter galt.

Sie und ich wissen, dass wir sterben müssen. Der griechische Philosoph Epikur schrieb dazu, diese Gewissheit trage wie kaum etwas anderes dazu bei, der eigenen Glückseligkeit im Wege zu stehen. Er forderte seine Schüler daher auf, den Tod anzunehmen und das Leben zu genießen, und bemerkte, man brauche sich nicht vor dem Tod zu fürchten, da man im Tod oder bei Gott keine Schmerzen empfinde. Doch wie viele beherzigen diesen Rat? Wir in der westlich geprägten Welt neigen dazu, uns gegen den Tod zu stemmen oder ihn ganz auszublenden. Unsere Einstellung zum Sterbebett sagt bereits alles. War es früher ein öffentlicher Ort, so ist es heutzutage verborgen hinter Krankenhausvorhängen, oder es ist überhaupt nicht mehr da. Viele von uns würden lieber die Straßenseite wechseln, anstatt mit einer trauernden Person zu sprechen –, das mag daran liegen, dass wir es nicht gelernt haben, mit dem Tod umzugehen, oder dass wir den geheimen Wunsch verspüren, die Existenz des Todes zu leugnen.

In Nordamerika gibt es sogar eine Bewegung, die davon überzeugt ist, dass wir ewig leben können, wenn wir uns nur genug bemühen, positiv zu denken. Firmen wie die Alcor Life Extension Foundation in Arizona bieten die Kryokonservierung an: eine Option, den Leichnam nach dem Tod einzufrieren, um sich dann in ferner Zukunft wiederbeleben zu lassen, wenn die Technologie dazu in der Lage sein wird. Der Tod ist nicht akzeptabel. Wir kämpfen sogar dafür, das Leben derjenigen zu verlängern, die keine erkennbare Lebensqualität mehr haben. In drei Fällen in Großbritannien gegen Ende der 2010er Jahre, die in der Öffentlichkeit mit großer Anteilnahme verfolgt wurden, setzten sich Eltern vehement dafür ein, unheilbar kranke, komatöse Kleinkinder am Leben zu erhalten, entgegen dem Rat der Ärzte. Jeder Schritt, der unternommen wurde, fand den Beifall der Öffentlichkeit. In einem Fall wandte sich sogar Donald Trump an den Papst.

Ein Blick in die Vergangenheit macht uns begreiflich, wie grundlegend sich die Dinge verändert haben. Im Europa und Nordamerika des 19. Jahrhunderts war es nichts Ungewöhnliches, mindestens ein Kind zu verlieren, und wie wir gesehen haben, bestand für die Frau ein Risiko von 1:7, bei einer der Geburten das eigene Leben zu verlieren. Das machte den Tod verständlicherweise nicht leichter. Wir brauchen uns nur Königin Victoria anzuschauen, die 40 Jahre um ihren geliebten Prinz Albert trauerte, man denke aber auch an den mesopotamischen Glauben, ein totgeborenes Kind spiele für immer im Jenseits – diese Vorstellung war gewiss dazu gedacht, den trauernden Eltern Trost zu spenden. Der Tod war allgegenwärtig und öffentlich. Er musste ertragen werden, wenn man ihn nicht gar akzeptierte, und den Schmerz wollte man mit anderen teilen. Die Menschen versammelten sich um das Sterbebett, weil der Tod ein beständiger Teil des Lebens war.

Auf der Website der britischen Regierung lautet die Beschreibung zum offiziellen Foto der aufgebahrten Königin Victoria:

»ziemlich schockierend«. Ihre Augen sind geschlossen, die tote Königin ruht auf einem Bett, das mit weißem Stoff überzogen und mit Blumen geschmückt ist. Über ihrem Kopf hängen Porträts ihres Mannes an der Wand. Ihre Totenfotografie und das darauf beruhende postmortale Airbrush-Gemälde wirken auf den modernen Betrachter allzu rührselig. Doch in Victorias Zeit wurde weder die Post-mortem-Fotografie noch das Porträt der toten Königin als schockierend empfunden. In Europa war es Tradition, ein Gemälde in Auftrag zu geben, das die Familie versammelt am Bett zeigt, wenn z. B. die Ehefrau verstorben war. Heute steht man Totenbettporträts ablehnend gegenüber. Die vermutlich letzten künstlerisch ambitionierten Fotos einer Person auf dem Totenbett zeigen Andy Warhols Superstar, die transsexuelle Candy Darling, die 1974 an den Folgen von Leukämie gestorben war. In vollem Marilyn-Monroe-Make-up reckt sie die jungen Arme verführerisch über den Kopf und ruht auf einem weiß bezogenen Bett umgeben von Blumen. Peter Hujars Aufnahme bleibt ein umstrittenes Foto, vielleicht umso mehr, je weiter wir uns von der viktorianischen Ära entfernen.

Königin Victoria trieb es in mancherlei Hinsicht auf die Spitze, sogar gemessen an den Standards ihrer Zeit: So trug sie nach Alberts Tod nicht, wie sonst üblich, ein Jahr lang schwarze Kleidung, sondern 40 Jahre. Nach dem Tod ihres Mannes ließ sie sein Schlafgemach unberührt: Das Glas, aus dem Albert einen letzten Schluck genommen hatte, blieb auf seinem Nachttisch, sein Löschpapierblock lag aufgeschlagen neben dem Stift. Victoria hatte angeordnet, dass jeden Tag frische Blumen in sein Zimmer gebracht wurden. Für all dies attestierte man der Königin jedoch kein gestörtes Verhalten. Im Gegenteil, die Menschen lobten ihre Hingabe.

Die regelmäßige Kommunikation mit den Toten stellt uns jedoch vor Herausforderungen – ob es nun die Blumenvase ist, die Victoria ihrem Bertie in ritueller Manier ans Bett bringen ließ, oder der Sohn aus vorkolonialen Zeiten in Westafrika, der seinem verstorbenen Vater den ersten Bissen anbietet. Ein solches

Verhalten kommt uns nachlässig, geschmacklos, manchmal regelrecht abstoßend vor, etwa bei Menschen vom Volk der Toraja im modernen Indonesien. Dort gibt es Gruppen Einheimischer, die den traditionellen Animismus praktizieren, in den sich Aspekte des Islam und des Christentums mischen. Diese Familien ignorieren die Todestabus unserer westlich geprägten Welt bis an die Grenze des Erträglichen: Sie behalten ihre toten Verwandten nämlich im Haus, bisweilen über Jahre, bis sie sich eine geeignete, üppige Bestattung leisten können. Der langsam austrocknende Leichnam ruht in einem offenen Sarg auf einem Bett im vorderen Zimmer und wird versorgt, als läge dort ein Kranker und kein Verstorbener. Jeden Tag bietet man dem Toten Nahrung, Zigaretten und Kaffee an. Nach der Bestattung lässt man die Körper immer noch nicht in Frieden ruhen, sondern gräbt sie alle drei Jahre in einer speziellen Zeremonie wieder aus, in deren Verlauf der Leichnam gewaschen und frisch angekleidet wird. Für die Toraja ist dieses Verhalten vollkommen normal und tröstlich.[20]

Dagegen haben viele von uns im modernen Westen noch nie einen Toten gesehen, und allein der Gedanke, einen zu sehen, erschreckt uns. In dem 2016 veröffentlichten Video zu David Bowies letztem Song »Lazarus« sieht man, wie der todkranke Sänger auf einem Krankenhausbett die Hände der Kamera entgegenreckt. Das Video wurde als geschmacklos empfunden, was vielleicht erklärt, warum der Regisseur letzten Endes behauptete, das Video »habe nichts damit zu tun, dass er krank war«; er betont ausdrücklich, Bowie habe erst in der Drehwoche erfahren, dass er die Krankheit nicht überleben werde – die Dramaturgie für das Video habe aber schon vorher festgestanden. Heutzutage taucht das Sterbe- bzw. Totenbett nur noch in der Fiktion auf.

Einige der besten und schlechtesten Horrorfilme präsentieren Totenbetten. Da das Totenbett heute in der gehobenen Gesellschaft ein Tabu geworden ist, werden Filme dieser Art durchweg für die Jugend nicht freigegeben, sie gelten als niveaulos oder abartig – oder alles zusammen. Filme, in denen Sterbebetten vorkommen, reichen von *Der Exorzist* (1973), dem »unheimlichsten Horrorfilm aller Zeiten« – die schlimmsten Szenen zeigen ein von Dämonen besessenes, zuckendes, sich übergebendes und verrenkendes Mädchen auf einem Bett – bis hin zu Filmen über … Killerbetten. Beispiele dafür sind der Low-Budget-Film *Death Bed: The Bed That Eats* (1977), in dem ein Dämon ein Bett erschafft, das über die Frau herfallen soll, die er liebt. Daneben gibt es *Under the Bed* (2012) mit einem Killermonster unter dem Bett – der Film wurde ein Undergroundhit, so dass gleich zwei Fortsetzungen gedreht wurden, *Under the Bed* 2 und 3. *Sleep Tight* (2011) und *Death Bed* (2002) spielen ebenfalls mit unseren Ängsten vor der Kombination aus Tod, Schlaf und Betten.

Wie sehr wir uns doch gruseln! Tatsächlich sind wir in unserem Kampf gegen den Tod schon weit gekommen. Das Krankenhausbett mit seinen hygienischen Laken und Trennvorhängen ist der Ort, an dem Leben gerettet werden. Es ist aber auch der Ort, an dem gut 50 Prozent von uns sterben werden, obwohl sich viele gewiss wünschen, sie könnten woanders sterben. Vielleicht wäre es geradezu läuternd und hilfreich, die Tradition aufleben zu lassen, dass sich die Menschen wieder am Sterbebett versammeln, um ein letztes Lebewohl zu sagen und Vergebung anzubieten. Lasst uns danach den Leichnam sichtbar für alle auf einem Bett aufbahren, den Tod akzeptieren und eine Beerdigung abhalten, bei der laut getrommelt wird und sich die Trauernden an die Brust schlagen. Freunde sprechen einander Trost zu, schließlich gibt es ein großes Festmahl. Denn wir Menschen sind soziale Wesen.

Fremde Bettgenossen

Ludwig I. von Anhalt-Köthen (1579–1650), ein Fürst aus dem Hause der Askanier, war ein unauffälliger Reisender in Europa, der auch England besuchte und sich während des Aufenthalts lediglich dadurch auszeichnete, dass er seine Erlebnisse in holprigen Versen in einem Tagebuch festhielt. Im Jahr 1596 stieg er in der kleinen Stadt Ware in Hertfordshire nördlich von London im White Hart Inn ab. Ware war ein wichtiger Knotenpunkt für mittelalterliche Pilger und Reisende, und die örtlichen Gasthäuser wetteiferten untereinander um die Kundschaft. Um möglichst viele erkundungsfreudige Reisende anzulocken, hatte ein Wirt – vermutlich der Besitzer des White Hart – die brillante Idee, ein imposantes Himmelbett in Auftrag zu geben, das Große Bett (*Great Bed*), in dem laut Eigenwerbung bis zu zwölf Reisende übernachten konnten. Fürst Ludwig staunte angesichts der Maße des Betts nicht schlecht und hinterließ als erster Besucher Aufzeichnungen über einen Ort, der später sehr beliebt bei Übernachtungsgästen wurde: »Es war in Wahr ein bett' / An weitem raume / das auch vier par leute hett' / In sich geruhiglich beysammen lassen liegen / Das keines sich genau ans andre durfte schmiegen.«[1]

Das Große Bett, um 1590 von dem niederländischen Architekten, Maler, Ingenieur und Gartendesigner Hans Vredeman de Vries entworfen, ist ungefähr doppelt so groß wie ein modernes Doppelbett: Über 3 Meter lang und breit, 2,5 Meter hoch und etwa 640 Kilogramm schwer. Handwerker aus der Gegend um Ware fertigten es aus insgesamt 40 Eichenholzstücken, für die gewaltigen Bettpfosten wurden eigens mehrere Holzelemente zusammengeleimt. Das Bett wurde mit aufwendigen Schnitzarbeiten in kunstvollen Renaissancemustern versehen, angeordnet in Intarsienfeldern, die ursprünglich einmal leuchtende Farben aufwiesen, heute finden sich allerdings nur noch wenige Farbreste. Bereits unmittelbar nach der Fertigstellung erfreute

Das Große Bett von Ware, ausgestellt im Victoria and Albert Museum, London

sich das Bett großer Beliebtheit bei Besuchern, sowohl bei den Neugierigen als auch bei denen, die ein Autor charmant »die Koitalen« bezeichnete – einige Bettgäste ritzten ihre Initialen in das Holz oder hinterließen rote Siegelwachsabdrücke auf den Bettpfosten.

Das Bett war seinerzeit so berühmt, dass es in Shakespeares *Twelfth Night* (1602) Erwähnung findet. Dort fordert Sir Toby Belch Sir Andrew Aguecheek auf, den Bediensteten des Duke Orsino, Cesario, zum Duell zu fordern, aber der Brief solle vor Unwahrheiten strotzen: »[U]nd schreib so viele Lügen, wie sie auf deinem Blatt Papier Platz haben, auch wenn es so groß wäre wie das Bettuch im Bett von Ware in England.«[2] Drei Jahre später endet ein ausgelassenes Stück aus der Zeit Jakobs I., *Northward Ho*, mit dem Satz: »Komm, fordern wir unsere Frauen heraus, auf dass wir uns im großen Bett von Ware tummeln!« Ben Jonson nahm 1609 in seinem Stück *The Silent Woman* ebenfalls auf das Bett Bezug. Und ein Jahrhundert später heißt es in George

Farquhars *The Recruiting Officer* (1706): »doppelt so groß wie das Große Bed von Ware«. Die literarischen Anspielungen ziehen sich bis in unsere Zeit, in einem Gedicht von 2001 von Andrew Motion etwa heißt es, dass das *Great Bed of Ware* seine »darin Schlafenden ausschüttelt wie Blätter im Sturm«.[3]

Einige Besucher des Betts waren sicher nur gekommen, um Scherze zu treiben. Der *London Chronicle* vom 4. Juli 1765 berichtet (zweifellos apokryph), 26 Fleischer und ihre Frauen – also insgesamt 52 Personen – hätten 1689 eine Nacht in diesem Bett verbracht. Der Stolz des Örtchens Ware wurde zum Symbol für öffentliche Extravaganzen, die eigentlich niemand brauchte. 1856 besaß der neu geweihte und offenbar ziemlich selbstgefällige Bischof von Bristol eine geschnitzte, mit Baldachin versehene Kirchenbank, die wie ein Himmelbett gestaltet war und somit ironisch auf das *Great Bed of Ware* anspielte.

Als Kuriosum wanderte das *Great Bed* in Ware von Wirtshaus zu Wirtshaus, bis es im 19. Jahrhundert im nahe gelegenen Hoddeston einen festen Platz fand, einem beliebten Wochenendausflugsziel für Bahnreisende. Fast hätte es das Bett 1931 bis in die USA geschafft, aber stattdessen erstand das Victoria and Albert Museum in London es für 4000 Pfund. Eine im Nachhinein lohnende Erwerbung, denn das Bett gehört zu den Publikumsmagneten des Museums. Dort steht es also bis heute. Nur einmal kehrte es 2012 für die Dauer eines Jahres in das kleine Museum in Ware zurück, finanziert von der UK Lottery Commission zu einem Preis von 229 200 Pfund. Die Kuratoren brauchten sechs Tage, um das Bett in seine Einzelteile zu zerlegen und weitere neun Tage, um es bis nach Ware zu transportieren.

Die letzte Person, die das *Great Bed* belegte, war die Schauspielerin Liz Hurley, die 2015 während einer Cocktailparty im Victoria and Albert Museum eine Absperrung überwand und sich dann in aufreizender Pose auf dem Bett präsentierte. Natürlich schlug die Alarmanlage an, und Hurley wurde flugs vom Personal nach draußen eskortiert. Die britischen Boulevardzeitungen überschlugen sich. Der Subtext lautete natürlich, dass ein Bett, das für so viele Personen gleichzeitig gedacht war, nur eines bedeuten konnte. Zwar würdigten einige Schlafende der Vergangenheit das erotische Potential des Betts durchaus, doch die meisten taten das nicht. Denn es galt als absolut normal, sich ein Bett mit mehreren Personen zu teilen, um dort gemeinsam ohne sexuelle Absichten die Nacht zu verbringen. Fast alle denkbaren Personenkonstellationen schliefen in vergangenen Jahrhunderten in einem gemeinsamen Bett: Familien, Freunde, Herren und Diener, aber auch wildfremde Menschen. Natürlich kam es bisweilen zum Sex, aber oftmals lagen dem Entschluss, sich mit mehreren ein Bett für die Nacht zu teilen, praktische Überlegungen zugrunde: der Preis für die Übernachtung, das Bedürfnis, während der Nacht warm zu liegen (in einer Zeit vor der Elektrizität), und das Sicherheitsgefühl, das andere Schlafende einem geben.

Reisende Bettgenossen

Das *Great Bed of Ware* war berühmt für seine Maße – ein großes Bett war ein Zeichen für Wohlstand und Luxus –, aber nicht dafür, dass darin mehrere Fremde zusammen schliefen. Reisende, die für die Nacht in Wirtshäusern abstiegen, teilten sich oft Betten mit Menschen, die sie gar nicht kannten. Gemeinsam zu schlafen, war beliebt und ist heute noch in Asien und anderswo verbreitet, insbesondere in der ländlichen Mongolei.

In Gasthöfen Chinas und der Mongolei waren *kangs*, d. h. mit Schlafmatten ausgelegte, von unten geheizte Liegeflächen aus Backsteinen, weitverbreitet, und zwar bis ins 20. Jahrhundert. Die frühsten Formen dieser Ofenbetten, die um 5000 v. Chr. in Erscheinung treten, waren Lehmböden, die von Feuern erwärmt wurden – unmittelbar bevor die Leute sich schlafen legten, wurden die Feuerstellen entfernt. Zu Beginn des 4. Jahrhunderts v. Chr. kamen aufwendigere *kangs* in Gebrauch. Diese Ofenbetten wurden entweder von der Herdstelle im Nachbarraum oder direkt von einem kleinen Ofen unter dem Fußboden erwärmt. Ein typischer *kang* jener Zeit nahm die Hälfte oder ein Drittel eines Raums ein und blieb die Nacht hindurch warm. Diese Flächen wurden nicht nur zum Schlafen benutzt, sondern auch zum Essen und für geselliges Beisammensein. Irgendwann wurden die Liegeflächen mit Geländern ausgestattet, manchmal schlief die Elite gesondert.

Heutzutage schlafen Reisende unserer westlich geprägten Welt allerhöchstens während eines Langstreckenflugs über Nacht wie selbstverständlich neben Fremden. Dafür gibt es unausgesprochene Regeln der Etikette, z. B., dass jeder auf seiner Seite der Armlehne bleiben soll, dass man einander nicht berührt und leise ist. Diese Regeln unterscheiden sich nicht groß von jenen Satzbeispielen aus mittelalterlichen Sprachführern, die für englische Reisende zusammengestellt wurden. Darin finden sich französische Übersetzungen für »du ziehst die ganze Bettdecke zu dir«, »du trittst dauernd um dich« und »du bist ein schlechter Bettgefährte«.[4] Wie schon bei den *kangs* der Antike oder im Fall der modernen Fluggesellschaften hing es vom eigenen Geldbeutel ab, wie gut man in der Nacht schlief. In einfachen Wirtshäusern entpuppte sich das angebliche Bett mitunter als harte Holzbank mit einem Seil, das waagerecht auf Brusthöhe verlief. Die Gäste hockten eng nebeneinander auf dieser Bank, ließen die Arme auf dem gespannten Seil ruhen und sackten im Schlaf mit dem Oberkörper nach vorn. Bei beliebten Anlässen und Ereignissen, etwa bei Pilgerfahrten, war der Platz oft knapp – und wieder hatten die Reichen einen Vorteil. Wer wohlhabend war und entsprechend gut zahlte, konnte veranlassen, dass der- oder diejenige, die bereits im Bett schlief, hinausgeworfen wurde. Da tat es nichts zur Sache, wie weise, heilig und krank man war oder in welchem Schwangerschaftsmonat eine Frau war. Maria und Josef strandeten mit ihrem Kind im Stall einer Herberge, wie allgemein bekannt ist. Dort kamen etliche Besucher zu ihnen, die dann vermutlich ebenfalls dort nächtigen mussten.

Die christliche Kunst verdeutlicht den Unterschied zwischen unserer Auffassung von geteilten Betten und der Auffassung früherer Zeiten. Dieser Unterschied zeigt sich etwa in den Darstellungen der Weisen aus dem Morgenland, die mit ihren Geschenken zum Jesuskind kommen. Matthäus berichtet von dem Traum, in dem Gott die Weisen warnt, Herodes zu vertrauen. Dieser Traum der Weisen aus dem Morgenland sollte zu einem sehr beliebten Motiv in der Kunst des Spätmittelalters werden. In den Darstellungen sind die »Heiligen Drei Könige« stets schlafend in einem Bett zu sehen, manchmal sind sie unbekleidet, tragen aber stets ihre Kronen.

Es hatte keinerlei sexuelle Bedeutung, dass reisende Männer zusammen in einem Bett schliefen. In *Moby-Dick*, veröffentlicht 1851, beschreibt Herman Melville, wie der junge Seemann Ismael erfährt, dass er sich das Bett in der Unterkunft mit einem »Harpunier« teilen muss. »In dem Bett is massig Platz zum Rumstrampeln für zweie, ist ein mächtig großes Bett das«, versichert ihm der Wirt. Aber als Ismael darauf wartet, dass der Harpunier endlich kommt, kann er vor Aufregung nicht einschlafen und beklagt sich, dass seine Matratze wohl mit Maiskolben oder vielleicht mit Steingutscherben gefüllt sei. Schließlich taucht Queequeg, der Fremde, auf: »Gütiger Himmel, welch ein Anblick! Was für ein Gesicht […] ja, gerade so, wie ich dachte: Er ist ein schrecklicher Bettgenosse, er hat sich geprügelt.« Dennoch, sein Bettgefährte macht die Pfeife aus, als Ismael ihn darum bittet, »wobei er sich auf eine Seite rollte, so als wollte er sagen: Nicht mal dein Bein werd ich berühren.« Irgendwann schlummert Ismael ein, wacht am nächsten Morgen auf und stellt fest, dass Queequeg seinen Arm um ihn geschlungen hat und dass er »so gut wie nie zuvor in meinem Leben [schlief]«.[5]

Als Richter und Anwälte mit Abraham Lincoln ihre Rundreise von einem Gerichtsgebäude zum nächsten machten, schliefen sie oft zu zweit in einem Bett und zu acht in einem Zimmer. Einige Kommentatoren, denen auffiel, dass Lincoln zu Hause mehrere Jahre lang sein Bett mit Joshua Speed teilte, gingen davon aus, der Präsident sei schwul gewesen. Andere meinten, Lincoln habe einfach nur eine enge, platonische Beziehung zu Speed unterhalten, zu einer Zeit, als derartige Schlafgemeinschaften »erlaubt« waren. Welche sexuelle Orientierung er auch immer hatte, es ist unwahrscheinlich, dass Lincoln auf seinen Rundreisen jeden Abend Orgien zu acht feierte. Sich das Bett mit anderen Reisenden zu teilen, ohne dass es zu sexuellen Handlungen kam, gehörte in der Vergangenheit eben zum Alltag. Wenn sich zu Beginn des 20. Jahrhunderts die Pension der Mutter des Schriftstellers Thomas Wolfe in North Carolina am frühen Abend mit Gästen füllte, schliefen Handlungsreisende selbstverständlich zu zweit in einem Einzelbett.

Diese Arrangements verliefen nicht immer reibungslos. John Adams erzählt in seiner Autobiographie von einer desaströsen Nacht, als er mit Benjamin Franklin unterwegs war. Es war September 1776, kurz nachdem die 13 amerikanischen Kolonien ihre Unabhängigkeit von Großbritannien erklärt hatten. Die beiden Herren waren Mitglieder einer Delegation des Kontinentalkongresses, die über ein mögliches Ende des Unabhängigkeitskrieges zu verhandeln hatte. Unterwegs verbrachten sie die Nacht in einer Schänke in New Jersey. Da nicht jeder ein eigenes Zimmer haben konnte, mussten sie sich ein Bett teilen »in einer Kammer, die nur wenig größer war als das Bett selbst, ohne einen Kamin, mit nur einem kleinen Fenster«[6]. Und genau dieses »eine kleine Fenster« gab Anlass zu Verdruss. Adams, der »krank war und Bedenken hatte vor der Luft in der Nacht«, schloss das Fenster unverzüglich. Franklin, der bei offenem Fenster schlafen wollte, hielt Adams einen Vortrag über seine eigene »Theorie der Erkältungen« und meinte, er werde ohne frische Luft ersticken. Letzten Endes behielt Adams bei der Schlacht um das Fenster die Oberhand, aber die Friedenskonferenz erwies sich als Misserfolg.

Jean Liedloff, berühmt für ihren Bestseller aus dem Jahr 1975 über Kindererziehung, *The Continuum Concept: In Search of Happiness Lost* (*Auf der Suche nach dem verlorenen Glück: gegen die Zerstörung unserer Glücksfähigkeit in der frühen Kindheit*), war schon früh fasziniert von Tarzan und dem Dschungel, später auch von der Kindererziehung bei den indigenen Völkern am Amazonas. Insgesamt fünfmal besuchte sie Südamerika und lebte bei den Yequana im Regenwald von Venezuela. Obwohl sie viele Aspekte im Leben der Einheimischen ausführlich schildert, liefert sie die einzige Information über das Schlafverhalten der Erwachsenen eher beiläufig:

> Tatsächlich ähnelte es ihrer Gewohnheit, mitten in der Nacht, wenn alle schliefen, einen Witz zu erzählen. Obwohl einige laut schnarchten, wachten alle sofort auf, lachten und schliefen innerhalb von Sekunden wieder ein, mit Schnarchen und allem. Für sie war Wachsein nicht unangenehmer als Schlafen, und so wachten sie völlig munter auf – beispielsweise erwachten einmal alle Indianer gleichzeitig, weil sie ein Rudel gefährlicher Pekaris [Nabelschweine] in der Ferne hörten, obwohl sie geschlafen hatten; wohingegen ich, wach und den Geräuschen des umgebenden Urwalds lauschend, gar nichts bemerkt hatte.[7]

Tief im Dschungel, auf freier Fläche oder wann immer es weder Licht noch Elektrizität gab, war das gemeinsame Schlafen mit Gleichgesinnten eine praktische Möglichkeit, sich sowohl Sicherheit als auch Wärme zu verschaffen.

In den 1960ern stellte der Anthropologe John Whiting fest, dass in zwei Dritteln der Gesellschaften, die er erforschte, die Mütter gemeinsam mit ihren Kindern in einem Bett schliefen, auch wenn die Schlafgewohnheiten höchst unterschiedlich ausfielen. In den Slums in Indien schlafen ganze Familien in einem

Raum auf dem Boden. Bei den Nso-Bauern im Westen Kameruns schläft die Mutter mit all ihren Kindern in einem Bett, wobei die Kinder hinter ihrem Rücken aufgereiht liegen, das jüngste am dichtesten bei der Mutter. Die Mutter schläft indes mit dem Gesicht zur Tür, um die Kinder vor bösen Geistern schützen zu können, die ihnen womöglich Schaden zufügen oder die Kinder holen wollen. Der Vater hatte ein eigenes Bett woanders.[8] Whiting entdeckte zudem eine sinnvolle Korrelation zwischen Klima und Bettgemeinschaften: Getrennte Betten kamen viel häufiger in wärmeren Gegenden vor, wie etwa bei den indigenen Völkern des Amazonas, wo jeder in seiner eigenen Hängematte schläft. In Regionen aber, in denen im Winter die Temperatur unter minus zehn Grad Celsius fällt, schlafen oft ganze Familien in einem gemeinsamen Bett.

Dort, wo die Wohnräume keine Trennwände aufwiesen – zum Beispiel in den Rundhäusern der europäischen Bronzezeit oder den Langhäusern der Eisenzeit –, schlief die Gruppe zwangsläufig zusammen. Das trifft auch heute noch zu auf Menschen, die in Zelten oder Jurten ohne Unterteilungen leben, wie z. B. die Hirtennomaden, die durch die Mongolei ziehen, durch Tibet, Zentralasien, den Iran, die Türkei, das nordöstliche und westliche Afrika und die arabische Halbinsel.[9] Die Nomaden führen ein Leben, das zuerst von den Skythen um 800 v. Chr. praktiziert wurde: Sie ziehen mit ihren Viehherden durchs Land und schlagen unterwegs ihre Zelte auf. Ihre Schlafstätten sehen unterschiedlich aus, aber die meisten dieser Nomaden bevorzugen gewebte Decken für den Boden und Matten anstatt Möbelstücke. Die Matten lassen sich leicht transportieren und verpacken, wenn sie gerade nicht genutzt werden, und werden dann bei Bedarf nebeneinander in einer Reihe ausgelegt oder im Raum verteilt. Nur für Neuvermählte wird bisweilen eine symbolische Wand gezogen, vermutlich in Gestalt eines Vorhangs, um etwas Privatsphäre zu haben. Aber sobald das erste Kind da ist, kehrt das Ehepaar zum Rest der Familie zurück, so dass alle gemeinsam schlafen: Großeltern und Enkel, Väter und Kinder, Mütter mit Babys.

Ein italienisches Sprichwort aus der frühen Neuzeit rät Schlafenden: »Leg dich in schmalen Betten in die Mitte.« Die Engländer kannten das Verb *to pig*, das nichts anderes bedeutete, als mit einem oder mehreren Bettgenossen in einem Bett zu schlafen. Ein *bed-faggot* hingegen bezeichnete in Ostengland den unangenehmen Bettgenossen; *faggots* sind ein traditionelles, regionales Gericht aus fettigen, zerhackten Innereien, die zu Bällen gerollt und dann gebacken werden – vergleichbar den deutschen Leberknödeln. Wie Whiting es bei indigenen Völkern beschrieben hat, wiesen auch große Familien innerhalb Europas den Schlafenden ihre Plätze für die Nacht je nach Alter und Geschlecht zu. Die Töchter sollten neben den Müttern schlafen, die Söhne bei den Vätern, die ältesten Töchter an der Wand, möglichst weit von der Tür entfernt. Besucher und Fremde wurden an den Rändern oder Bettenden platziert. Alle teilten sich die Bettdecke, Kissen hielt man hingegen für verweichlicht bzw. weibisch. Ein Kommentator aus dem 16. Jahrhundert bemerkte, ein Mann solle sich mit einem »guten runden Holz« als Kissen zufriedengeben. Ärmere Leute legten sich einfach ins Heu oder schliefen nebeneinander auf dem Boden, auf dem sie zunächst Stroh verteilten, ehe sie ihre Decken ausbreiteten.

In mittelalterlichen Herrenhäusern schliefen die Bediensteten zusammen in der Großen Halle, vermutlich zogen sich nur der Lord und die Lady in eine Schlafkammer zurück. Die meisten Diener schliefen auf einfachen Pritschen, im Grunde Kästen aus Holz, die manchmal auf kleinen Füßen standen; diese Schlafstätten konnte man ohne Probleme von Raum zu Raum schaffen. Diese Art von Betten stand Mitgliedern des Hausstandes, Bediensteten und Besuchern je nach Bedarf zur Verfügung. Bedienstete, Brüder, Schwestern und Besucher schliefen für gewöhnlich im selben Raum, in oder neben demselben Bett. Diese flexiblen Arrangements zogen sich bis ins 18. Jahrhundert. Bestandsverzeichnisse aus jener Zeit listen nicht nur ausziehbare Betten auf Rollen auf, sondern auch »Schreibtischbetten, die unter Pulte passten«, »hochklappbare Bettstätten«, »Pultbetten«

sowie »eine Kommodenbettstatt«.[10] Isaac Ware hielt 1756 in seinem Buch über Architektur fest, es sei sowohl günstig als auch praktisch, wenn Häuser in London behelfsmäßige Schlafstätten hätten, die sich rasch aufstellen ließen, wann immer Besucher untergebracht werden mussten.

Bettgeflüster

Der Schlaf und die Dunkelheit machen die Schlafenden für die Dauer der Nachtstunden gleich und verletzlich, und das bedeutet, dass gemeinsam genutzte Betten eine Möglichkeit boten, soziale Normen zu überschreiten.[11] Die Hierarchie zwischen einem Herrn oder einer Herrin und den Bediensteten konnte aufgebrochen werden. In seinem Enthüllungsbuch von 1836, *The Life and Confession of Isaac Heller*, berichtet der in Schwierigkeiten steckende Autor, der später am Galgen endete, da er seine Familie in Liberty, New York, mit einer Axt ermordet hatte, er habe sich bisweilen so sehr in der Nacht gefürchtet, dass er, um Ruhe zu finden, sogar neben »schwarzen Personen« schlief, die auf seiner Farm arbeiteten. In einer patriarchalischen Gesellschaft nutzten Frauen mitunter die Nachtstunden, um ihre Meinung kundzutun, wie John Eliot aus Connecticut 1768 in seinem Tagebuch beklagt. Eliot erinnert sich, wie seine Frau zur Schlafenszeit verbal über ihn herfiel und ihm regelrechte Gardinenpredigten hielt. Sie habe ihn damit die ganze Nacht wachgehalten, indem sie »alte Geschichten von seiner ersten und zweiten Frau aufwärmte, auch von den Kindern aus den früheren Ehen«.[12]

Mit anderen ein Bett zu teilen, ermöglichte zudem heimliche sexuelle Beziehungen, also Beziehungen zwischen unverheirateten Bediensteten, Personen gleichen Geschlechts oder Herrschaft und Personal. Einige Hausherrinnen teilten sich das Bett manchmal mit Dienerinnen, um diese vor ungewollten Avancen männlicher Personen des Hausstandes zu schützen. Bedienstete schliefen oftmals am Fußende ihrer Herren, ganz gleich, was sich anderswo im Bett ereignete. Abigail Willey, die Anfang des 17. Jahrhunderts in Neuengland lebte, holte ihre Kinder in die Mitte des Betts, wenn sie nicht in der Stimmung war, Sex zu haben.

Und doch kann die Nacht sehr intime Beziehungen schaffen. In einigen europäischen Gemeinschaften durften unverheiratete junge Leute beiderlei Geschlechts eine Nacht im selben Bett verbringen, um herauszufinden, ob sie zueinander passten. Diese Praxis, die »Bundling« genannt wurde, sah vor, dass zwischen den Schlafenden in der Mitte des Betts ein Brett – das sogenannte *bundling board* – angebracht wurde. Sexuelle Handlungen jedweder Art waren nämlich strengstens verboten. Bundling wird heute noch von ultrakonservativen Gemeinschaften wie den Swartzentruber Amish praktiziert. Sie erlauben dem jungen Paar das Bundling, allerdings müssen die beiden vollständig gekleidet sein und dürfen einander nicht berühren, dafür können sie sich aber die ganze Nacht unterhalten.

Ein gemeinsam genutztes Bett bringt die Menschen nicht nur buchstäblich zusammen, sondern ermöglicht es ihnen auch, in der Dunkelheit lockere Konversation zu betreiben. Samuel Pepys war ein großer Fan davon, mit anderen die Nacht zu verbringen – nicht nur mit Frauen, sondern auch mit platonischen Freunden. In seinem *Tagebuch* aus dem 17. Jahrhundert, dessen Einträge oft mit den berühmten Worten »und dann zu Bett« enden, stuft er seine Bettgenossen nach ihrem Konversationstalent und ihrem Verhalten im Bett ein. Zu seinen beliebtesten Bettgenossen zählten der Kaufmann Thomas Hill, der über »fast alles im Leben eines Mannes« sprechen konnte, John Brisbane, »ein trefflicher Gelehrter und vernünftiger Mensch« und der »gut gelaunte« Mr Creed, der Pepys stets »exzellente Gesellschaft leistete«.[13]

Das gemeinsame Schlafen ist immer noch in vielen Gesellschaften an der Tagesordnung. Die Japaner nennen es *soine* und wissen die warme, behagliche körperliche Erfahrung zu schätzen, aber auch das Gefühl von Sicherheit (*anshinkan*).[14] *Soine* ist besonders in Familien mit kleinen Kindern verbreitet. *Anshinkan* lässt sich am besten als ›sichere Intimität‹ übersetzen, be-

Mädchen im Schlafzimmer. Zwei japanische Mädchen schlafen auf einer Matte.

zieht sich aber insbesondere auf Kleinkinder, die zwischen den Eltern schlafen. Blickkontakt und das Erkennen vertrauter Gesichter – all das trägt dazu bei, dass die Babys sich sicher fühlen und besser schlafen. Babys, die bei Erwachsenen schlafen, berühren ihre Bezugspersonen, nuckeln und atmen im selben Rhythmus, in einem Miteinander-Einswerden, das selbst dann noch nachklingt, wenn alle wach sind.

Der Futon soll für *soine* besser geeignet sein als ein herkömmliches Bett auf Füßen. Denn ein Futon bietet gleich mehrere Vorteile: Mehr Platz zum Schlafen, wenn das Kind größer wird, und mehr Komfort, außerdem kann die Schlaffläche unkompliziert vergrößert werden, wenn die Familie wächst. Auf einem Futon findet man Wärme und kann flexibel beisammen sein, wohingegen konventionelle Doppelbetten starre Kanten aufweisen und extra für Zweierbeziehungen entworfen wurden. Futons werden tagsüber zusammengelegt und können praktisch überall abgestellt werden, so dass man keine verschiedenen Zimmer für

Familienangehörige oder Gäste braucht. *Soine* liegt eine Vorstellung von gegenseitiger Abhängigkeit zugrunde, die über Bett oder Futon hinausreicht. Kusakabe Kimbeis Foto *Mädchen im Schlafzimmer* von 1880 zeigt zwei japanische Mädchen, die miteinander verwandt sein mögen oder auch nicht, und die gemeinsam auf einer Matte unter einer bestickten Bettdecke schlafen. Neben der Schlafstätte liegt ein Buch, vor einer Wand stehen bemalte Paravents. Die beiden Mädchen liegen mit dem Gesicht zur Kamera, haben aber die Augen geschlossen, glückselig und zufrieden in der Gesellschaft der jeweils anderen.

Schlafen mit Babys

Das gemeinsame Schlafen mit Kleinkindern konnte aber auch gänzlich anders, bisweilen tragisch verlaufen. »Sobald das Kindlein schlief / des Nachts sog ich den Atem aus«, sagt eine Hexe in Ben Jonsons *The Masque of Queenes* (1609).[15] Der plötzliche Kindstod (früher auch bekannt unter der Bezeichnung Krippentod) bezeichnet das nach wie vor weitestgehend unerklärliche Versterben von Kleinkindern unter einem Jahr im Bett; die meisten Todesfälle ereignen sich zwischen Mitternacht und neun Uhr morgens. Als Grund für dieses Unglück gab man früher meistens das unabsichtliche Überlagern an; ein Elternteil habe das Kleinkind im Schlaf erdrückt, lautete die Erklärung. In einem Abschnitt des Alten Testaments heißt es »Und dieses Weibes Sohn starb in der Nacht; denn sie hatte es im Schlaf erdrückt« (1 Kön 3,19). Der antike Arzt Soranos von Ephesos sagte, die Babys sollten, um dem Tod durch Ersticken zu entgehen, nicht das Bett mit ihren Versorgern teilen, sondern in eine Krippe gelegt werden, neben das Bett der Mutter oder der Amme.[16] In Wahrheit gibt es viele Faktoren, die für den plötzlichen Kindstod verantwortlich sind, dazu zählen etwa Infektionen, genetische Anlagen, Passivrauchen und das Ersticken unter der eigenen Bettdecke – es hat sich allerdings gezeigt, dass das Schlafen auf dem

Rücken zu einem drastischen Rückgang der Sterberate geführt hat. Doch im Zuge unserer Versuche, die Schrecken des plötzlichen Kindstodes zu bannen, wurde das Bett entweder dämonisiert oder als großer Retter gefeiert, je nachdem wie man im Einzelnen zum gemeinsamen Schlafen in einem Bett steht.

Die American Academy of Pediatrics empfiehlt, »sich ein Zimmer zu teilen, nicht aber das Bett«, und gibt an, das gemeinsam genutzte Bett erhöhe das Risiko des plötzlichen Kindstods um 50 Prozent. Der National Health Service in Großbritannien berichtet von einem fünfmal so hohen Risiko des plötzlichen Kindstods bei Babys unter drei Monaten, die bei den Eltern schlafen und gestillt werden, deren Eltern nicht rauchen und deren Mütter weder ein Alkohol- noch ein Drogenproblem haben. Die Botschaft von offizieller Seite ist klar: das Schlafen im gemeinsamen Bett kann für Kleinkinder lebensbedrohlich sein.[17]

Im Vergleich dazu ist der Anthropologe James McKenna, der das Zusammenschlafen von Müttern und Kindern untersucht hat, aufgrund seiner Forschungsergebnisse der Auffassung, dass das gemeinsam genutzte Bett nicht nur sicher sei, es sei geradezu ein »biologischer Imperativ«. Denn das Zusammenschlafen wirke sich insgesamt positiv auf die Gesundheit von Mutter und Kind aus. McKenna bezieht sich dabei auf drei epidemiologische Studien, die zeigen, dass Zusammenschlafen das Risiko des plötzlichen Kindstods um die Hälfte reduziert.[18] Der überwiegende Teil der nicht westlich geprägten Welt ist sich heutzutage einig, dass das Bett der Mutter der beste Platz für ein Neugeborenes ist: So entstehen Nähe und Behaglichkeit, auch das Stillen ist einfach, und, wie Samuel Pepys wusste, festigt das gemeinsame Schlafen die Bande der Zuneigung. Trotzdem ist bei Müttern der nicht westlich geprägten Welt, die mit Babys zusammen schlafen, eine höhere Kindersterblichkeitsrate festzustellen. Ist das Grund genug, ganz vom Zusammenschlafen Abstand zu nehmen? Die Befürworter dieser Praxis führen an, die höhere Sterblichkeitsrate sei nicht in erster Linie auf das gemeinsam genutzte Bett zurückzuführen, sondern eher auf Faktoren wie Armut. Sie sagen weiterhin, den einzig fairen Vergleich könne man mit Japan ziehen, denn Japan ist wohlhabend, industrialisiert und ein Land, in dem Eltern fast überall mit Neugeborenen zusammen schlafen – oftmals schlafen die Jungen bis zum Alter von zehn Jahren bei den Eltern im Bett. Japan hat eine der niedrigsten Kindersterblichkeitsraten der Welt.

Während die Bettendebatte weitergeht, schlafen die Babys – und zwar viel. Ungeachtet gemeinsam genutzter Betten stoßen wir im Verlauf der Geschichte immer wieder auf Betten, die allein den Babys zugedacht waren: Hängematten, hängende Wiegen, Körbe und Krippen. Diese Schlafstätten konnten neben die betreuende Person gestellt werden, die die schlummernden Kinder während des Tages im Auge behielt. Im Jahre 79 n. Chr., als der Vesuv das Leben in der wohlhabenden römischen Hafenstadt Herculaneum auslöschte, blieb ein Baby in einer solchen Wiege zurück. Man fand die Überreste im Wohnraum eines Hauses in dem Viertel, das Insula Orientalis I. genannt wird; das vogelartige Skelett lag auf einer Matratze, die offenbar mit Laub gepolstert gewesen war. Ab dem 13. Jahrhundert finden sich in europäischen Handschriften vermehrt Illustrationen von Wiegen. Auf den Darstellungen sind häufig Kleinkinder zu erkennen, die in Stoffbänder gewickelt sind; die Ärmchen liegen seitlich am Körper, manchmal erkennt man, dass die Babys in den Wiegen festgebunden sind. Das Einwickeln der Kinder, auch bekannt als »Pucken«, hatte zweierlei Gründe: Einmal sollte es gegen Rachitis helfen (so der Volksglaube), andererseits sollte verhindert werden, dass die Kinder schrien. Familienmitglieder brauchten ihre Beschäftigung nicht zu unterbrechen, sondern konnten die Wiege mit dem Fuß schaukeln. Familien der Oberschicht stellten manchmal Personen ein, sprich Kindermädchen, die sich darum kümmerten, dass die Wiege immer in Bewegung war.[19]

Königliche Babys hatten oft zwei Wiegen, eine für tagsüber und eine kleinere für die Nacht, beide waren meist mit Gold und Silber überzogen und mit kostbaren Stoffen ausgekleidet. Die meisten Wiegen hatten stabile Seitenwände, des Weiteren kleine Hauben oder Baldachine, an denen Decken oder Vorhänge befestigt werden konnten – so blieb es in der Wiege angenehm warm, außerdem wurde auf diese Weise als gefährlich geltende Frischluft ferngehalten. Eingriffe an den Seiten ermöglichten es, die Wiegen von Raum zu Raum zu tragen.

Gegen Ende des 18. Jahrhunderts kamen das enge Wickeln (Pucken) und das Schaukeln in der Wiege allmählich aus der Mode. Von da an herrschte die Auffassung vor, die Kleinkinder bräuchten Bewegungsfreiheit und frische Luft. Zu Beginn des 19. Jahrhunderts verdrängte der Stubenwagen die klassische Wiege, insbesondere bei wohlhabenderen Familien. Die Stubenwagen hatten hohe Seitenwände mit Streben oder Spindeln, oft aus bemaltem Metall. Eine Seite ließ sich herunterklappen, damit man das Kind leicht aus seinem kleinen Schlafkäfig nehmen konnte. Die Stubenwagen passten zu der neuen Mode, die eigenen Kinder in einem separaten Zimmer, der Kinderstube, unterzubringen – für einen Großteil des Tages sowie während der ganzen Nacht. Obwohl die viktorianischen Kinder der Mittelschicht also nicht mehr bei ihren Eltern schliefen, schliefen sie weiterhin beieinander. Allerdings besagte eine neue Moralvorstellung, ältere Kinder hätten nur mit Geschwistern des gleichen Geschlechts in einem Bett zu schlafen. Das bedeutete wiederum, dass man selbst bei kleineren Häusern drei getrennte Schlafzimmer brauchte: eins für die Eltern, eins für die Mädchen und eins für die Jungen.

Historisch gesehen ist diese Trennung sehr modern, denn noch im 18. Jahrhundert hatten die meisten Zimmer eines Hauses mehrere Funktionen, die je nach Tageszeit wechselten. Auch wenn wir manchmal auf antike Bettstätten stoßen, die von Vorhängen umgeben oder mit einer Art Baldachin versehen waren, hatte das nicht in erster Linie mit dem Gedanken an Privatsphäre zu tun, auch nicht damit, dass man mögliche Bettgenossen fernhalten wollte. Stattdessen sorgten Vorhänge oder Baldachine dafür, die Wärme im Bett zu halten und lästige Insekten abzuwehren.

Die Pfosten um die prähistorischen Betten bei Skara Brae haben vielleicht bewegliche Baldachine samt Vorhängen gehalten, was in diesem Fall wohl unerlässlich war, damit man es während des schottischen Winters im Bett einigermaßen warm hatte. In der Grabkammer der ägyptischen Königin Hetepheres I. aus der Zeit zwischen 2580 und 2575 v. Chr. fand man ein aufwendig geschmücktes Bett, das ursprünglich ebenfalls einen Baldachin hatte, der in diesem Fall allerdings vor Mücken schützen sollte. Der Baldachin bestand aus einem zusammenklappbaren Rahmen aus vergoldeten Holzpfosten, an dem seinerzeit feine Leinenvorhänge als Moskitonetze hingen. Wenn die Vorhänge nicht benötigt wurden, lagerten sie in einer Truhe, die mit Halbedelsteinen verziert war.

Jahrhunderte später zeigt eine Illustration nach Gu Kaizhi (um 344–406 n. Chr.) ein höfisches chinesisches Baldachinbett: eine Plattform mit vier Pfosten und Vorhängen, die vermutlich Insekten fernhalten sollten. Wie schon beim ägyptischen Beispiel umschließen Baldachin und Vorhänge das Bett, als würde ein Raum im Raum entstehen. In China waren Betten oft so leicht, dass sie nach draußen getragen werden konnten. In einem solchen Fall konnte der Besitzer mit den Seidenvorhängen prahlen, nebenbei waren Bettgenossen vor der Sonne geschützt. In einem Gedicht aus der Han-Dynastie (206 v. Chr. – 220 n. Chr.) finden sich die Verse: »Dein Vorhang flattert frei am Bett! / Ich spannte dich auf, damit du uns vorm Tageslicht abschirmst. / Als ich meines Vaters Haus verließ, nahm ich dich mit. / Jetzt bringe ich dich zurück / Ich werde dich sauber auffalten und in deine Truhe legen / Vorhang, ob ich dich je wieder heraushole?«[20]

Bettwanzen und andere Kreaturen

Die mit Vorhängen versehenen Betten, die manchmal in die Wände integriert waren, erfüllten noch einen zusätzlichen Zweck: auf diese Weise wurde es nämlich möglich, das Zimmer mit Tieren zu teilen. Solange Menschen in Häusern leben, haben sie die Fläche mit ihrem Vieh geteilt, aber wir denken oft nicht darüber nach, was das bedeutet. Ein Besucher auf den Hebriden behauptete im Jahr 1780, dass, obwohl der Urin der Kühe regelmäßig aus den Häusern entfernt werde, der Dung nur einmal im Jahr entfernt werde. Schoßhunde hat es immer schon an königlichen Höfen gegeben, seit der Antike, und auch heute noch trifft man sie in den Palästen an. Mittelalterliche Ritter liegen *in effigie* in Kathedralen bestattet, zu ihren Füßen ihr treuer Jagdhund. Im 13. Jahrhundert besaß der französische König Ludwig XI., ein liebenswürdiger Herrscher, einen Windhund namens Mistodin, der nicht nur sein eigenes Bett hatte, sondern auch spezielle Kleidung für die Nacht, damit er sich nicht erkältete. Während des 17. Jahrhunderts war König Jakob I. von England regelrecht besessen von Jagdhunden, sein Nachfolger Karl II. war bekannt für seine Vorliebe für Spaniels. Heute hat Königin Elisabeth II. ihre berühmten Corgis, die zwar nicht im königlichen Bett schlafen, aber in einem speziellen Corgi-Raum im Buckingham Palace.

Im 18. Jahrhundert wimmelte es in Versailles nur so von Hunden. Die Jagdhunde waren außerhalb des Palasts untergebracht, die meisten anderen schliefen bei ihren Besitzern oder auf besonderen Kissen. Die Kaiserin Josephine, Napoleons erste Gemahlin, war nachts nie weit entfernt von ihren Hunden. Sie schliefen auf Kaschmirtüchern oder teuren Teppichen. Um den unangenehmen Geruch der Hinterlassenschaften zu kaschieren, wurden Rosenblätter auf dem Bett verstreut.

In der Vergangenheit hatten die Menschen unterschiedliche Auffassungen, wenn es um Sauberkeit ging. Für Muslime galt die Vorschrift, sich regelmäßig rituellen Waschungen zu unterziehen, und zwar mit fließendem Wasser – sie sollten sich nicht an stehenden Gewässern waschen, da diese als unrein empfunden wurden. Westlich geprägte Menschen der oberen Schicht wuschen sich hingegen vor dem Ende des 17. Jahrhunderts nur selten. Kinder der Elite wurden womöglich erstmals im Alter von zwei oder drei Jahren gebadet. Aufzeichnungen über Ludwig XIII., der 1601 zur Welt kam, kann man entnehmen, dass er sein erstes Bad kurz vor seinem siebten Geburtstag nahm: damit hielt sich der Thronprätendent an ein spezielles, königliches Programm, das sorgsam vom Leibarzt ersonnen und abgesegnet war. Denn man war der Auffassung, dass Körperflüssigkeiten eine schützende Funktion hatten, und zu viel Wasser erachtete man als schädlich.

Doch ungefähr ab dem 15. Jahrhundert fingen einige europäische Kritiker an, das gemeinsame Schlafen als unhygienisch und obendrein moralisch fragwürdig zu verdammen. Läuse waren vermutlich die gefürchtetsten Bettgenossen, da ihnen ein starkes soziales Stigma anhaftete. Sie waren ein verbreitetes, aber schwieriges Problem, und die einzige Möglichkeit, die Biester loszuwerden, war, sich regelmäßig zu kämmen, die Haare zu waschen und den Bart zu pflegen. Kämme mit feinen Zinken, eigens dazu entworfen, die Nissen der Läuse und die Läuse selbst zu entfernen, gehörten zum wichtigsten persönlichen Besitz. Als Archäologen die *Mary Rose* bargen, ein gesunkenes Kriegsschiff der Tudorzeit, stellten sie fest, dass fast jeder ertrunkene Seemann einen Kamm dabeihatte.

Cimex lectularius, die gemeine Bettwanze, lebt von menschlichem Blut.[21] Der taxonomische Name, den Carl von Linné prägte, bedeutet ›Wanze des Betts‹. Bettwanzen stammen womöglich aus Höhlen des Mittleren Ostens, wo sie Parasiten von Fledertieren waren und den Wirt wechselten, als die ersten Menschen in diesen Höhlen heimisch wurden. Versteinerte Bettwanzen lassen sich schon aus der Zeit vor 3500 v. Chr. nachweisen, aber so richtig verbreiteten sie sich erst, als die Städte wuchsen und die Bevölkerung auf immer engerem Raum zusammenlebte. Bettwanzen hat man südlich von Theben bei el-Amarna am Ostufer des Nils gefunden, der Metropole des Pharaos Echnaton (auch Achenaton), die im 14. Jahrhundert v. Chr. entstand. Sie plagten auch die Griechen ab etwa 400 v. Chr. Chinesische Schreiber klagen bereits 800 n. Chr. über Bettwanzen.

Mythen entstanden. Plinius der Ältere vertrat in seiner um 77 n. Chr. entstandenen *Naturgeschichte* (*Naturalis historia*) die Auffassung, Bettwanzen seien von medizinischem Nutzen, ein Glaube, der sich über Jahrhunderte hielt. Noch im 18. Jahrhundert empfahl der französische Arzt Jean-Étienne Guettard, Bettwanzen bei der Behandlung von Hysterie. Carl von Linné verkündete, sie könnten Ohrenschmerzen lindern.

Wie sich herausstellte, haben Bettwanzen keinerlei medizinischen Wert, und die Vernichtung dieser Plagegeister hält Bettbesitzer seit Jahrtausenden in Atem. Im Laufe der Zeit ist man ihnen mit allen möglichen giftigen und gefährlichen Substanzen zu Leibe gerückt. In England sah die übliche Methode vor, die Kleidung durch das Laugen bzw. Einlegen in Lauge zu waschen – eine Lösung aus Asche und Urin –, aber auch das half nicht. Andere entschieden sich dafür, in ihren Zimmern Erlenblätter und mit Leim bestrichene Brotscheiben zu verteilen, die als Fallen dienten. Eine Werbeanzeige aus dem Jahr 1746 empfahl, man solle Terpentinöl auf Bettstätten und all den Stellen auftragen, wo die Tiere Eier legen. Der englische Philosoph John Locke (1632–1704) bevorzugte getrocknete Blätter der Kidneybohne, die er als Wanzenmittel unter dem Bett ausstreute. Vernebelung, Feuer, Rauch von Torffeuern, sogar Lötlampen, aber auch Schwefel und schlichtes, heftiges Schrubben: All das zählte zu den leider für gewöhnlich wirkungslosen Hausmitteln, bis 1939 das Gift DDT den Bettwanzen vorerst Einhalt gebot.

DDT, das im Zweiten Weltkrieg vielfach Verwendung fand, war so wirksam, dass Generationen von Babyboomern aufwuchsen, ohne je mit Bettwanzen in Kontakt zu kommen. Aber dann erwies sich das Insektizid letzten Endes als so tödlich für die Tierwelt, insbesondere für die Vogelpopulationen, dass es 1972 ganz verboten wurde. Binnen weniger Jahrzehnte waren die Bettwanzen wieder da, in Massen. Und wir greifen wieder auf uralte Heilmittel zurück: Wir schmeißen infizierte Matratzen raus, waschen Bettlaken und Kleider, zerquetschen die Wanzen, wenn wir sie sehen. Aber die Bettwanzen bleiben, sogar in den teuersten Hotels und vornehmsten Häusern. Sie sind der Alptraum jedes Schlafenden. Sie loszuwerden, bleibt ein übles, juckendes, kompliziertes Problem.

Tierische Bettgenossen sind aber nicht immer von der schlechten Sorte. Selbst heutzutage schlafen Menschen in der westlich geprägten Welt mit ihren Haustieren, und das war vermutlich noch stärker verbreitet, als es noch keine Zentralheizung gab. Liselotte von der Pfalz (1652–1722), die Frau des Herzogs von Orleans (des jüngeren Bruders von Ludwig XIV. von Frankreich), ließ einmal die Bemerkung fallen, nur ihre sechs Hundewelpen hielten sie im Bett wirklich warm.

Schluss mit den Bettgenossen

Trotz der langen Geschichte des gemeinsam genutzten Betts ließ diese Praxis im ausgehenden 19. Jahrhundert allgemein in Europa und den Vereinigten Staaten nach. Für William Whitty Hall, einen amerikanischen Arzt des 19. Jahrhunderts, der dazu neigte, sich weitschweifig über Gesundheitsfragen auszulassen – vom Husten bis hin zu einem langen, gesunden Leben –, waren Gesellschaften, die zusammen schliefen, die »abscheulichsten und schmutzigsten des Tierreichs – Wölfe, Schweine und Ungeziefer«. Zivilisierte Gesellschaften, dozierte Hall, achteten auf getrennte Betten. Doch dieses Konzept der Privatsphäre ist für viele Menschen außerhalb der westlichen Welt kaum von Bedeutung. Die Japaner haben nicht einmal ein eigenes Wort für Privatsphäre und benutzen stattdessen eine Variante des englischen Begriffs *privacy*: *Praibashii*.

Doch im modernen Westen kommt es nur in einer Handvoll atypischer Situationen zum platonischen Zusammenschlafen, und zwar in Flugzeugen, Gefängniszellen, beim Campen und während Regatten über große Distanzen. Nicht zu vergessen die jungen Leute in Internaten, Jugendherbergen oder auf Pyjamapartys. Doch selbst dann teilt man sich höchst selten ein Bett. Gelegentlich schlafen in einem Bett womöglich mehrere – aber nie zur selben Zeit. Gizelle Schoch, eine Freundin aus Südafrika, erzählte uns, dass sich viele ihrer Freunde ein Bett teilen mussten, als sie erstmals in London ankamen: »Die Stadt ist teuer, deshalb gab es oft keine andere Option. Ich erinnere mich an ein Haus, das nur vier Betten hatte, aber 19 jungen Männern als Unterkunft diente. Natürlich passten sie nicht alle gleichzeitig in die Betten, sie schliefen in Schichten.«[22] Der Dokumentarfilmer John Herbert erzählte uns von der Zeit in den 1990ern, als er Aufnahmen am Persischen Golf und der Nordsee machte, wo sich die Leute auf Bohrinseln und Versorgungsschiffen die Betten bzw. Kojen teilen (im Englischen gibt es dafür den Begriff *hot bed*). In 24 Stunden hatte jede Pritsche drei Benutzer, aber niemals gemeinsam, sondern alle acht Stunden einen. Während des Zweiten Weltkriegs wechselten sich die Besatzungen in U-Booten bei den Kojen ab. Das ist immer noch gängige Praxis, sobald militärische Operationen erforderlich sind.

Zu erzwungenem Zusammenschlafen kommt es immer dann, wenn Menschen in zutiefst entwürdigende Situationen geraten, wie z. B. in der Kolonialzeit, als Gefangene aus Afrika in den Laderäumen der Sklavenschiffe zusammengepfercht wurden, oder in der Nazizeit, als sich Häftlinge in den Vernichtungslagern Pritschen mit mehreren Personen teilen mussten, oft auf drei oder mehr Ebenen.

In dem Kurzfilm *Bedfellows* von 2008 – angeblich der unheimlichste zweieinhalb-Minuten-Streifen, der je gedreht wurde – bekommt eine Frau mitten in der Nacht einen Anruf und stellt fest, dass neben ihr nicht ihr Mann schläft, sondern ein alptraumhafter Ghul. Dieser Kurzfilm ist wahrscheinlich fast genauso gruselig wie das Video *Famous* des Sängers Kanye West von 2016, in dem zwölf Prominente nackt und schlafend zu sehen sind, neben Kanye selbst Donald Trump, George W. Bush, Kim Kardashian und Amber Rose.[23] Die Promis aus Wachs liegen alle nebeneinander auf einer Art modernem *Bed of Ware*, sie schnarchen leise, ihre Körper scheinen leicht zu zucken, die Haut scheint von einem leichten Film überzogen zu sein. Der Anblick ist beunruhigend. Die Botschaft ist aber klar: Für uns in der modernen westlichen Welt ist schon die Vorstellung von Bettgenossen ein Alptraum.

Das Bett auf Reisen

Monarchen waren oft auf Reisen. Sie mussten ihre Machtstellung unterstreichen und dafür sorgen, dass die Untertanen den Herrscher zu Gesicht bekamen, und das in einer Zeit, in der es noch keine königlichen Züge, Limousinen und Privatjets gab. Mitunter stand viel auf dem Spiel. Das alte Ägypten existierte über eine lange Zeit und wurde als dauerhafte politische Einheit wahrgenommen, daher sind viele der Ansicht, Ägypten sei ein stabiles, friedvolles Königreich gewesen – ein unbeschwertes Reich, in dem die Pharaonen die Balance zwischen Ordnung und Chaos symbolisierten und Feinde fernhielten.

Tatsächlich war Ägypten aber ein Land der Loyalitätskonflikte. Der Hof war gespalten in Fraktionen, die miteinander im Wettstreit lagen. Ägypten war ein Königreich mit etlichen Provinzen, Städten und Dörfern sowie untereinander wetteifernden Gottheiten, die mit wirkmächtigen Kulten beschworen wurden. Dieser bunten Mischung aus rivalisierenden Interessen stand der Pharao vor, wobei er sich auf eine Kombination aus sorgfältig kontrollierter Verwaltung, religiöser Ideologie und militärischer Schlagkraft verließ. Diese Gegebenheiten zwangen den Herrscher und dessen hohe Beamte, ständig im Reich unterwegs zu sein, etwa um als Herrscher den Vorsitz bei Festen zu übernehmen, die zu Ehren des Sonnengottes Amun-Re und anderer Gottheiten abgehalten wurden. Die stattlichen königlichen Prozessionen brachten den Herrscher samt Gefolge auf Booten bis in die entferntesten Herrschaftsgebiete. Einige Pharaonen des Neuen Reichs wie Thutmosis III. (15. Jahrhundert v. Chr.) und Sethos I. (frühes 13. Jahrhundert v. Chr.) waren Eroberer mit ehrgeizigen Zielen. Andere gaben sich damit zufrieden, die Territorien zu verwalten, die sie geerbt hatten oder gegen Eindringlinge verteidigen mussten. Wie auch immer ihre Präferenzen lagen, alle Pharaonen mussten sich öffentlich vor dem Volk präsentieren, das weit entfernt von ihren Palästen lebte. Das bedeutete wiederum, dass sie währenddessen nicht mehr in ihren Schlafgemächern nächtigen konnten. Dennoch hatte ein Pharao über dem Boden zu schlafen. Daher gab es zusammenklappbare Reisebetten.

Reisebetten

Das Grab des jungen ägyptischen Königs Tutanchamun (spätes 14. Jahrhundert v. Chr.) barg eins der ältesten je gefundenen Reisebetten und das früheste Exemplar eines Betts, das aus drei klappbaren Einheiten bestand.[1] Tutanchamuns Reisebett konnte in Z-Form zusammengefaltet werden und scheint genau auf die Bedürfnisse des jungen Herrschers zugeschnitten gewesen zu sein. Bei der Anfertigung haben die Handwerker offenbar nach dem Trial-and-Error-Prinzip gearbeitet, da nahe den Scharnieren zusätzliche Bohrlöcher zu sehen sind, die nie benutzt wurden. Vier hölzerne Löwenfüße ruhten auf Zylindern aus Kupferlegierung, über den Rahmen wurde eine gewebte Matratze aus drei dünnen Leinenstreifen gespannt. So entstand ein sorgfältig gestaltetes, leichtes Feldbett, dessen Design die Forscherin Naoko Nishimoto als »von Natur aus poetisch« beschrieben hat.

Das einfache Volk reiste viel schlichter, häufig waren es Wanderarbeiter. Es handelte sich um Heere von namenlosen Tagelöhnern und Soldaten, Bootsleuten und Steinmetzen, die an allen möglichen öffentlichen Bauprojekten arbeiteten und dafür mit Proviant versorgt wurden. Manche Gruppen setzten sich aus Bewohnern verschiedener Dörfer zusammen, sie wurden angeheuert, um Pyramiden während der ruhigeren landwirtschaftlichen Monate zu errichten. Andere Wanderarbeiter zogen womöglich ihr ganzes Leben von Ort zu Ort und schufteten gehorsam unter harten Bedingungen. Nur selten bekommen wir zu sehen, wo und wie diese Menschen schliefen. Die Pyramiden von Gizeh südlich von Kairo benötigten so viele Arbeiter, dass südlich der riesigen Monumente hinter einer gewaltigen Mauer

Tunanchamuns dreiteiliges Feldbett

aus Kalksteinen von zehn Meter Höhe eine große Siedlung für die Pyramidenarbeiter entstand. Der Ägyptologe Mark Lehner entdeckte dort ein ausgedehntes städtisches Gebiet, zu dem Werkstätten, Bäckereien und ein Komplex von Galerien gehörten, der als Arbeiterkaserne diente. Der Galeriekomplex bestand aus vier Blocks mit Schlafplattformen, die leichte Dachkonstruktion wurde von Kolonnaden aus schlanken Holzsäulen gestützt, die eine Straße säumten. Jede Plattform bot Platz für etwa 40 oder 50 Arbeiter oder Wachen, die eng nebeneinander ruhten.[2] Vermutlich schliefen sie in ihrer Kleidung oder hüllten sich in Decken. Habseligkeiten besaßen sie kaum, da sie (oft in kleineren Gruppen) von ihren Dörfern zu den Arbeitsstätten gewandert waren, an denen für den alltäglichen Bedarf gesorgt war. Die Schreiber und Aufseher wohnten unterdessen in sehr viel stabileren Unterkünften. Als das Gizeh-Projekt, an dem Tausende beteiligt waren, vollendet war, zerfiel die ursprüngliche Pyramidenstadt in Ansammlungen kleinerer Dörfer im Einzugsbereich der nahe gelegenen Tempelanlagen.

Arbeiter im alten Ägypten schliefen auf dem Boden; Millionen Wanderarbeiter und Reisende rund um den Globus handhaben das heute noch so. Für sie ist das ganz normal, denn wer auf dem Boden schläft, benötigt nichts weiter als ein Vlies, Decken oder den eigenen Mantel. Als Telemachos, der Sohn des homerischen Helden Odysseus, den Palast des Menelaos besucht, bietet man ihm eine Schlafstatt im Portikus an: »Helena aber befahl ihren Mägden, / Betten unter die Halle zu stellen, und purpurne schöne / Decken darauf zu legen und Teppiche drüber zu breiten. / Wollene Mäntel dazu zum Überziehen zu legen.« Odysseus selbst schlief in seinem eigenen Palast auf dem Boden, ehe er die Freier der Penelope tötete. »Aber im Vorhaus lagerte sich der hehre Odysseus; / Legte ein ungegerbtes Rindsfell unter und drüber / Viele Felle von Schafen, die die Achäer geschlachtet; / Und Eurýnome deckte den Ruhenden mit einem Mantel.«[3]

Der britische Forscher Wilfred Thesiger (1910–2003) war ein eingefleischter Reisender mit einer fast mythischen Hingabe zur Tradition. Einen Großteil seines Lebens verbrachte er an abgelegenen Orten wie dem Tibesti-Gebirge in der Sahara und dem legendären »Leeren Viertel« auf der arabischen Halbinsel, der Sandwüste Rub al-Chali. Thesiger reiste stets mit leichtem Gepäck. Als er eine Weile bei den Marsch-Arabern (auch Ma'dan) im südlichen Irak lebte, schlief er auf dem feuchten Boden, eingehüllt in Decken und Schals, wobei ihn die Insekten nicht störten, die um ihn herumschwirrten. In der Wüste fühlte er sich »im Einklang mit der Vergangenheit«, reiste er doch so durch Raum und Stille, wie die »Menschen seit unzähligen Generationen durch die Wüste gezogen waren«, indem sie sich auf ihre Kamele und ihre Fertigkeiten verließen. Thesiger bereiste auch die Gebirge in Zentralasien. 1956 traf er einen anderen bekannten Reisenden, Eric Newby, und dessen Freund, die er beide einlud, eine Weile bei ihm zu bleiben. Als er sah, wie die beiden ihre Luftmatratzen aufpusteten, merkte er taktlos an: »Was seid ihr denn für Weicheier?«[4] Ein anderer eurasischer Reisender, der Amerikaner Owen Lattimore, begleitete in den 1920er Jahren mongolische Kamelkarawanen. Er staunte darüber, wie viel die Nomaden über ihre Tiere und die Ökologie der scheinbar eintönigen Landschaft wussten. Zusätzlich zu der Last aus Handelsgütern trugen die Kamele Nahrung und Tee für die Treiber. Lattimore gewöhnte sich daran, das Lager nachts zu beliebiger Stunde aufzuschlagen, einen Happen zu essen und dort zu schlafen, »wo ich mich eben hinlegen konnte«. Für die Armen wie auch für den unerschrockenen Reisenden sah das eigene Bett so aus, wie es schon seit Jahrtausenden ausgesehen hatte.[5]

Betten waren (und sind es noch!) sperrige, schwere Möbelstücke, und das bedeutet, dass nur die Wohlhabenden eigene, tragbare Betten haben konnten – sei es, weil ihnen geniale faltbare Prunkstücke zur Verfügung standen wie dem Pharao oder weil sie Bedienstete hatten, die das Schleppen übernahmen. Königliche Haushalte der frühen Neuzeit verfügten über eine ganze Reihe von unterschiedlichen Betten, darunter auch faltbare Feldbetten, die auf militärischen Eroberungszügen zum Einsatz kamen, oder aber Betten für diplomatische Anlässe. In letzterem Fall waren die Betten aufwendig gestaltet, um von anderen gesehen und bewundert zu werden. Sie waren zusammenklappbar, trotzdem handelte es sich um kunstvolle Möbel, ausgestattet mit Baldachin, Vorhängen und anderem Zubehör, das man sonst mit feststehenden Betten in Verbindung brachte. Auf diese Weise stellte der Besitzer seinen Reichtum zur Schau.

Das berühmte *Camp du Drap d'Or* (›Feld des Güldenen Tuches‹) war eine Zeit lang das Maß aller Dinge, was bewegliche Schlafplätze betraf. Es handelte sich um ein groß angelegtes Heerlager mit prunkvoll gestalteten Zeltunterkünften, das vom 7. bis 24. Juni 1520 südlich von Calais stand. Anlass war das Treffen zwischen König Heinrich VIII. von England und König Franz I. von Frankreich. In diesem Heerlager ließ Heinrich den Nachbau eines Palasts errichten, auf einem Fundament aus Backsteinen, mit einem Stützgerüst aus Holz, das mit bemalter Leinwand bespannt war. Beide Herrscher versuchten, den jeweiligen Rivalen mit spektakulären temporären Bauten, Festlichkeiten,

Banketten und Turnieren in den Schatten zu stellen. Die Prachtzelte mit ihrem Mobiliar, vor allem aber die königlichen Betten waren mit kostbaren Stoffen ausgekleidet, die aus seidenen und goldenen Fäden gewebt waren (daher die Bezeichnung ›Güldenes Tuch‹). Das Heerlager war ein luxuriös choreographiertes, diplomatisches Kräftemessen, bei dem ein Monarch den anderen in jeglicher Hinsicht auszustechen suchte, bis hin zu ihren aufwendig gestalteten Betten.[6]

Bestimmt gab es nur wenige Gelegenheiten, die dieses Ausmaß königlicher Zurschaustellung rechtfertigten, dennoch nahmen viele wohlhabende Leute ihre kunstvollen Schlafstätten mit, wenn sie auf Reisen gingen. Der Stockport Heritage Service in Nordengland besitzt ein Reise-Kastenbett aus der Zeit um 1600. Ein Luxusartikel, bei dem gleich einige Treppenstufen mitgeliefert wurden, damit man bequem in das Bett steigen konnte. Zur Ausstattung gehörten weiterhin zwei verschließbare Perückenschachteln und zwei geschnitzte Darstellungen von Ehemann und Ehefrau, was den Schluss zulässt, dass es sich bei dem Kastenbett um ein Hochzeitsgeschenk handelte. Die Besitzer eines solchen Betts brauchten sich jedenfalls auf Wanderschaft keine Schlafstatt mit fremden Bettgenossen zu teilen – auch nicht mit den Parasiten anderer Leute. Der Tagebuchschreiber John Evelyn erinnert sich, dass er in der Schweiz in Le Bouveret einmal in einem Wirtshaus in dem Bett eines anderen nächtigte, ohne die Laken zu wechseln, da er »starke Schmerzen hatte und schläfrig war« – doch »kurz danach bezahlte ich teuer für meine Ungeduld, da ich an den Pocken erkrankte.«[7]

Militär auf dem Marsch

Auch Krieger der Antike, die in die Schlacht zogen, schliefen auf dem Boden. Weitverbreitet waren Lederzelte, die auf Maultieren transportiert wurden. Im *contubernium* der Römer hatten bis zu acht Legionäre Platz, auf einer Grundfläche von knapp drei Quadratmetern. Die Centurionen hatten größere Zelte, die sie auch als Schreibstuben nutzten. Die höheren Offiziere der römischen Armee besaßen noch geräumigere Unterkünfte, deren Einzelteile auf mehrere Lasttiere verteilt wurden. Das Leben in römischen Militärlagern und Kastellen spielte sich hingegen auf engerem Raum ab. Die Legionäre waren in Baracken untergebracht, in langen Häuserblocks, die für die einzelnen Einheiten in Räume unterteilt waren, mit der Stube des Centurios an einem Ende. Die acht Mann eines *contuberniums* bildeten die kleinste Einheit, die Centurie (ursprünglich 100 Mann, später 80) schlief in einem gemeinsamen Block auf einfachen Pritschen. Offiziere genossen größeren Komfort. Seit den Tagen von Julius Cäsar, aber vermutlich schon früher, gehörten zur Ausrüstung der höheren Offiziere eigens für den Feldzug vorgesehene Möbelstücke, die leicht auf Lasttiere geladen werden konnten. Im Lauf der Geschichte nahm der Gepäcktross des Militärs ein nahezu aberwitziges Ausmaß an, so dass ein schnelles Vorankommen der Armeen im 18. und 19. Jahrhundert kaum noch möglich war. Als General Sir Colin Campbell nach dem Indischen Aufstand von 1857 die Stadt Lucknow verließ, zog sich der Gepäcktross über eine Distanz von 30 Kilometern. Laut einem Artikel von William Howard Russell in der *Times* gehörten zur Ausrüstung des Generals »eine ganze Reihe verschiedener Betten, angefangen bei Himmelbetten bis hin zu Zeltbetten«, und genug Möbelstücke, um ein kleines Haus auszustatten. Mit einem derartig überladenen Tross einen Feldzug zu beginnen, konnte sich als gefährlich erweisen – eine Lektion, die die Briten erst ganz am Ende des 19. Jahrhunderts während des Zweiten Burenkriegs lernten, als schnelle taktische Truppenbewegungen erforderlich waren.

Campbells Soldaten haben vermutlich auf Charpais geschlafen – aus dem persischen *chihar-pai*, ›vier Füße‹ –, auf Betten also, die schon lange vor dem Indischen Aufstand in Gebrauch waren. Der marokkanische Reisende Ibn Battuta aus dem 14. Jahrhundert lässt sich wortreich über die Charpai-Betten in Indien aus:

Die Betten in Indien sind sehr leicht. Ein Mann kann eins mühelos tragen, und jeder Reisende sollte sein eigenes Bett haben, das ein Sklave auf dem Kopf trägt. Das Bett besteht aus vier konisch zulaufenden Füßen, auf denen vier Holzlatten als Rahmen befestigt sind; an diesen Rahmen flechten sie eine Art Seile aus Seide oder Baumwolle. Wenn man sich auf diese Liegefläche legt, braucht man nichts anderes, um das Bett ausreichend anschmiegsam zu machen.[8]

Charpais gelangten später auch in den Sudan, und zwar mit Sikh-Soldaten im Zuge der Kolonialkriege des späten 19. Jahrhunderts.

Anders als indische Soldaten schliefen die meisten europäischen Truppen auf dem Boden. Militärische Feldbetten haben nur höchst selten die Zeiten überdauert. Zu George Washingtons Ausrüstung für Feldzüge gehörten Zelte, Speiseutensilien und faltbare Betten. Als er von seinem Hauptquartier in Newburgh, New York, zu militärischen Anlagen im Norden aufbrach, benutzte er ein Klappbett mit beweglichem Metallrahmen und

Ein alter Mann in Rajastan, Indien, ruht sich auf einem Charpai aus Kokosfasern aus, einem tragbaren Bett mit Füßen und einer gewebten Liegefläche.

Napoleons Feldbett und Schlaf-/Arbeitszimmer wie im Hauptquartier am Vorabend der Schlacht von Waterloo 1815. Moderne Museumsausstellung

dünner Matratze. Ein weiteres Klappbett, das auf seinem Landsitz Mont Vernon aufbewahrt wird, wies spezielle Scharniere für den schnellen Abtransport auf. Am Vorabend der Schlacht von Waterloo schliefen der Herzog von Wellington und Napoleon Bonaparte weniger als sechs Kilometer voneinander entfernt, beide auf Liegen, die keineswegs prächtig gearbeitet waren. Der »Eiserne Herzog«, wie Wellington genannt wurde, lag nach den Worten seines Biographen, Freundes und Kameraden im Feld, George Robert Gleig, auf einem »Feldbett ohne Vorhänge, mit einer verblichenen Decke aus grüner Seide.«[9] Wellington mied jeglichen Komfort und starb 1852 auf eben jenem Bett auf Walmer Castle in Kent. Kaiser Napoleon verbrachte den Vorabend der Schlacht auf einem klappbaren Feldbett, das dank der raffinierten Kugelgelenke sowohl der Länge nach als auch der Breite nach gefaltet werden konnte. Sechs Füße auf Rollen hielten den Rahmen, auf den eine Twill-Matratze mit Haken aus Bronze und Eisen gespannt war. Das Klappbett wurde in einem wuchtigen

Lederkasten transportiert. Sowohl der Kaiser als auch hochrangige Stabsoffiziere benutzten diese Art Feldbett, mal mit, mal ohne Baldachin. Napoleon gefiel, genau wie dem Duke of Wellington, das Feldbett so gut, dass er 1821 im Exil auf St. Helena darauf starb.[10]

Einigen militärischen Feldbetten war ein langes Leben beschieden. Während des Feldzugs Napoleon Bonapartes auf der Iberischen Halbinsel (1808–1814) benutzte Leutnant J. Malcolm vom 42. Infanterieregiment (auch *Black Watch* genannt) ein Bett mit einem leichten, röhrenförmigen Metallrahmen und einer zweiteiligen Liegefläche aus Leinwand; das Bett konnte man mühelos zusammenklappen und in einer Kiste verstauen. Malcolms Enkel, der ebenfalls im Regiment der *Black Watch* diente, schlief auf diesem Bett während des Ägyptenfeldzugs von H. H. Kitchener im Jahre 1882. Es steht heute im Museum des Regiments.

»Wilde« Ferien

Im späten 19. und zu Beginn des 20. Jahrhunderts wurde es in Großbritannien und anderen Ländern populär, das Zelt nicht mehr im Zuge von Eroberungen, sondern zur Erholung aufzuschlagen. Ausschlaggebend dafür waren unter anderem die Überzeugungen der 1883 gegründeten, christlich orientierten Boys' Brigade und der Pfadfinderbewegung, die 1910 von General Robert Baden-Powell ins Leben gerufen wurde. Beide Organisationen legten Wert auf den Aufenthalt im Freien und die Wechselwirkung zwischen der eigenen Persönlichkeitsentwicklung und dem Leben im Einklang mit der Natur. Baden-Powell war ein Frischluftfanatiker. Sogar wenn es schneite, schlief er in einem Bett auf der offenen Veranda seines Hauses. Dank der Pfadfinder wurde das Zelten zum Zwecke der Erholung eine Möglichkeit, der Hektik des städtischen Alltags zu entfliehen. Spannende Berichte von Forschern und Missionaren, die ihre

Zelte in fernen Ländern aufschlugen, trugen dazu bei, dass das Campen im Freien weiter an Attraktivität gewann. Zelten verhieß »wilde« Ferien, über Tage war man Wind und Sonne ausgesetzt und erhielt eine gesunde Bräune. Dieser neue Enthusiasmus fiel in der industrialisierten Welt zusammen mit einer nostalgischen Vorstellung von einer idyllischen Landschaft und einem heiteren, unbeschwerten ländlichen Raum – der Vorstellung vom »Garten Eden vor dem Sündenfall«. Zum ersten Mal wurden Feldbetten zum Massenprodukt, denn die paradiesische Natur musste nicht zwangsläufig unbequem sein.

Der stets gut organisierte Warren Miller, Herausgeber des Magazins *Field & Stream*, schrieb in seinem Buch *Camp Craft* (1915) über verschiedene Typen von Betten, darunter das Standardklappbett und die ausgeklügeltere Campingliege, die zusammengefaltet ein »Paket von 36 × 8 Zoll im Durchmesser« ergab. Abercrombie, ein Unternehmen für Sport- und Ausflugszubehör, lieferte sein optimiertes Campingbett mit einer wollenen Khakisteppdecke und Taschen, durch die kleinere Rundhölzer geschoben wurden – dieses Bett konnte man mühelos zu einem Päckchen aufrollen, das nicht mehr als 2,7 Kilogramm wog. Warren Miller zufolge hatten Damen, die gemeinsam mit der Familie zelten möchten, »keine Unannehmlichkeiten auf harten, durchgelegenen Matratzen, Bettenrosten aus Stricken und dergleichen zu befürchten«[11].

Die Leute schliefen in Decken oder gehüllt in ihre Mäntel, auf Matten oder Teppichläufern, aber die vernünftigste Form des Reiseschlaflagers war (und ist es immer noch) der Schlafsack. Heutzutage besteht er aus federleichten, tragbaren Steppdecken mit Wärmeisolierung. Die moderne Campingindustrie bietet Schlafsäcke für jede Klimazone und alle möglichen Wetterbedingungen an, sogenannte Mumienschlafsäcke haben sogar eine wärmeisolierende Kapuze für den Kopf des Schlafenden. Man nehme noch eine Biwakschachtel als Schutzhülle gegen Wind und Regen, und schon hat man alles, was man für das minimalistische Campen oder Wandern in der Wildnis braucht. Eine ausgeklügelte Technologie hat den einfachen Schlafsack der 1960er Jahre in eine fast maßgeschneiderte Schlafstätte verwandelt.

Niemand erfand den Schlafsack im eigentlichen Sinne. Deutsche Bauern nutzten um die Mitte des 19. Jahrhunderts Leinensäcke, vollgestopft mit Laub, Heu oder Stroh. Die französische Bergwacht des 19. Jahrhunderts hatte eine Art Reisesack oder Tornister aus Schafleder bei sich, der mit Wolle besetzt war und Schulterriemen aufwies. 1861 testete der Alpenforscher Francis Fox Tuckett einen Vorläufer des Schlafsacks, nämlich eine Decke mit einer wasserdichten Unterlage aus Gummi. Solch rudimentäre Schlafutensilien waren nicht mehr als Taschen in Menschenlänge, die oben und unten offen waren. Erst Pryce Pryce-Jones, ein walisischer Unternehmer aus der Wolle und Flanell verarbeitenden Stadt Newtown, brachte den Schlafsack auf den internationalen Markt. Er entwickelte den *Euklisia Rug* (griech. *eu* ›gut‹ und *klisia* ›Liege, Schlafstätte‹), eine fast zwei Meter lange wollene Decke mit drei Gurten und einer Tasche am oberen Ende, die ein aufblasbares Gummikissen aufnehmen konnte. Lag man darauf, wickelte man sich in die Decke, um es warm zu haben.[12]

Im Alter von zwölf Jahren wurde Pryce-Jones Lehrling bei einem Tuchhändler in Newtown, dessen Geschäft er später übernahm. Als er das Potential des Postwesens und des Eisenbahnnetzes erkannte, machte er sich daran, den weltweit ersten Versandhandel samt Katalog ins Leben zu rufen. An die russische Armee verkaufte er 60 000 seiner *Euklisia Rugs*, die 1877 im Russisch-Osmanischen Krieg bei der Belagerung von Plewna (Bulgarien) zum Einsatz kamen. Als die Stadt schließlich fiel, stornierten die Russen den Rest der Bestellung, so dass Pryce-Jones auf 17 000 »Schlafteppichen« sitzenblieb. Doch clever, wie er war, fügte er diesen Artikel seinem Katalog hinzu und verkaufte den *Euklisia Rug* als erschwingliche Lösung für Wohlfahrtsverbände, die sich um die Armen kümmerten. Die »Schlafteppiche« wurden so populär, dass sie bald von der britischen Armee genutzt wurden, aber auch von Reisenden im Outback von Australien. Leider hat kein Exemplar des *Euklisia Rug* die

Zeiten überdauert, aber 2010 gab die BBC eine Nachbildung in Auftrag, die sich am ursprünglichen Patent orientierte und dann einem Museum in Pryce-Jones' Heimatstadt gestiftet wurde.

Schlafsäcke fanden natürlich großen Anklang bei Reisenden, die in der Arktis oder Antarktis unterwegs waren. Ehe der norwegische Forscher Fridtjof Nansen und seine fünf Begleiter Grönland gemeinsam auf Skiern durchquerten, lebten die Männer eine Weile bei Menschen aus Lappland und den Inuit, um herauszufinden, wie die Bewohner des Polarkreises mit der extremen Kälte zurechtkamen. Ihre Gastgeber schliefen unter Decken aus Seehundfell, daher nähte Nansen aus den Fellen einen Outdoor-Schlafsack für drei Personen. Ein Jahr später vermarktete die norwegische Firma G. R. Fuglesangs Sønner (Fuglesangs Limited AS), ein Hersteller von Füllmaterialen und Wattierungen, eine kommerzielle Version von Nansens Schlafsäcken. Diese Schlafsäcke nahmen mit der Zeit eine Mumiengestalt an, einige hatten Arme und Beine. Captain Robert Scott verließ sich 1902 bei seiner *Discovery*-Expedition in der Antarktis auf Schlafsäcke aus Rentierpelzen. Sie anzulegen, glich allerdings einem Kampf mit einer Python. Die britischen Polartrupps verließen sich beim Ziehen auf die eigene Muskelkraft, daher schwitzten sie in der Kleidung. In den Schlafsäcken sammelte sich Feuchtigkeit und gefror, so dass man die Säcke nicht nur schlecht aufrollen konnte, sondern auch erst dann hineinkam, wenn die Körperwärme sie weicher gemacht hatte. Scotts Rivale Roald Amundsen achtete sehr genau darauf, wie das die Inuit und die Lappen handhabten. Er und seine Männer trugen genau wie die Einheimischen locker sitzende Kleidung aus Fellen, die effizient war und ausreichend Schutz bot. Amundsen setzte darüber hinaus fast ausschließlich auf Schlittenhunde, weshalb er sicherer und auch schneller vorankam. Die heutigen synthetischen Füllungen nehmen keine Feuchtigkeit auf, und die Schlafsäcke trocknen schnell, falls sie doch einmal nass werden. Daunenfedern, die direkten Konkurrenten der Synthetik, wiegen zwar weniger und speichern die Wärme besser, sollten aber besser nicht nass werden. Da Schlafsäcke heute so verbreitet sind wie Reisebetten, vergessen wir, dass die US-amerikanischen Soldaten bis zum Zweiten Weltkrieg nur Decken und ein Laken für den Boden zur Verfügung hatten.

13 Jahre, nachdem Pryce-Jones für den Euklisia-Schlafsack das Patent angemeldet hatte, produzierte die Pneumatic Mattress and Cushion Company in Reading, Massachusetts, die erste kommerzielle Luftmatratze. Sie sah fast so aus wie die Luftmatratzen, auf denen sich heutzutage unsere Nachbarn im Swimmingpool amüsieren, ursprünglich wurden die aufblasbaren Liegeflächen aus Massachusetts aber als Alternative zu den mit Haar gefüllten Matratzen entwickelt, die auf Transatlantiklinern in Gebrauch waren. Luftmatratzen hatten viele Vorteile: Man konnte leicht die Luft herauslassen, sie ließen sich gut verstauen und man konnte sie zumindest theoretisch als Rettungsfloß einsetzen. Sie waren auch ideal für Landratten, die in wachsenden Städten in kleine Wohnungen zogen, die wenig Platz boten. In ihren Werbeanzeigen prahlte die Pneumatic Mattress and Cushion Company damit, in Luftmatratzen seien keine Wanzen oder Keime, man brauche sie nicht zu wenden, sie seien geruchsneutral und würden nie muffig oder feucht. Ein leicht waschbarer Überzug schützte den Luftsack. Es gab die Matratzen in drei Größen: halblang, dreiviertel und volle Größe, »ab $ 22«, Luftpumpe und Gestell inklusive. Als Kunde durfte man die Matratze 30 Tage testen und bekam sein Geld zurück, wenn man von der Qualität des Produkts nicht überzeugt war.

Die »Pneumatische Matratze« war allerdings nicht die erste ihrer Art. Bereits zu Beginn des 16. Jahrhunderts entwickelte der französische Polsterer William Dejardin ein aufblasbares »Windbett« aus gewachster Leinwand. Die Idee war also in der Welt, aber das Leinwandbett verlor zu schnell die Luft und geriet in Vergessenheit. Drei Jahrhunderte später erwähnte die amerikanische Pionierin Margaret Frink, die während des Goldrauschs von 1849 mit ihrem Mann quer durchs Land von Indiana nach Kalifornien reiste, eine Liegefläche, die man im Planwagen über das Gepäck und den Proviant legen konnte: »Wir hatten eine Kautschukmatratze, die man mit Luft oder Wasser füllen und auf der man bequem liegen konnte. Tagsüber ließen wir die Luft heraus, so dass die Matratze nur wenig Platz einnahm.«[13]

Heute kann man selbstaufblasende, erhöhte Luftbetten mit integrierter Pumpe kaufen, die in kürzester Zeit die Luft wieder ablassen können. Es gibt individuelle Bedienelemente für den Gebrauch in der Wohnung, aber auch unempfindliche Designs für härtere Reisebedingungen. Das ultimative Erlebnis ist vielleicht das »schwebende Bett«, ein Wachtraum des niederländischen Designers Janjaap Ruijssenaars. Man schläft auf einem Bett, das 40 Zentimeter über dem Fußboden schwebt. Einander abstoßende Magneten im Bett und im Boden erzeugen eine Tragkraft von fast einer Tonne. Aber das Floating Bed ist kein Reisebett. Und der Preis ist exorbitant: 2019 kostete es 30 000 US-Dollar.

Mobile Möbel

Die Menschen reisten nicht nur mit ihren Betten, noch viel häufiger verschoben oder versetzten sie ihre Betten innerhalb des Hauses. Früher war das absolut normal, als die Zimmer einer Behausung noch keine feste Funktion hatten und Privatsphäre unbekannt war. Die mittelalterliche Pritsche und südasiatische Charpais konnte man stets dort aufstellen, wo sie gerade gebraucht wurden. Solche Betten gibt es vermutlich schon, seitdem die Menschen über dem Boden schlafen. Die meisten Haushalte in Pakistan haben noch heute Charpais. Und es sind wirklich flexible, vielseitig verwendbare Möbelstücke, die allen Aspekten des täglichen Lebens gerecht werden. Frauen benutzen sie, um mit ihren Freundinnen und Familienangehörigen zu schwatzen; sie dienen als Hochzeitsbetten und werden dafür mit Blumen geschmückt; sie bieten die erforderliche Liegefläche bei der Geburt; man kann sie aufhängen und als Wiege für Babys nutzen oder aber Kleidung und Gewürze darauf zum Trocknen ausbreiten. Männer benutzen Charpais womöglich als eine Art Kanzel, um offiziell zu anderen zu sprechen oder als Ort, der sich für informelle Gespräche eignet. Jüngere Kinder können die Charpais zu zweit durchs Haus tragen – nach draußen auf die Veranda oder aufs Flachdach, um dort ein Nickerchen zu machen. Wer das Charpai zum Schlafen nutzt, schützt es für gewöhnlich mit einem Moskitonetz, aber niemand im Haushalt erhebt Anspruch auf ein bestimmtes Bett. Die Menschen in Dera Ghazi Khan, einer armen Stadt in Pakistans Provinz Punjab, treiben es mit den Charpais auf die Spitze, indem sie überdimensionale Versionen bauen, bekannt als *khatts*. Sie schieben zwei Dutzend oder mehr davon zusammen und nutzen diese Fläche als Ort der Begegnung: So entsteht die perfekte Plattform für Freunde, um an freien Tagen zusammenzukommen oder abends einen Plausch zu halten.

Variationen des regulären Charpai (für eine Person!) tauchen im alten Ägypten, in Mesopotamien und in Griechenland auf, aber die indische Ausprägung hat die Zeiten überdauert. Diese Charpais sind leicht, lassen sich einfach aus Seilen und Stoffgurten herstellen und sind weitverbreitet in Städten und Dörfern des Sudan wie auch in ganz Asien. Viele Menschen im ländlichen China schlafen auf Betten mit einem aus Seilen geflochtenen Lattenrost: Die an einem Holzrahmen verankerten, kreuzweise verflochtenen Seile bilden eine immer noch biegsame, aber insgesamt ziemlich feste Unterlage für eine Schlafmatte oder eine Decke. Diese Art leichter und tragbarer Betten findet man häufig übereinandergestapelt in einfachen Hotels. Die Betten sind tatsächlich so leicht und vielseitig einsetzbar, dass sie vermutlich nie aus der Mode kommen werden.

»Schlafnetze«

Eines der einfachsten Betten, falls man es überhaupt Bett nennen kann, stammt ursprünglich aus Amerika: die Hängematte. Dieses bemerkenswerte Artefakt erreichte Europa im Gepäck der zurückkehrenden spanischen Konquistadoren. 1492 notierte Kolumbus, jeden Tag kämen viele Indigene zu seinen Schiffen, um ihm und seinen Leuten Baumwolle und *hamacas* zum Tausch anzubieten, »Netze, in denen sie schlafen«. Vor diesem ersten schriftlichen Beleg war die Hängematte jedoch bereits jahrhundertelang in Mittel- und Südamerika in Gebrauch. Das spanische Wort *hamaca* leitet sich von der Bezeichnung *hamaka* für ›ein Stück Stoff‹ der indigenen Völker der Arawak und Taino ab und bezeichnet ein Gewebe, geflochtenes Netz oder Hängeseile zwischen zwei festen Aufhängungen. Hängematten hatten viele Vorteile in den waldreichen Gegenden von Mittel- und Südamerika. Sie waren leicht und gut zu transportieren, man konnte sie fast überall an zwei Baumstämmen befestigen, überdies waren sie äußerst bequem. Der große Vorteil war aber, dass sie die Schlafenden vor beißenden Ameisen, Schlangen und vielen anderen Insektenstichen schützten sowie vor ansteckenden Krankheiten. Hängematten wurden zum Sinnbild des neu entdeckten Amerika. Ein ikonischer Barockdruck des flämischen Kupferstechers Theodor Galle aus dem Jahr 1630 zeigt den Entdecker Amerigo Vespucci, der eine schöne Frau der indigenen Bevölkerung in Amerika aufweckt, woraufhin sie verwundert aus einer netzartigen Hängematte steigt.

Hängematten sind keine haltbaren Konstrukte. Sie lassen sich relativ leicht herstellen, man entsorgt sie aber auch genauso schnell wieder oder verliert sie. Das bedeutet, dass wir nichts über die Geschichte der Hängematten vor Kolumbus wissen, offenbar sind die Vorläufer dieser Schlafnetze jedoch aus der Karibik zur Yucatán-Halbinsel gekommen, und zwar weniger als zwei Jahrhunderte vor der spanischen Eroberung. Soweit wir das beurteilen können, treten sie in der Kultur oder Mythologie der

Maya nicht sonderlich in Erscheinung, waren aber vor der Ankunft der Europäer weitverbreitet im Regenwald des Amazonas.

Ehe Kolumbus die Hängematte nach Europa einführte, war sie dort als Reisebett unbekannt, allerdings gab es manchmal Schlingen aus Baumwolle, die in Kutschen als Sitze dienten. Zu Beginn wurden Hängematten fast ausschließlich auf See benutzt: Ab 1590 tauchten sie vermehrt auf Segelschiffen auf und wurden bereits 1597 von Seeleuten der Royal Navy eingesetzt. Sie waren ideal für beengte Schlafunterkünfte, passten sich schwingend den Bewegungen der Schiffe an und waren obendrein bequem. Es bestand keine Gefahr, bei schwerer See aus dem Bett zu fallen. Man konnte sie aufrollen und festzurren, so dass sie niemandem mehr im Weg waren, bei Seeschlachten stopfte die Crew die Hängematten in Netze entlang der Bordwand, um feindliche Enterkommandos abzuwehren. Selbst wenn man die Hängematten in geringem Abstand aufhängte, boten sie einen kokonartigen Schlaf. Wer in der Seeschlacht sein Leben verlor oder an Bord starb, wurde in seiner bleibeschwerten Hängematte auf See bestattet. Als die USA während des Zweiten Weltkriegs in asiatischen Ländern wie Burma Kämpfe im Dschungel bestehen mussten, gewöhnte sich die US-Armee an Hängematten mit Moskitonetzen. Die US-Marines verließen sich in Neubritannien (das heute zu Papua-Neuguinea gehört) und auf anderen feuchten, insektenreichen Pazifikinseln auf Hängematten. Sie befestigten sie sogar in Schützengräben, um feindlichem Geschützfeuer zu entgehen. Sowohl die Amerikaner als auch der Vietcong nutzten Hängematten während des Vietnamkriegs. Das Schlafnetz hat es sogar bis in den Weltraum geschafft. Im Zuge des Apollo-Programms schliefen die Astronauten in der Mondlandefähre zwischen den Weltraumspaziergängen in Hängematten.

Heutzutage ist die industrielle Hängemattenproduktion enorm angewachsen, insbesondere in Mittelamerika, wo Hängematten in Wohnzimmern und auf Verandas genauso häufig anzutreffen sind wie in Schlafräumen. Sie werden oft auf Webrahmen hergestellt, eine weitverbreitete Handarbeit auf der Yucatán-Halbinsel. In San Salvador gibt es sogar jedes Jahr im November ein Festival der Hängematten, auf dem Künstler ihre farbenfroh gewebten, schwingenden Betten zu Hunderten verkaufen. Hängematten eignen sich auch sehr gut für Babys: Sie passen sich der Wirbelsäule des Kleinkinds an, wiegen die Kleinen in den Schlaf und lassen sich mühelos überall aufhängen.

Schiene und Straße

Heute schlafen wir in Betten an Orten, an denen das vor 200 Jahren noch undenkbar war. Seit Jahrtausenden waren Reisende oft allein oder in kleinen Gruppen unterwegs, es sei denn, Armeen oder Flottenverbände hatten sich in Bewegung gesetzt. Reisekutschen konnten auf schlechten Straßen zur Qual werden, zumal man auf engstem Raum zusammengepfercht war. Ein gewisser Major Hanship schrieb 1815 über das Reisen in der Kutsche: »Es ist unmöglich, Schlaf zu finden, wenn man dauernd mit dem Kopf gegen die Wandverkleidung knallt, während die andere Schulter einem schnarchenden Bauern als tragende Säule dient.«[14] Er beklagte sich über zu wenig Beinfreiheit, das ständig trötende Signalhorn des Kutschers und darüber, dass er von einer »alten Jungfer« angestarrt wurde, die ihm gegenübersaß. Doch dann kam die massenhafte Nutzung der Eisenbahn, deren Streckennetz Städte und Siedlungen nah und fern miteinander verband. Reisen mit der Bahn dauerten mitunter Tage, folglich mussten die Leute im Zug schlafen. Zunächst schliefen die Passagiere auf ihren Sitzplätzen, auf harten Bänken, die an Komfort zu wünschen übrig ließen. Der Schlafwagen tauchte erstmals während der 1830er Jahre in den USA auf. Seine 24 Betten, die tagsüber zu Sitzplätzen umgebaut wurden, waren allerdings alles andere als komfortabel.

In den USA ist ein Name untrennbar mit zivilisierten Bahnreisen verbunden: George Mortimer Pullman.[15] Pullman war

Möbeltischler und Ingenieur, der in Chicago bekannt wurde, indem er im Zuge der Höherlegung der Stadt Gebäude mit Hilfe von Hubspindeln hydraulisch anhob, so dass viele Häuser deutlich über dem Wasserspiegel lagen. Als er von einer ziemlich unbequemen Zugreise zurückkehrte, beschloss er, Schlafwagen für die Chicago and Alton Railroad Company zu konstruieren. Dafür versah er die unteren Sitze mit Scharnieren, so dass sie zurückgeklappt werden konnten, und befestigte eiserne Kojen an der Decke mit Seilen und Flaschenzügen. Zunächst waren die neuen Wagen kein großer Erfolg, also entwarf Pullman den »Pioneer«, einen Wagen, der breiter und höher als die Vorgängermodelle war, ausgestattet mit auf Gummi ruhenden Spiralfedern, damit die Fahrt erträglicher wurde. Tagsüber sah der ›Pionier‹ wie ein luxuriöser, doch konventioneller Personenwagen aus, aber wenn es Nacht wurde, verwandelte er sich in ein zweistöckiges Hotel auf Rädern. Die Kombination aus Klappsitzen und oberen Kojen machte aus einem gewöhnlichen Abteil einen passablen Schlafwagen. Speziell ausgebildete Schaffner gingen durch die Wagen, brachten Trennwände für die Privatsphäre an und verteilten Laken. Zum ersten Mal war ein Waggon der Eisenbahn auf die Bedürfnisse der Passagiere ausgerichtet, nie zuvor hatten Reisende ein solches Level an Komfort erlebt. Pullmans Schlafwagen zogen die Aufmerksamkeit der Öffentlichkeit auf sich, als der Leichnam Abraham Lincolns auf Schienen transportiert wurde. Kurze Zeit später wurden mehrere Pullman Cars in Dienst gestellt. Im Jahr 1867 fuhren bereits knapp 50 dieser Waggons auf drei Hauptstrecken des Landes. Während der Blütezeit der amerikanischen Eisenbahnen gab es mehrere Züge, die ausschließlich aus Pullman Cars bestanden, darunter der 20th Century Limited, ein Nachtzug der New York Central Railroad.

Im Zug in einem Bett zu liegen hat etwas grundlegend Romantisches. Nachtreisen von London nach Schottland erlebten viele Reisende als exotisches Abenteuer, auch wenn diese Fahrten noch nicht sonderlich komfortabel waren. In traditionellen britischen Schlafwagen sind die Betten schmal und kurz, was großen Menschen nicht gerade entgegenkommt. Wer ein wenig zu breit in den Hüften ist, landet womöglich auf dem Fußboden, wenn er sich nachts in seinem Bett umdreht. Aber die britische Variante ist immer noch komfortabler als die traditionellen französischen *couchettes*, in denen sechs Fremde eng nebeneinander liegen. Schlafwagen sind noch heute in vielen Ländern verbreitet, insbesondere in Indien, wo die Standardschlafwagen Abteile ohne Klimaanlage haben, mit je drei quer verlaufenden Kojen und zwei Schlafplätzen in Fahrtrichtung. Die luxuriösesten Schlafwagen findet man in der Ersten Klasse, mit insgesamt acht Abteilen pro Waggon, zwei davon für Paare. In den mit Teppichboden ausgelegten Abteilen gibt es nicht nur breitere Schlafkojen, sondern auch Bettwäsche.

Nichts in der Welt der Schlafenden kommt indes an den Orient-Express heran, den absoluten Inbegriff des luxuriösen Reisens mit der Eisenbahn. 1883 brachte die Compagnie Internationale des Wagons-Lits den Orient-Express auf die Schiene, als Paradestück luxuriöser Reisen zwischen Paris und Zielen in Mittel- und Südosteuropa, der schließlich bis Konstantinopel fuhr (seit 1930 Istanbul). Die Reiserouten haben sich im Lauf der Jahre erheblich verändert. Durchgeführt werden die Fahrten seit 1982 in privater Trägerschaft mit dem Venice-Simplon-Orient-Express (VSOE), der aus restaurierten Waggons aus den 1920er und 1930er Jahren besteht. Zu Beginn des 21. Jahrhunderts kann man auf einer komfortablen Couch in einem Doppelabteil reisen, das sich abends in einen Schlafwagen im Pullman-Stil verwandeln lässt; ein Liegeplatz befindet sich unten, der zweite in der Koje oben. Eine Reise in einem solchen Zug entführt uns in die Welt von Agatha Christies unsterblichem Krimi *Mord im Orient-Express* (1934) – hoffentlich ohne Mordkomplott.

Das Wohnmobil ist die logische Fortführung des Eisenbahnschlafwagens.[16] Die ersten motorisierten Wohnmobile, die um 1910 durch Kanada und Los Angeles fuhren, waren im Grunde umgebaute Automobile oder Anhänger, die von Autos gezogen wurden. Sie sahen buchstäblich wie kleine Häuser auf Hängern aus. Das erste Wohnmobil war der Touring Landau des US-amerikanischen Automobilherstellers Pierce-Arrow, dessen Rückbank man zum Bett umfunktionieren konnte. Zur Ausstattung gehörten eine Nachttopf-Bordtoilette und ein Waschbecken, das man an der Rückseite des Fahrersitzes aufklappen konnte. Der Fahrer kommunizierte mit den Fahrgästen per Telefon. Campingmobile wurden in den folgenden Jahrzehnten populär, da die Nationalparks sich einer immer größeren Beliebtheit erfreuten. Zunächst campten die Besucher der Parks in Zelten am Wegesrand; später wurden Anhänger mit Betten, aber auch mit Zelten ausgestattet, die sich während der Fahrt zusammenlegen ließen. Viele Leute schweißten Blechbüchsen an den Kühlergrill, um Essen zu erwärmen. 1967 fing Winnebago Industries an, Wohnmobile serienmäßig herzustellen, die mit Kühlschränken, Kerosinkochstellen und sogar Kingsizebetten ausgestattet waren. 2019 besaßen mehr als acht Millionen Haushalte in den Vereinigten Staaten und Kanada Wohnmobile, in denen die Menschen ihre Ferien verbringen. Weitere 450 000 Menschen fahren mit ihrem Trailer durchs Land und wohnen dauerhaft darin.

Das Reisen in Schlafwagen kann auf eigenartige Weise süchtig machen, es ist aber etwas vollkommen anderes, in einem Flugzeug Schlaf zu finden. Die meisten von uns kennen das Gefühl nur zu gut, im Flieger auf zu engen Economy-Plätzen zu sitzen und zu wenig Beinfreiheit zu haben, während der unruhige Sitznachbar schnarcht. Nicht ganz so viele von uns sind schon einmal First Class mit *Emirates* geflogen, in einem riesigen Airbus 380, zu dessen Ausstattung sogar ein Doppelbett und eine eigene Dusche gehören. In der weniger glamourösen Ersten Klasse (und sogar gelegentlich in der Business-Klasse) gibt es flache Klappsitze, die meist lang genug zum Liegen sind, aber zu wenig Platz für die nervenden Ellenbogen bieten. Zurückklappbare Sitze können allerdings nicht mithalten mit den Flugzeugbetten vergangener Jahrzehnte, als die Boeing 377 (Stratocruiser) mit Doppeldeckrumpf oder die Lockheed Constellation Platz für untere und obere Schlafkojen hatten, mit Matratzen und Laken, Leselampe und Vorhang. Manchmal konnte man sich das Frühstück ans Bett bringen lassen. In vielerlei Hinsicht war dies der Versuch, einen Eisenbahnschlafwagen zu imitieren, und zwar in einer Zeit, als sich die Geschäftsreisenden die Preise Erster Klasse noch leisten konnten. Nicht, dass das Schlafen ausschließlich angenehm gewesen wäre. Man schlief über oder unter den Mitreisenden, viele genehmigten sich zu viel von den kostenlosen Getränken an Bord, und wer einen Platz im Nichtraucherbereich gebucht hatte (falls es das überhaupt gab), stellte schnell fest, dass die Luftqualität letzten Endes überall gleich schlecht war. Oft schlief man vor Hintergrundgeräuschen ausgelassener Partyfreunde. Betten in Flugzeugen verschwanden wieder, als Modelle wie der Stratocruiser schlanken, strahlgetriebenen Flugzeugen und dem Jumbojet wichen, in denen Effizienz – sprich: so viele Passagiere auf engem Raum wie möglich – jeglichen Luxus verdrängte.

Obwohl wir schon jahrhundertelang experimentieren, ist es uns im Grunde nicht gelungen, großartige Alternativen zum Schlafen auf dem Boden oder dem schmalen Feldbett zu finden. Wir hüllen uns in Decken oder schlafen in Schlafsäcken. Dank der Raumfahrttechnik trocknet unser Bettzeug heute schneller, unsere Feldbetten sind leichter. Aber das klassische Bett in all seiner Raffinesse ist und bleibt ein Geschöpf des Schlafzimmers.

Das öffentliche Schlafgemach

Im mittelalterlichen Europa schlief so gut wie jeder auf Stroh, vielleicht gehüllt in einen Umhang, entweder direkt auf dem Fußboden oder auf einem Strohsack, der mit einem Fell oder einer Decke bezogen war. Oft kuschelten sich die Menschen der Wärme wegen aneinander, suchten die Nähe zu Herdstellen und nutzten gemeinschaftliche Behausungen, in denen sehr oft außerdem Tiere untergebracht waren. Wer sein »Bett machte«, stopfte Stroh in einen Sack. Bedeutendere Bewohner eines Landsitzes schliefen womöglich in kleinen Kammern, bei denen es sich oftmals um einen Anbau an der Außenmauer des Hauptgebäudes oder um Nischen handelte. Fenster hatten kein Glas, Schlafkammern konnten zugig sein, sanitäre Einrichtungen gab es so gut wie gar nicht. Nur die wirklich bedeutenden Herren lagen auf erhöhten Schlafstätten, wie der mythische Held Beowulf, späterer Erbe des dänischen Reiches, der umgeben von seinen Getreuen schlief: »mit ihm die Seinen, / die mutigen Seemänner, / die Bohlen der Halle / ihr Bett für die Nacht«. Die Krieger schliefen so, wie sie gekommen waren, nur die Rüstungen hatten sie abgelegt.

Verglichen mit den Normannen, die England 1066 eroberten, waren Beowulfs Leute eine Schar ungehobelter Kerle. Die Normannen legten bereits Wert auf Komfort und bauten Häuser, in denen die Herren in Kammern schliefen, die tagsüber als Wohnzimmer genutzt wurden. Diese Räume waren also sowohl Schlafzimmer als auch Empfangsräume, in denen jeder, vom Adligen bis zum gewöhnlichen Landarbeiter, empfangen und, falls erforderlich, entlohnt wurde. Räume wie diese waren der Prototyp des offiziellen königlichen Schlafgemachs, wie es in späteren Jahrhunderten in Europa vorherrschte.

Etwa ab dem 12. Jahrhundert waren die europäischen königlichen Haushalte in drei Bereiche unterteilt: Es gab eine Kapelle, die Halle und das Gemach, in dem der Herrscher schlief. In Großbritannien stand der »Kammerherr« dem herrscherlichen Gemach vor und war dem König täglich zu Diensten. Da der Monarch gut bewacht wurde, war das Schlafgemach ein sicherer Ort, um Wertsachen aufzubewahren, und zwar in der sogenannten Schatzkammer. Aus Letzterer entwickelte sich der Ankleideraum, in dem man Kleidung aufbewahrte und sich wusch, falls fließendes Wasser vorhanden war. Zu diesem Raum gehörte wiederum eine kleine Privatkammer, die als Toilette diente, mit einem Eimer, der täglich geleert wurde.

Zur Zeit der Herrschaft Heinrichs III. (1207–1272) besaß Englands bedeutendster königlicher Palast in Westminster ein *Painted Chamber*, das sowohl als Audienzsaal als auch als Schlafgemach diente. Dieser Raum war 24 Meter lang, knapp 8 Meter breit und knapp 10 Meter hoch, dazu farbenfroh gestaltet; auf den Wandmalereien waren die Tugenden und Laster in allegorischen Zweiergruppen zu sehen, des Weiteren aufmerksame Beschützer wie König Salomo, der über den schlafenden Herrscher wachte.[1] Leider fiel dieser bemerkenswerte Saal, der unmittelbar an die heute noch vorhandene *Great Hall* grenzte, im Jahr 1834 einem Brand zum Opfer, aber seine Maße und Ausgestaltung sind gut dokumentiert. Heinrichs verschwenderische Ausgaben für seine Schlafräume und die Gemächer seiner Gemahlin erregten den Unmut seiner Untertanen, die unter hohen Steuerlasten ächzten. Sein Nachfolger, König Edward I. (1272–1307), ließ die Fenster seines Schlafgemachs im Tower von London verglasen, damit es nicht mehr so in den Räumen zog. Inzwischen waren königliche Betten recht bequem. Der Dichter Geoffrey Chaucer diente im Alter von 24 Jahren im Königlichen Schlafgemach als Kammerdiener. Zu seinen Pflichten gehörte es unter anderem, Seiner Majestät Edward III. »das Federbett zu machen«, wobei er

»manch ein Kissen zurechtrückte« und eine Menge weicher Stoffe beschaffte, auf denen der Herrscher schlafen sollte, damit Edward sich nicht einmal umzudrehen brauchte. Chaucer stand lange Zeit hoch in königlicher Gunst. Als er sich bereits als Dichter einen Namen gemacht hatte und ihn wichtigere Pflichten riefen, bewilligte ihm der König 1374 auf Lebenszeit eine Gallone Wein pro Tag.

Betten waren große Posten in den Haushaltsbüchern von königlichen Palästen und anderen großen Gebäuden. Die besten Schlafstätten waren reich verziert, die Mitglieder des Königshauses schliefen auf edler Bettwäsche aus Seide, die mit heraldischen Symbolen und anderen Motiven bestickt war. Überlieferte Dokumente aus Hausständen jener Zeit sowie testamentarische Aufzeichnungen lassen erahnen, dass Betten zu den wertvollsten Dingen der persönlichen Habseligkeiten gehörten. Es scheint unumgänglich, dass das Bett zum Symbol der Königsherrschaft wurde, zu einer Bühne für das Drama der Monarchie, auf der der Herrscher saß und gleichzeitig Recht sprach – das Prunk- bzw. Paradebett war geboren.

Die Könige Frankreichs pflegten lange Zeit vom Bett aus Hof zu halten. Ein Gesetzbuch aus der Regierungszeit Ludwigs IX. (1214–1270), auch bekannt als Ludwig der Heilige, verkündet, das königliche Bett habe stets an dem Ort zu sein, an dem der König Recht spricht. Fast 500 Jahre später, im 17. Jahrhundert, stellte der französische Autor und Arzt Bernard Le Bovier de Fontenelle fest: »Das Bett der Gerechtigkeit ist der Ort, wo die Gerechtigkeit schläft.«[2] Seinerzeit führten sieben Stufen auf eine Empore, auf der das königliche Bett erhöht stand – dort saß oder lag der König. Höhere Beamte durften stehen, weniger bedeutende Bedienstete hatten zu knien. Die Hierarchie im Umfeld des Herrschers war also stets für alle sichtbar.

Das Paradebett (*lit de parade*) stand dort bereit, wo der Monarch sich selbst bei formellen Anlässen zur Schau stellte, feierlich herausgeputzt und umgeben von seinen Höflingen sowie hohen Beamten, die entsprechend der hierarchischen Ordnung ihre

Plätze einnahmen. Das ging gut, solange sich der Monarch bester Gesundheit erfreute. Aber da offizielle königliche Betten hoch über dem Fußboden aufragten, eigneten sie sich nicht für die Krankenpflege. Ein todkranker König durchlitt das Endstadium seiner Krankheit auf einem sehr viel bescheideneren Lager, womöglich auf einem ausziehbaren Bett auf Rollen. Doch wenn der Tod nahte, ließen die Verantwortlichen den Herrscher rasch auf das Prunkbett bringen, auf dem er dann in einem offiziellen Umfeld seinen letzten Atemzug tat. Dort verblieb der soeben verblichene Monarch, feierlich öffentlich aufgebahrt. Der Tote wurde sorgfältig frisiert und geschminkt, während die Öffentlichkeit bereits Schlange stand, um Zeuge des Spektakels zu werden. Wenn der Nachfolger den Thron einnahm, begann die Krönungszeremonie oft damit, dass der künftige Herrscher im angrenzenden Palast des Erzbischofs von einem Bett herabstieg. So zeigte sich die Macht der Monarchie in einer Zeit, als die meisten Leute weder lesen noch schreiben konnten, weshalb der Symbolkraft von Bildern eine immense Bedeutung zukam, im Leben wie im Tod.

Das königliche Bett wurde oft von einer Balustrade geschützt, so dass einfache Untertanen keinen Zutritt hatten. Ein eigens dafür abgestellter Wächter war stets präsent. Das königliche Bett und die Monarchie waren von einer Aura des Göttlichen umgeben. Hunde durften nicht in die Nähe des Betts, ausgenommen waren die königlichen Schoßhunde, von denen einige darauf abgerichtet waren, dem Herrscher die Füße zu wärmen.

Ausziehbare Betten bzw. Rollbetten waren nichts Ungewöhnliches in königlichen Schlafgemächern, da der Monarch nie allein schlief. Stets war ein Kammerdiener zur Stelle. Im Falle der Königin schlief eine Hofdame adliger Herkunft auf dem ausziehbaren Bett. Hochgeborene Höflinge waren ihren Herrschaften Tag und Nacht zu Diensten. Das bescheidene Ausziehbett nahm häufig eine Person von beträchtlichem Rang ein. Andere Höflinge schliefen auf *paillasses*, also Strohmatratzen, auf dem Fußboden. Die Beistellbetten bewegten sich auf Laufrollen, damit man sie schnell aus dem Weg schaffen oder tagsüber unter das königliche Bett schieben konnte. Das eigentliche königliche Bett war oftmals so groß bemessen, dass der König einen prominenten männlichen Gast für die Nacht einladen konnte, vielleicht als Geste der Gunsterweisung – alles ganz platonisch.

Aufwendig verzierte Betten tauchten für alle sichtbar bei königlichen Hochzeiten auf. Das rituelle Beilager der Braut und des Bräutigams sowie der Vollzug der Ehe gingen einher mit zeremoniellen Riten, mitunter bei einem feuchtfröhlichen Gelage. Verschiedene Zeugen wohnten der Bettleite bei, um bestätigen zu können, dass die Ehe vollzogen wurde. Falls das frisch verheiratete Paar nicht ins Bett stieg und keinen Verkehr hatte, konnte die Verbindung sofort für ungültig erklärt werden. Das Bett selbst wurde für einen solchen Anlass geschmückt und besaß oft Ausmaße einer Plattform. Das Hochzeitsbett, das 1430 für Philipp den Guten, Herzog von Burgund, und Isabell von Portugal konstruiert wurde, hält den Guinness-Rekord für das größte je zum Einsatz gekommene Bett: Mit Maßen von knapp 6 Metern Länge und 3,80 Metern Breite.[3]

Majestätische Betten

Das Bett von Königin Elisabeth I. stand im Zentrum ihres Hofes. Dort ruhte sie sich aus und schlief, weitab von den Belastungen des Tages.[4] Sie hatte eine ganze Reihe Betten, alle waren ausgestattet mit prachtvollen Stoffen und leuchtenden Farben. Wenn Elisabeth einen königlichen Umritt von Palast zu Palast oder von Adelshaus zu Adelshaus unternahm, nahm sie ihr bestes Bett oft mit auf Reisen. Der gedrechselte Holzrahmen war aufwendig bemalt und vergoldet. Silber und Samt zierten den Bettvolant, exotische Straußenfedern schmückten das Kopfbrett, das mit scharlachrotem Satin überzogen war. Elisabeth schlief hinter Gobelinvorhängen, die mit Gold und kostbaren Knöpfen besetzt waren. Ihre Betten waren nicht nur Orte, an denen sie schlief, sondern auch Symbole ihrer Macht. Jedes Exemplar war kunstvoll gearbeitet und prächtig. In Whitehall ruhte sie auf einem Bett, das aus verschiedenen, bemalten Holzarten zusammengesetzt war, hinter Vorhängen aus Seide mit exquisiten indischen Malereien. Stattete sie dem Richmond Palace einen Besuch ab, lag sie auf einem schiffsförmigen Bett mit Vorhängen, die »grün wie die See« waren. Wo auch immer sich die Monarchin aufhielt, ihr Bett war stets ein Paradebett. Und ganz gleich, wohin sie sich begab, benötigte sie sogenannte private Unterkünfte, abgeschieden vom Geschehen am Hofe. Es handelte sich um eine Reihe von Räumen – ein Audienzzimmer, ein Privatkabinett und ein Schlafgemach –, die von der Haupthalle abgingen. Wer Zutritt zu welchen Privatgemächern erhielt, gab Auskunft darüber, wer in welchem Verhältnis zur Königin stand – ein Gradmesser der Vertraulichkeit.

Elisabeths Hof war eine riesige Einrichtung, mit mehr als 1000 Dienern und Angestellten. Brauer und Bäcker, Köche, Schneider und Stallburschen waren einem kleinen Heer von Höflingen und Diplomaten zu Diensten. Doch dieses »Unternehmen« war stets unterwegs von einem Ort zum nächsten. In groß angelegten Prozessionen pendelte der Hof hin und her zwischen den vier königlichen Palästen Whitehall, Hampton Court, Richmond und Windsor. 300 Fuhrwerke waren nötig, um das Mobiliar, die Wandbehänge, Gewänder und Dekorationsgegenstände von einem Palast zum nächsten zu transportieren. Der Hofstaat begleitete die Königin auch, wenn sie fernab von der Hauptstadt Besuche unternahm.

Begab man sich ins Schlafgemach der Königin, weitab vom Gewusel bei Hofe, musste man genau umrissene und streng bewachte Grenzen überwinden. Das Audienzzimmer war ein großer Empfangssaal mit Thron und stattlichem Baldachin. Botschafter, Höflinge, Bischöfe und Freier versammelten sich dort, in der Hoffnung, einen Blick auf die Monarchin zu erhaschen. Elisabeths Privatkabinett war der Ort, an dem sie sich die meiste Zeit über aufhielt, gut bewacht von 146 königlichen Leibgardisten. In diesem Raum widmete sie sich den Regierungsgeschäften, empfing Gäste, plauderte und lauschte musikalischen Darbietungen, gelegentlich wurde auch getanzt. Privatkabinett und Schlafgemach gingen vom Audienzzimmer ab. Diese Konstellation bildete das Herzstück des Hofes und war gleichzeitig der privateste Ort im ganzen Reich. Sowohl das Privatkabinett als auch das Schlafgemach der Königin waren das Reich von Frauen, nicht von Männern.

Nur 28 Frauen dienten während Elisabeths Regentschaft in den privaten Gemächern der Königin. Es handelte sich um enge Freundinnen Ihrer Majestät, einige von ihnen waren ihr bereits bei der Krönungszeremonie zu Diensten gewesen. Die *Ladies of the Privy and Bed Chambers* wuschen die Königin, versahen sie mit Schminke und kümmerten sich um die Haartracht. Darüber hinaus suchten sie für ihre Herrin die Kleidung samt Schmuck aus und halfen ihr beim Ankleiden. Eine weitere Aufgabe für die Damen bestand darin, das Auftragen der Speisen und Getränke zu beaufsichtigen und jede Mahlzeit nach Giften und anderen schädlichen Substanzen zu untersuchen. Kammerdiener säuberten die Räumlichkeiten, leerten die Waschschüsseln und legten die Bettwäsche zurecht. Unverheiratete Hofdamen von hoher Geburt, stets weiß gewandet, leisteten der Königin Gesellschaft und sorgten für die passende Unterhaltung, insbesondere für Tanzdarbietungen. Man erwartete von den Hofdamen, dass sie rund um die Uhr zur Verfügung standen, denn die Bedürfnisse der Königin hatten oberste Priorität. Selbst wenn sie krank oder schwanger waren, kümmerten sich die Frauen um Elisabeth, sogar noch bis kurz vor der Niederkunft. Danach überließen sie die Neugeborenen Ammen und widmeten sich möglichst schnell wieder ihren Pflichten.

Elisabeth lebte in einem Kokon von Frauen, die sie bevorzugte. Bisweilen schliefen sie neben ihr im königlichen Bett oder auf einem Rollbett, das in dem abgedunkelten Gemach stand. Die Damen waren ihre engste Leibwache an einem Hof, der durchsetzt war von Rivalität und Zwistigkeiten. Die Gefahr eines Attentats schwebte stets über Elisabeths Haupt. Da die Hofdamen dichter an der Herrscherin waren als sonst jemand, waren sie mit Elisabeths Gedanken vertraut und wussten immer, in welcher Stimmung sich die Herrscherin gerade befand. Kein Wunder also, dass Gesandte und hohe Würdenträger bei Hofe versuchten, die Gunst der Hofdamen zu erlangen. Ein kluger Schreiber des Kronrates riet dem Ersten Sekretär der Königin: »Ehe du vor die Königin trittst, solltest du dich bei einer Person des Privatkabinetts erkundigen, in welcher Stimmung sich Ihre Majestät befinden, und mit dieser Person solltest du weiterhin vertraulichen Umgang pflegen.«[5]

Die Königin stand während ihrer ganzen Regentschaft unter kritischer, unerbittlicher Beobachtung. In einer Zeit, in der die Lebenserwartung niedrig war und der Tod an jeder Ecke lauerte, erstatteten die Gesandten aus anderen Ländern regelmäßig Bericht über das tägliche Verhalten der Königin und über ihren Gesundheitszustand. Seit der Pubertät hatte Elisabeth an gesundheitlichen Beeinträchtigungen gelitten, unter anderem an chronischen Verdauungsbeschwerden und Schlaflosigkeit, und allerorten machte man sich ernsthaft Gedanken über potentielle Ehepartner und die Fruchtbarkeit der Königin. In elisabethanischer Zeit herrschte die Überzeugung vor, Frauen hätten sehr viel stärkere sexuelle Gelüste als Männer, daher konnte man sich nur schwer vorstellen, dass irgendeine Frau – insbesondere eine unverheiratete – aus freien Stücken keusch bleiben wollte. In diplomatischen Kreisen kursierten Gerüchte über eine mögliche Unfruchtbarkeit der Monarchin, und das zu einer Zeit, als die Sicherheit des immer noch fragilen protestantischen Reiches davon abhing, wen Elisabeth womöglich ehelichte und ob sie einen Erben zur Welt brachte. Wann und ob die englische Königin ihre Periode hatte, war von internationalem Interesse und sorgte für Spekulationen.

Jeden Morgen zogen die Hofdamen die Bettvorhänge ihrer Herrin zur Seite, ganz gleich, ob Elisabeth im eigenen Palast weilte oder auf Reisen war. Elisabeth blieb für gewöhnlich noch im Bett liegen, während die Damen für Ordnung sorgten und die Kaminfeuer anzündeten. Dann nahm die Königin das Frühstück ein, immer noch in ihren Nachtgewändern, ehe sie einen schnellen Spaziergang in den königlichen Gärten machte oder eine Weile am Fenster las. Die Morgentoilette mit Schminken und Ankleiden konnte mitunter Stunden in Anspruch nehmen. Während die Königin entspannt mit ihren Gefährtinnen plauderte, zwängten die Damen sie in die kostbaren, schweren Gewänder. Als Nächstes versahen sie die Herrscherin mit ihrem Schmuck, der sich in mit Samt ausgelegten und mit Gold verzierten Schatullen befand. Im Schlafgemach waren die königlichen Schmuckgegenstände so sicher wie an keinem anderen Ort. Zuletzt kam der eherne Schuhanzieher zum Einsatz. Erst dann war Elisabeth bereit, das Audienzzimmer und das Privatkabinett zu betreten, wo sie sich vor den Augen des Hofstaates bzw. der Öffentlichkeit zur Schau stellte.

Das ganze Leben der Monarchin war bis ins Detail durchchoreographiert. Sogar die Mahlzeiten folgten einer bestimmten, ausgeklügelten Zeremonie, denn man erachtete es als unziemlich, dass die Königin vor den Augen anderer speiste, abgesehen von öffentlichen Banketten. Gegen Ende des Tages zog sich die Herrscherin in ihr Schlafgemach zurück, um sich zu waschen und zu entkleiden. Die Hofdamen untersuchten die Matratzen und die Bettwäsche auf Wanzen und verborgene Gefahren, danach wurde das Gemach nach möglichen Eindringlingen durchsucht. Schließlich stieg die Königin ins Bett und legte sich auf eine Schicht aus mehreren Matratzen, die mit Stroh, Flockfasern und Federn gefüllt waren – natürlich lag die weichste Matratze zuoberst. Ihre Majestät war nun gehüllt in seidene Laken, die mit dem königlichen Wappen und der Tudor-Rose bestickt waren. Das Fenster wurde geschlossen, um den schädlichen Einfluss der Nachtluft zu unterbinden, die Bettvorhänge wurden vorgezogen, zuletzt wurde die Königin in ihrem Schlafgemach eingeschlossen.

Nur einmal betrat ein Mann ohne offizielle Erlaubnis die Frauenwelt des Schlafgemachs. 1599 platzte Robert Devereux, der 2. Earl of Essex und lange Zeit Günstling der Königin, in das königliche Apartment im Nonsuch Palace in Surrey und trat über die Schwelle zum Schlafgemach – allerdings recht schmutzig nach seiner überhasteten Abreise aus Irland. Der Graf erblickte Elisabeth, die ohne Perücke, nur unzureichend bekleidet und obendrein ohne Schminke in ihren Gemächern stand. Die sprachlose Königin verhielt sich zwar gnädig, als der Eindringling auf den Knien um Vergebung bat. Doch einen Tag darauf wurde Essex unter Hausarrest gestellt. 1601 wurde er wegen Verrats hingerichtet.

Bewacht wurden die königlichen Schlafgemächer auch, wenn der jeweilige Monarch fort war, und das aus gutem Grund. In Versailles saß stets ein Kammerdiener in der hölzernen Einfassung um das Bett des Königs, weil der Hof Hexerei befürchtete. Denn es hätte ja sein können, dass ein Feind des Königs aus einer Phiole eine giftige Mixtur auf die Laken träufelte und einen bösen Zauber wirkte, der dem schlafenden Herrscher gefährlich werden könnte. Im Jahr 1600 wurde eine Frau namens Nicole Mignon bei lebendigem Leibe verbrannt, die versucht haben soll, ein Giftattentat auf König Heinrich IV. von Frankreich einzufädeln. Drei Jahre zuvor war ein Polsterer »aus der Rue du Temple« für schuldig befunden worden, »die Absicht verfolgt zu haben, den König zu ermorden«. Er wurde gehenkt, sein Leichnam wurde verbrannt.

*

Königliche Betten erlebten Geburten, Taufen, Ehen und Todesfälle. Die Betten, in denen zukünftige Mütter des Königshauses lagen, waren oft mit aufwendig verzierten, teuren Vorhangstoffen versehen, die Kosten für das Bett erhielten mehr Aufmerksamkeit als das Gewicht des Neugeborenen. Wie bei anderen werdenden Müttern erwartete man von einer gebärenden Frau königlichen Geblüts, dass sie ihre Freunde empfing, während sie noch im Wochenbett lag, doch bei Hofe wurde das bisweilen auf die Spitze getrieben. Es kam sogar vor, dass Bälle am Wochenbett abgehalten wurden. Königliche Geburten waren für den Hof wichtige öffentliche Angelegenheiten, und für die Anwesenden galt ein eigens dafür ausgearbeitetes Protokoll. Zu den Zeugen hatten Prinzen und Prinzessinnen von königlichem Blut zu gehören, des Weiteren Staatssekretäre und andere hohe Amtsträger, die allesamt zuschauten, um sicherzustellen, dass kein Betrug stattfand. Maßnahmen dieser Art konnten indes nicht immer böswilligen Tratsch verhindern. Maria Beatrice d'Este, Prinzessin von Modena und katholische Gemahlin von König Jakob II. von England, brachte 1688 im Beisein mehrerer Minister und Höflinge einen Sohn zur Welt. Doch schon bald brodelte die Gerüchteküche, angefacht von einer starken antikatholischen Haltung und der Angst vor einem zukünftigen katholischen Herrscher: Es hieß, ein lebendiges Neugeborenes sei in einem pfannenartigen Bettwärmer ins Schlafgemach geschmuggelt worden, um den totgeborenen Sohn der Königin zu ersetzen. Geschichten dieser Art trugen letzten Endes zum Sturz von Jakob II. bei, der im selben Jahr, 1688, von dem resoluten Protestanten Wilhelm von Oranien vom Thron verdrängt wurde.

Ein großer Vorteil von Schlafzimmern besteht darin, dass dort sogar kleinste Nuancen der Ehrbezeugung wahrnehmbar waren. Als Kardinal Richelieu 1625 mit dem englischen Gesandten zusammentraf, um die Ehe von König Karl I. mit Henrietta Maria von Frankreich auszuhandeln, kam es zu einem absurden Disput: Es ging um die Frage, welche teilnehmende Person wie viele Schritte im Saal zurückzulegen hatte. Richelieu löste das Problem, indem er die Versammlung von seinem Bett aus leitete und auf diese Weise die Regeln des Protokolls änderte.

König Ludwig XIII., dem Richelieu als oberster Minister diente, war ein zum Stottern neigender, oftmals verdrießlicher Zeitgenosse, der viel mehr Interesse an der Falknerei und der Jagd als an den Staatsgeschäften erkennen ließ. Der Herrscher und sein Minister machten Frankreich zur absoluten Monarchie, aber Ludwig hatte keine hohen Ansprüche, was bemerkenswert für einen König seiner Abstammungslinie war. Während seiner Regentschaft benutzte er meist gerade einmal zwei Betten, ein schwarzes mit silbernen Ornamenten und ein scharlachrotes, das Goldverzierungen aufwies. Man vergleiche das mit Gabrielle d'Estrées, der Mätresse seines Vaters Heinrich IV.: Sie besaß zwölf üppig ausgestattete Betten allein für die Winterzeit. Der satirische Dramatiker und Schauspieler Jean-Baptiste Poquelin, besser bekannt unter dem Namen Molière, hatte unter Ludwig XIII. das Amt des *Tapissier du Roi* inne, war also königlicher Dekorateur wie sein Vater vor ihm. Er teilte den Geschmack des Königs nicht, schlief aber in einem teuren Bett, das auf klauenartigen Füßen stand und ein geschnitztes und vergoldetes Kopfbrett sowie Brokatvorhänge mit floralem Muster aufwies. Darüber hinaus besaß er 18 elegante Nachtgewänder. Bei der Ausgestaltung des Schlafgemachs Ludwigs XIII. spielte femininer Geschmack kaum eine Rolle, da dessen Ehe mit Anna von Österreich nicht harmonisch war und er eigentlich immer von seiner Gemahlin getrennt lebte. Ludwig hatte keine Mätressen. Anna erlitt mehrere Fehlgeburten, aber 1638 bekam das Paar doch noch einen gemeinsamen Sohn, der 1643 im Alter von erst vier Jahren als König Ludwig XIV. inthronisiert wurde. Er herrschte 72 Jahre.

Königliches Protokoll

Ludwig XIV., bekannt als der Sonnenkönig, war fest vom göttlichen Recht des Königs überzeugt und leitete daraus den Anspruch ab, Frankreich in ein zentral regiertes Königreich zu verwandeln, das er vom Palast in Versailles aus beherrschte.[6] Die Adligen, die es an den Hof zog, mussten dem König Tag und Nacht zu Diensten sein, wenn sie in den Genuss von Pensionen und anderen Privilegien kommen wollten. Ludwig, stets im Mittelpunkt der Aufmerksamkeit, stand immerzu unter öffentlicher Beobachtung. Jeden Tag sorgte er für die entsprechende Unterhaltung der Adligen, arrangierte Festlichkeiten und andere kostspielige Zerstreuungen, gleichzeitig ließ er sie keinen Moment aus den Augen. Mit seiner Zentralgewalt schwächte er die Vormachtstellung der Aristokratie und erwirkte, dass die ständigen Bürgerkriege nachließen, die seine Vorgänger belastet hatten. Vor allem aber regierte er Frankreich äußerst effektiv und leitete sogar Feldzüge vom Bett aus. Betten waren die Bühnen, auf denen er in Erscheinung trat, und er war wirklich besessen von ihnen.

Das Betteninventar Ludwigs XIV. listet mindestens 25 verschiedene Designs. Im königlichen Bettenlager in Versailles standen etwa 400 Betten, viele davon hatten sogar Namen, abgeleitet von den jeweiligen auf die Gobelinbettvorhänge gestickten Ornamenten. An einem dieser Betten, das *Le Triomphe de Venus* hieß, arbeitete der Gobelinmeister Simon Delobel ganze zwölf Jahre. Der König schenkte seinen Nachkommen Betten, er überließ sogar seinem Leibarzt eins. Es heißt, der Sonnenkönig habe Spiegel an der Innenseite des Betthimmels anbringen lassen und auf die üblichen erotischen Gemälde verzichtet, um seine etwas zurückhaltenderen Gäste zu ermuntern. Als dann jedoch eine sehr übereifrige Geliebte einen der Spiegel beschädigte, dessen Splitter den König beinahe getötet hätten, endete das königliche Experiment abrupt.

Zwangsläufig wurde die Bettendekoration samt vergoldeten Details im ganzen Königreich immer aufwendiger, unter dem Einfluss von Ludwigs Vorbild und der jeweils vorherrschenden Mode. Letzten Endes untersagte der König Archivaren, Notaren, Anwälten, Kaufleuten, Künstlern und deren Frauen den Besitz von Mobiliar mit vergoldeten Ornamenten; überdies durfte niemand Betten haben, die mit Gold und Silber verziert waren. Wer sich nicht an das Verbot hielt, musste mit einer Geldstrafe rechnen und die Möbelstücke, die den Unmut des Monarchen hervorriefen, abliefern, doch diese Regel scheint niemand lange befolgt zu haben.

Das Leben Ludwigs XIV. spielte sich in der Öffentlichkeit ab, wie bei manch einem Mitglied des Königshauses vor ihm. Tatsächlich erinnerte sein Leben an das eines ägyptischen Pharaos, denn jeder noch so kleine Aspekt im Tagesablauf war geregelt und durchorganisiert. Der griechische Historiker Diodor erwähnt einen Pharao aus dem 1. Jahrhundert v. Chr., der zu einer festgesetzten Zeit mit seiner Frau zu schlafen hatte.[7] Und so war es auch bei Ludwig, der während seiner langen Herrschaft in seinem Schlafgemach in Versailles Hof hielt. Das rituelle Aufstehen am Morgen und Zubettgehen am Abend, *Lever* und *Coucher*, war integraler Bestandteil seiner Herrschaft. »Hatte man einen Almanach und eine Uhr zur Hand, so konnte man dreihundert Meilen vom Hof entfernt sein und wusste trotzdem genau, was er [der König] gerade machte«, notierte Ludwigs Patenkind Louis de Rouvroy, Herzog von Saint-Simon, bekannt für seine weitschweifigen Memoiren.[8] Der Tagesablauf des Königs folgte festen Vorgaben, die so genau beachtet wurden wie das Zeremoniell bei Hofe, und deshalb planten alle Minister und anderen Amtsträger ihren Tag entsprechend. Vom Bett aus traf Ludwig Entscheidungen, erließ Edikte und empfing diejenigen, die das Privileg genossen, dort vor den halbgöttlichen Herrscher treten zu dürfen: Zu dieser Gruppe vom Glück Begünstigter gehörten nicht nur Höflinge und entfernte Verwandte, sondern auch die unehelichen Sprösslinge des Sonnenkönigs – sehr zum Verdruss des empörten Herzogs von Saint-Simon.

Das morgendliche Aufstehen und abendliche Zubettgehen des Sonnenkönigs war so vorhersagbar wie der Lauf der Sonne selbst. Ludwig ließ sein Schlafgemach sogar so umgestalten, dass er morgens die ersten Strahlen der aufgehenden Sonne zu Gesicht bekam. Offiziell geweckt wurde er unter der Regie des ersten Kammerdieners etwa um 8:30 Uhr, auch wenn der Herrscher schon eine Weile auf den Beinen war. Der erste Leibarzt und der erste Wundarzt kümmerten sich um ihn, danach folgte ein privates Beisammensein, zu dem einige wenige Auserwählte zugelassen waren, darunter auch seine Amme aus Kindheitstagen, die ihm stets einen Kuss gab. Der König wurde gewaschen, gekämmt und jeden zweiten Tag rasiert, alles im Beisein seiner Auserwählten. Die Kammerdiener und Vorsteher der königli-

Das Bett König Ludwigs XIV. in Versailles

chen Kleiderkammer waren zugegen, während Ludwig angekleidet wurde und zum Frühstück Suppe zu sich nahm. Das feierliche Zeremoniell des Aufstehens sah vor, dass die Gobelinvorhänge am Bett weggezogen wurden – all das spielte sich vor den Augen des ersten Kammerherrn, der engsten Dienerschaft Seiner Majestät und vor bedeutenden Mitgliedern des Hofes ab, die sogar eine Art Eintrittsgeld entrichteten, um der Zeremonie beiwohnen zu können. Sie schauten von der vergoldeten Balustrade aus zu, die das herrschaftliche Bett vom Rest des Schlafgemachs abtrennte. Für Adlige war das der geeignete Moment, um sich kurz und ehrerbietig mit dem Herrscher auszutauschen – ein symbolischer Augenblick der Zugänglichkeit und Intimität.

Im weiteren Verlauf des Morgens wurde es im Schlafgemach voller. Wenn der König seine Strumpfhose angelegt hatte und in seine Schuhe schlüpfte, waren unter den Schaulustigen bereits jene Personen, die für die Durchführung künstlerischer Darbietungen verantwortlich waren, aber auch Ludwigs Minister und Sekretäre. Erst zum fünften Entrée waren Damen zugelassen, beim sechsten erschienen dann die legitimen und illegitimen Sprösslinge des Herrschers mit ihren Partnern. Es konnte also durchaus vorkommen, dass sich bis zu 100 Personen im königlichen Schlafgemach tummelten.

In der Zwischenzeit hatte sich eine Prozession im Spiegelsaal gebildet, in unmittelbarer Nähe zu den königlichen Gemächern. Gegen 10 Uhr durchquerte Ludwig die Paradesäle, gefolgt von seinen Höflingen. Oft war er von einer Menschentraube umringt, hier und da steckten ihm Leute Zettel zu oder versuchten, ein paar Worte mit ihm zu wechseln. Eine halbe Stunde später besuchte Ludwig die Messe in der Königlichen Kapelle. Um 11 Uhr war er wieder in seinen Gemächern und widmete sich den Staatsangelegenheiten, die fünf oder sechs Minister auf den Tisch brachten. Gegen 13 Uhr pflegte der Sonnenkönig zu speisen, allerdings allein in seinem Schlafgemach an einem Fensterplatz. Theoretisch handelte es sich um eine einsame Mahlzeit, doch häufig lud der König Mitglieder des Hofes ein, die ihm dann beim Essen zusehen durften. Um 14 Uhr verkündete Ludwig seine Pläne für den folgenden Tag, ehe er einen Spaziergang machte, sich in einer Kutsche herumfahren ließ oder seiner Lieblingsfreizeitbeschäftigung nachging – der Jagd im Park oder einem Ausritt in den umliegenden Wäldern. Für gewöhnlich kehrte er gegen 18 Uhr zurück. Am frühen Abend war Zeit für eine kleinere Zusammenkunft samt Unterhaltungseinlagen, aber auch für offizielle Dokumente. Gegen 22 Uhr hielt sich Ludwig wieder im Vorzimmer seines Schlafgemachs auf, in dem sich bereits eine Menschenmenge drängte, um dem König bei der prachtvollen öffentlichen Abendmahlzeit zuzuschauen, die er im Kreis von Mitgliedern des Königshauses einnahm. Danach zog sich der Monarch in seine Privatgemächer zurück, um sich dort freier und ungezwungener mit engen Vertrauten und Familienangehörigen zu unterhalten. Um 23:30 Uhr begann die Zeremonie des Zubettgehens, das *coucher*, also das morgendliche Ritual in umgekehrter Reihenfolge. Symbolisch zelebrierte der Sonnenkönig den Sonnenuntergang am Ende des Tages. Nach einer Regierungszeit von 72 Jahren verstarb er in seinem Schlafgemach. Der Palast von Versailles war Ausdruck absoluter Herrschaft, ein Symbol für die Macht Ludwigs XIV. und das abseits von Paris gelegene, unfehlbare Kraftzentrum des Reiches. Selbst die künstlichen Gartenanlagen, auf dem Reißbrett entworfen und tadellos instand gehalten, betonten Ludwigs alles beherrschende Macht. Das königliche Schlafgemach befand sich im oberen Stockwerk des Schlosses, mittig gelegen im nach Osten zeigenden Flügel des riesigen Bauwerks. Dies war der bedeutendste Raum im ganzen Schloss, es war der Ort, an dem der Sonnenkönig den Lauf der Sonne nachahmte, und von dort aus strahlten seine Entscheidungen und Beschlüsse über ganz Frankreich aus.

Sitzungssaal mit Bett

Ludwig XV., der Nachfolger des Sonnenkönigs, hatte nur ein Bett und verzichtete auf den Großteil der Schlafgemachzeremonien seines Urgroßvaters. Der englische Kunsthistoriker und Politiker Horace Walpole, der 1765 am Hof Ludwigs XV. weilte, berichtete, man habe ihn in das königliche Schlafgemach geführt, als der König gerade sein Hemd anzog. Offenbar »plaudert der Monarch gut aufgelegt mit einigen wenigen, straft Fremde mit finsteren Blicken, geht zur Messe, zur Abendmahlzeit und auf die Jagd.« Die Königin habe sich im selben Raum aufgehalten, an einer Frisierkommode, umgeben von »zwei oder drei alten Damen«.[9]

Das zeremonielle Schlafgemach Ludwigs XV. war eine prächtige, wenngleich unpraktische Kulisse für einen Mann, der seine Privatsphäre liebte. Deshalb ließ Ludwig 1738 ein neues Gemach einrichten, das kleiner und leichter zu heizen war, da es nach Süden ging. Das Bett stand in einem Alkoven; ein Merkmal prunkvoll ausgestatteter Gemächer, das womöglich aus Spanien stammte. Der mit einer Balustrade vom eigentlichen Raum abgetrennte, oft mit Säulen versehene Alkoven bildete tatsächlich einen eigenen Raum innerhalb des Gemachs. In Ludwigs Alkoven standen Stühle, so dass er den abgetrennten Bereich auch für kleine Empfänge nutzen konnte. Ein Jahrhundert später waren Alkoven kleiner und abgeschieden und konnten für diskretere Belange genutzt werden.

Die Lieblingsmätresse des Königs war Madame de Pompadour, die von 1745 bis 1751 im zentralen Bereich des Schlosses ein eigenes Vierzimmerapartment bewohnte. Ludwig konnte ihr Schlafgemach von seinen privaten Gemächern aus betreten. Eine spätere Mätresse, die Gräfin du Barry, bewohnte ein weiteres prachtvolles Apartment, dessen Schlafgemach über eine verborgene Treppe zu erreichen war.

Königliche Schlafgemächer waren inzwischen offizielle Orte – selten schlief jemand in dem Bett, noch seltener dürfte es in den Betten eines dieser Gemächer zu ungezügeltem Sex gekommen sein. Man sollte vielleicht lieber von formellen Sitzungsräumen sprechen, von einem Ort, an dem königliche Entscheidungen gefällt wurden. Von Bedeutung war, wer Zutritt zu diesen Räumen hatte. Es kam einer großen Ehre gleich, den Herrscher in Unterwäsche oder plaudernd im Bett anzutreffen, und diese Ehre wurde nur den ambitioniertesten und herausragenden Höflingen und Staatsdienern zuteil. Das Bett selbst war ein Symbol für die Pracht der Monarchie, daher hatte jedes Prunk- und Paradebett die Funktion, die Besucher zu beeindrucken. Einige Betten waren Symbole wahrer Opulenz, wie etwa das Bett der englischen Königin Anne, das in Auftrag gegeben wurde, als die Regentin 1714 im Sterben lag. Es war fast 5,5 Meter hoch, bestand aus 57 Einzelteilen und war mit gelben und scharlachroten Vorhängen dekoriert, hinzukamen äußerst teure Seidenmatratzen. Die Kosten für das Bett beliefen sich auf die enorme Summe von 674 Pfund – zu jener Zeit hätte man dafür ein bescheidenes Stadthaus in London kaufen können. Niemand hat je in diesem Bett geschlafen. Selbst das Reisebett, das 1716 für den Prinzen von Wales angefertigt wurde, den späteren König Georg II., war ein prachtvolles Möbelstück. Dieses Bett brachte es auf 54 Einzelteile, komplett mit Matratzen und Bettvorhängen. Bis etwa 1771 waren kunstvoll ausgestaltete königliche Betten eine Selbstverständlichkeit. Nur wenige indes konnten dem Paradebett von Königin Charlotte Konkurrenz machen, der Gemahlin König Georgs III. von England: Es war über und über mit exquisiten, floralen Stickereien versehen, ausgeführt von den Damen der Royal School for Embroidering Females von Phoebe Wright, einer Wohltätigkeitsorganisation, die von der Königin gefördert wurde.

Als Königin Victoria im Jahr 1837 den Thron bestieg, wurde die Schlafzimmertür fest geschlossen. Victorias stark ausgeprägter Wunsch nach Privatsphäre passte genau zu einem gehemmteren Zeitalter, in dem Schlafgemächer und Betten dem Blick der Öffentlichkeit entzogen waren. Nur ein paar Regeln blieben, unter anderem die Anwesenheit des Innenministers bei königlichen Geburten. Diese Sitte endete erst 1948 mit der Geburt von Prinz Charles.

Kunstvoll dekorierte Betten blieben in Mode, insbesondere bei den Reichen und bei einigen östlichen Potentaten. Vielleicht liegt das daran, dass wir so viel Zeit unseres Lebens darin verbringen, und außerdem: Warum sollte man sich nicht behaglich zurücklehnen in all den luxuriösen Insignien von Reichtum und schöner Kunst? Wenige Betten sind so prunkvoll wie das von Sadiq Muhammad Khan Abbasi IV., dem 12. Nawab von Bahawalpur (einem Teil des heutigen Pakistans). 1882 bestellte er ein mit Silber überzogenes Bett bei Maison Christofle in Paris, einem Unternehmen, das für Silberlegierungen und edles Tafelgeschirr berühmt war (und noch ist!). Die Inhaber waren vertraut im Umgang mit Königshäusern, sie belieferten z. B. den Sultan des Osmanischen Reichs wie auch adlige Familien in ganz Europa und Asien. Maison Christofle stattete den Elysée Palast aus und lieferte in der Zeit von 1860 bis 1940 das Tafelgeschirr sowie das Mobiliar für den Orient-Express. Für Abbasi konstruierte man ein Bett aus »dunklem Holz, verziert mit punziertem Sterling-Silber und vergoldeten Details sowie Monogrammen […] flankiert von vier lebensgroßen, nackten hautfarbenen Frauenfiguren aus Bronze mit echtem Haar, beweglichen Augen und Armen – in den Händen hielten die Damen Fächer und Pferdeschweife.«[10] All diese Dekorationen verschlangen 290 Kilogramm Silber. Die vier Figuren, die Frauen aus Frankreich, Griechenland, Italien und Spanien repräsentierten, hatten je nach Herkunft entsprechende Haar- und Hautfarben. Ein eigens eingebauter Mechanismus erlaubte es dem Nawab, die Fächer der Damen in Bewegung zu setzen; die Frauen konnten ihm sogar im Bett zuzwinkern. Eine ebenfalls eingebaute Spieluhr ließ 30 Sekunden Musik aus Gounods *Faust* ertönen. Nach dem Tod des Nawab verschwand das Bett zunächst. Letzten Endes spürte man es aber doch auf, und zwar im Sadiq Garh Palace der Abbasi-Familie in Bahawalpur. Als der letzte Nawab 1966 verstarb, ließ der Premierminister eine Inventarliste all seiner Besitztümer erstellen. Jahrelang stand das Bett im Silbernen Schlafgemach des Palasts, der jedoch samt Inventar versiegelt war, da es zwischen den Erben des Nawab zum Streit gekommen war. 1992 war das Bett plötzlich nicht mehr auffindbar.

Abbasi herrschte nie von seinem Königsbett aus, sondern nutzte es ausschließlich privat. Das öffentliche Schlafgemach und das Regieren vom Bett aus waren eher ein europäisches Phänomen. Heutzutage herrscht kein Monarch mehr vom Paradebett aus über das Land. Die königliche Wiege bleibt vor den Augen der Öffentlichkeit verborgen. Selten nehmen Betten in der Geschichte noch einen besonderen Stellenwert ein, und dann auch nur als Kulisse, nicht mehr als Sinnbild einer göttlich abgesegneten Herrschaft. Während des Zweiten Weltkriegs regierte Winston Churchill zwar vom Bett aus, mit einer Mischung aus Verschrobenheit und Flair, die allerdings manchmal für Verwirrung oder gar Chaos sorgte. Großbritanniens Chef des Generalstabs und wichtigster militärischer Berater Alan Brooke, 1. Viscount Alanbrooke, verbrachte viele Stunden in Churchills Schlafzimmer und beklagt sich in seinem Tagebuch, was für eine Herausforderung es gewesen sei, mit dem Premierminister zu verhandeln. Ein Tagebucheintrag vom 27. Januar 1942 mag stellvertretend für die alltäglichen Begegnungen stehen:

> Das Gespräch war typisch für viele weitere dieser Art. Die Szenerie in seinem Schlafzimmer war immer die gleiche, und ich wünschte nur, ein Künstler hätte das auf Leinwand festhalten können. Allein für den Anblick des rot-goldenen Morgenmantels hätte sich schon ein Besuch gelohnt, und nur jemand wie Winston konnte überhaupt auf die Idee kommen, so etwas zu tragen! Er sah darin eher wie ein chinesischer Mandarin aus! Der spärliche Haarkranz war wie immer zerzaust auf dem ansonsten kahlen Schädel. Aus dem Mundwinkel ragte eine dicke Zigarre. Papiere und Telegramme lagen überall verstreut auf dem Bett. Manchmal stand noch das Tablett mit den Frühstücksresten auf dem Nachttisch. Und ständig läutete er die Glocke, weil er Sekretäre, eine Schreibkraft, Stenographen oder seinen getreuen Kammerdiener Sawyers zu sprechen wünschte.[11]

Die Geschichtsschreibung verrät uns nicht, ob Churchill die Besprechungen deshalb vom Bett aus führte, um bedeutende Amtsträger absichtlich durcheinanderzubringen. Zuzutrauen wäre es ihm, aber der Kontrast zu Ludwigs XIV. durchchoreographierter Zeremonie von *Lever* und *Coucher* hätte nicht größer ausfallen können.

Ein privater Rückzugsort

Nachdem wir also die Evolutionsgeschichte des Betts vor Ihnen ausgebreitet haben, kommen wir nun zu Ihnen selbst. Wenn Sie sich nicht groß von anderen westlich geprägten Menschen unterscheiden, wird Ihr Bett vermutlich verborgen in Ihrem Schlafzimmer stehen, typischerweise in einem der oberen Stockwerke oder im rückwärtigen Bereich eines Hauses. Aufgrund unserer Vorstellungen von Privatsphäre, Sexualität und Schlaf ist Ihr Schlafzimmer wahrscheinlich ein Ort, den nur wenige Auserwählte betreten, nicht viele bekommen Ihr Bett zu Gesicht. Als die junge britische Performance-Künstlerin Tracey Emin in den späten 1990er Jahren der Öffentlichkeit ihr zerwühltes Bett präsentierte (s. S. 5), sorgte sie damit für einen Eklat. Der Kritiker Jonathan Jones fragte sich 2008 spitzzüngig, ob die Künstlerin noch andere Ideen habe als die Bereitschaft, private Traumata kundzutun. 1616 hingegen, als Shakespeare seiner Frau, mit der er seit 34 Jahren verheiratet war, sein »zweitbestes Bett« vermachte, war das nicht als Brüskierung gemeint, im Gegenteil: Es war eine zärtliche Geste, da sie beide dieses Ehebett geteilt hatten. Zu Shakespeares Zeit stand das beste Bett meistens im großen Wohnraum, damit Besucher es bewundern konnten – und den Wohlstand eines Haushalts würdigten, in dem es zwei Betten gab. Wie kam es, dass unsere Betten zur Privatsache geworden sind?

Auf der Suche nach Privatsphäre

Als der Informatiker und einer der »Väter des Internets« Vint Cerf von Google 2013 verlauten ließ, die Privatsphäre sei eine Anomalie der Moderne, erntete er heftige Kritik.[1] Historisch betrachtet, hat er natürlich recht. Was wir heutzutage als Privatsphäre bezeichnen, mit all ihren Komponenten wie individuelle

Geheimhaltung und Abgeschiedenheit vom öffentlichen Raum, ist nur etwa 150 Jahre alt, auch wenn die Idee der Privatsphäre ältere Wurzeln hat. In diesem Zusammenhang ist es interessant, dass das moderne Schlafzimmer auch erst seit zwei Jahrhunderten existiert. Bis zur industriellen Revolution stand die Privatsphäre in keiner menschlichen Gesellschaft an erster Stelle. Im Vergleich mit Faktoren wie Geld, Status, Sicherheit und Zweckmäßigkeit nimmt die erwünschte Abgeschiedenheit einen der hinteren Plätze ein.

In prähistorischer Zeit verhinderte das Bedürfnis nach Wärme und Schutz, dass so etwas wie Privatsphäre entstand. Die Menschen lagen eng beieinander oder scharten sich um die Feuerstelle. Sehr wahrscheinlich bekamen es die Kinder mit, wenn ihre Eltern Sex hatten, denn die Kleinen schliefen ebenfalls am Feuer oder in der gemeinsamen kleinen Behausung. Bronislaw Malinowski hält in seinem berühmten Bericht über das Sexualleben der Menschen auf den Trobriand-Inseln aus dem Jahr 1929 fest, dass die Erwachsenen keine speziellen Vorkehrungen trafen, um zu verhindern, dass ihre Kinder den Geschlechtsverkehr mitbekamen.[2] Die Eltern ermahnten ihre Kinder lediglich, wenn diese zu offensichtlich zusahen, und forderten sie auf, den Kopf unter die Schlafmatte zu stecken. Andererseits fand Sex in traditionellen Jäger- und Sammlergemeinschaften und den frühen sesshaften Gemeinschaften mit Ackerbau und Viehzucht im Freien abseits der Schlafplätze statt, also an Orten, an denen niemand zusah und man sich ungezwungener geben konnte. Dennoch verzichteten Menschen, die in einer unwirtlichen Umgebung oder Landstrichen lebten, durch die wilde, fleischfressende Tiere streiften, gern auf Privatsphäre, um dadurch das eigene Überleben zu sichern. Bei den traditionellen Gemeinschaften in der Arktis hält man es für sehr gefährlich, ja, geradezu dumm, außerhalb der Behausungen Abgeschiedenheit zu suchen.

Niemand weiß, wann der Wunsch nach Privatsphäre überhaupt aufkam. Vermutlich zu einer Zeit, als sich die Herrschenden und Adligen immer weiter von den Normalsterblichen absonderten. Die ägyptischen Pharaonen schliefen auf erhöhten Betten, wie auch bedeutende Amtsträger; alle anderen lagen auf Matten auf dem Fußboden um sie herum. Die alten Griechen verstanden sich ausgezeichnet auf Architektur und Geometrie, manchmal entwarfen sie Gebäude, in deren Räumlichkeiten möglichst viel Licht fallen sollte. Das bedeutete natürlich, dass die Bewohner dieser Räumlichkeiten quasi auf dem Präsentierteller lebten. Selbst das lateinische Wort *privatus*, von dem sich unser Wort ›privat‹ herleitet, bezog sich üblicherweise nur auf einen Bürger, der keine öffentlichen Ämter innehatte. *Privatus* kommt von dem lateinischen Wort *privare* für ›berauben, entbehren‹, aber auch ›befreien‹ bzw. ›freilassen‹.

Damals wie heute scheint die Privatsphäre aber kontrovers diskutiert worden zu sein. Einige kluge Köpfe wie Sokrates blickten mit Geringschätzung auf diejenigen herab, die sich verbargen, um Privatsphäre zu erlangen. Zu diesem Wunsch nach Alleinsein und Abgeschiedenheit soll er angemerkt haben: »Dadurch wird niemand je die ihm zustehende Ehre oder ein Amt erlangen«, nicht einmal Gerechtigkeit. Die weitaus weniger egalitären Römer genossen es, ihren Reichtum zur Schau zu stellen, sei es in Form von großen Villen und Landsitzen, groß angelegten Fischteichen oder Stadthäusern. Die Residenzen der Reichen waren oftmals wie Museen für die Neugierigen. Plinius der Ältere schrieb 77 n. Chr., wie glücklich sich doch die Wohlhabenden schätzen dürfen, denn »nichts bleibt verborgen […], auch nicht ihre Schlafgemächer und vertrauten Rückzugsorte […], und all ihre Geheimnisse geben Anlass zu Gerede.«[3] Tatsächlich besaßen viele größere Häuser der Römer keine speziellen Schlafräume, sondern stattdessen tragbare Betten, die man bequem von einem freien Zimmer ins andere bringen konnte.

In den öffentlichen Bädern verbargen die Römer nichts voreinander, und die Latrinen nebenan waren ebenfalls öffentliche Orte, an denen Leute unbefangen nebeneinandersaßen. Archäologische Funde weisen nur selten auf kabinenartige Unterteilungen hin. Die Menschen saßen auf Bänken mit u-förmigen Löchern, wenn sie sich erleichtern mussten, wischten sich mit Lumpen ab oder benutzten an Stäben befestigte Schwämme und plauderten dabei – ohne Schamgefühl. Auch die Latrinen waren soziale Treffpunkte. Lässt man den Luxus und die Zurschaustellung der Privilegierten beiseite, lebten die meisten römischen Stadtbewohner in überfüllten, oftmals schäbigen Wohnblöcken (den *insulae*), wo es ohnehin keine Privatsphäre gab. Es störte kaum jemanden. Sex mit »öffentlichen« Prostituierten war (für Männer) kein Grund zur Heimlichtuerei, sondern eine offene Quelle des Vergnügens. Ein Graffito aus Pompeji bestätigt: »Bäder, Wein und Sex verderben unseren Körper, aber Bäder, Wein und Sex machen das Leben erst lebenswert.«[4] Privatsphäre hatte auch sonst nirgends auf der Welt Priorität. Die chinesischen *kangs*, jene mit Matten ausgelegten, beheizten Steinplattformen, die erstmals für 5000 v. Chr. belegt sind, waren keine privaten Schlafräume, sondern Orte, an denen mehrere Personen schliefen, aßen und Geselligkeit suchten. Um 1000 v. Chr. zeichnet sich allmählich ab, dass erhöhte Schlafstätten das Schlafen auf dem Boden ablösten. Die vergoldeten und mit Schnitzwerk versehenen Schlafgemächer der Elite – im Grunde keine Rückzugsorte, sondern Räume für die Zurschaustellung des Mobiliars – wurden zu Orten, an denen man schlief und Gäste empfing. Einige dieser Räume hatten Vorrichtungen, um Kleider aufzubewahren.

Allerdings gab es einen Bereich des menschlichen Lebens, zu dem Geheimhaltung und Abgeschiedenheit vermutlich immer dazugehörten: die Religion. Als Archäologen stoßen wir in fast jedem religiösen Umfeld auf Privatsphäre – angefangen bei der Anlage der jemenitischen Tempel aus der Eisenzeit mit ihren dreiteiligen Heiligtümern, die stets verborgen im hinteren Bereich lagen, über die geheimen Mumifizierungsriten der ägyptischen Priesterkaste bis hin zur großartigen Höhlenkunst der Eiszeit, tief verborgen in unzugänglichen Höhlensystemen. Geheimhaltung bringt nicht nur Macht, sondern auch die Illusion göttlichen Wirkens mit sich. Das Christentum erwies sich als einer der stärksten Katalysatoren für eine westliche Version der

Privatsphäre. In Anlehnung an Jesus' 40-tägigen Aufenthalt in der Wüste bildete die Abgeschiedenheit ein zentrales Motiv christlicher Vorstellungen. Geradezu besessen von Gedanken an Sterblichkeit und Sünde in einer Welt, in der das Böse überall lauerte, zogen sich ausgesprochen fromme Menschen aus dem öffentlichen Leben zurück, sogar aus den klösterlichen Gemeinschaften. Abseits weltlicher Zerstreuungen sannen sie über Gott und die menschliche Existenz nach. Der christlich-ägyptische Mönch Antonius der Große aus dem 4. Jahrhundert stellte fest: »Wie also die Fische ins Meer, so müssen wir in die Zelle zurückstreben, damit wir nicht bei dem Aufenthalt draußen die innere Wacht versäumen.« Fasten und Askese kamen in Mode, und ägyptische Eremiten, die in abgelegenen Höhlen in der Wüste hausten, strebten nach diesem neuen Ideal besonders inbrünstig. Johannes Cassianus, ein weiterer asketischer Schreiber und Zeitgenosse des Heiligen Antonius, beschrieb die strenge Diät, die er sich auferlegt hatte. Sie bestand aus trockenem Zwieback, einigen Tropfen Öl und gelegentlich kleinen Mahlzeiten aus Gemüse und Fisch. Die heutige Forschung geht davon aus, dass Cassianus bei dieser Art von Diät nur etwa 930 Kalorien pro Tag zu sich nahm. »Je ausgezehrter der Körper ist«, schrieb Cassianus, »desto besser gedeiht die Seele.« Wenn Eremiten wie er diese extreme Diät tatsächlich eingehalten haben, dann müssen sie binnen eines halben Jahres ewige Keuschheit erlangt haben. Diese gelebte Einsamkeit hatte indes nichts mit einer Suche nach Privatsphäre zu tun, es handelte sich vielmehr um eine Art Buße für Christus' Leiden am Kreuz. Es gab, wie gesagt, kein lateinisches und in der Tat auch kein Wort in einer Sprache des europäischen Mittelalters für ›Privatsphäre‹. Gleichwohl gab es das Wort *privare*, im Sinne von ›jemanden einer Sache berauben‹.[5] Königin Elisabeth I. dürfte in diesem Zusammenhang zwar erpicht auf ihre Privy Chamber gewesen sein, aber das englische Wort *privy* leitet sich ab vom Altfranzösischen *privé*, was einen angenehmen, intimen Ort bezeichnet. Der Begriff Privatsphäre erlangte erst während der Renaissance seine moderne Ausprăgung, und zwar beginnend mit einer Verkündigung des Vierten Laterankonzils. Seit diesem großen Konzil im Jahre 1215 war die Beichte für jedermann verpflichtend. Unter dieser Prämisse gehörte es zum Moralverständnis, sich der eigenen Sünden bewusst zu werden, indem man über sich selbst nachdachte und die eigenen Sünden im vertraulichen Rahmen der Beichte bekannte. Die Menschen wurden außerdem zu Lesern, insbesondere nachdem die Druckerpresse den Zugang zum Wissen revolutioniert hatte. Und je mehr jeder Einzelne las, desto stärker prägte sich der Individualismus innerhalb Europas aus. Religiöse Gruppierungen wie die niederländischen Brüder vom gemeinsamen Leben (auch Fraterherren) veröffentlichten religiöse Schriften mit großer Reichweite, in denen die schlichte Hingabe zu Christus propagiert wurde. Die Lehren der Fraterherren bewogen Künstler, Dichter und Theologen dazu, weltlichen Dingen zu entsagen und die Herzen ganz auf Gott auszurichten. Kartäusermönche wohnten in Einzelzellen und legten ein Schweigegelübde ab, um sich intensiver der Kontemplation hingeben zu können. Die individuelle moralische Führung wurde zunehmend nach innen verlagert, wurde Privatsache und vollzog sich in der Abgeschiedenheit.

Unterteilungen

Bis Ende des 16. Jahrhunderts waren Behausungen verbreitet, die einen großen Raum mit Feuerstelle und zentralem Schornstein aufwiesen. Man bevorzugte diese Art des Wohnens, da man sich auf diese Weise am besten im Winter warm halten konnte. Ein solches Haus entstand im Jahre 1732 in Newport, Rhode Island. Es gehörte dem Onkel unseres Lektors Bill Frucht, der sich noch daran erinnern kann, dass es sieben Räume auf zwei Etagen gab und jeder Raum eine eigene Feuerstelle besaß. Der Rauch wurde in den zentralen Kamin samt Schornstein geleitet, der das Herzstück des Gebäudes bildete. Wohlhabende lebten womöglich in

Privathäusern oder hatten separate Kammern, aber es war sehr viel annehmlicher und wärmer, den gesamten Hausstand (also auch die Bediensteten) auf engem Raum unterzubringen. Privatsphäre wurde immer noch kleingeschrieben. Nehmen wir beispielsweise die Aussage eines Bediensteten des italienischen Markgrafen Albergati Capacelli, der seinem Herrn elf Jahre lang diente. Als die Gemahlin seines Herrn vor Gericht eine Annullierung der Ehe zu erwirken versuchte, und zwar aufgrund der Impotenz ihres Mannes, bezeugte der Bedienstete 1751, er habe »drei- oder viermal gesehen, wie der besagte Marquis mit einer perfekten Erektion aus dem Bett gestiegen ist«.[6]

Zu Zeiten Capacellis waren Betten Orte, an denen man sich tatsächlich ausruhen und lesen konnte, aber mit ziemlicher Sicherheit Gesellschaft hatte. Betten waren ein nahe liegender Versammlungsort und darüber hinaus ein Platz, an dem Gäste die Nacht im Beisein der meisten Familienmitglieder, wenn nicht gar der gesamten Familie, verbringen konnten. Betten waren also, wie die königlichen Betten, gewissermaßen öffentliche Orte. Einzelbetten kamen zunächst in Hospitälern auf, in denen sich die Patienten lange Zeit Betten hatten teilen müssen. Insbesondere Kinder hatte man einfach zusammen in ein Bett gesteckt, ganz gleich, wie es um ihren Gesundheitszustand bestellt war. Natürlich verbreiteten sich ansteckende Krankheiten unter solchen Bedingungen rasend schnell.

Häuslichkeit und Privatsphäre gewannen erst im späten 18. Jahrhundert an Bedeutung. Der Lieblingstreff der Männer hatte sich inzwischen nach draußen verlagert, man frequentierte Clubs, Kaffeehäuser oder Gin Shops und versammelte sich auf der Straße, während (respektable) Frauen sich im Hintergrund hielten. Ein Zusammenwirken drastischer Entwicklungen verwandelte das häusliche Umfeld in einen Ort der Zurückgezogenheit und Erholung, in einer sich verändernden und zunehmend stressigen Welt. In diesem Zuge war das Erstarken des Evangelikalismus ein ausschlaggebender Faktor, glaubte man doch in evangelikalen Kreisen an die Kraft der Familienbande, mit deren Hilfe man nicht nur innerhalb der eigenen Verwandtschaft, sondern auch darüber hinaus gute Beziehungen pflegen konnte. Das christlich geprägte Heim wurde zum Mikrokosmos der Liebe und Freigebigkeit, einem Gegenentwurf zur zunehmend harschen, rücksichtslosen Welt des Arbeitsplatzes. Männer kamen von der Arbeit und fanden zu Hause ein harmonisches Umfeld vor, in dem sie von Liebe und heiterer Gelassenheit aufgefangen wurden. Auch wenn sie ihre christlichen Wurzeln verloren hat, hat sich diese Vorstellung so verfestigt, dass sie zu einer Norm im weltlichen Leben wurde.

Die industrielle Revolution machte die meisten Europäer zu Städtern. Um 1800 lebten nur etwa 20 Prozent der Bevölkerung Großbritanniens in Städten. Schon ein Jahrhundert später waren es 80 Prozent, und mit mehr als vier Millionen Menschen war London die größte Metropole der Welt. Die meisten der kleinen Reihenhäuser, die man heutzutage dort immer noch sieht, entstanden um 1900. In der zunehmend hektischen Betriebsamkeit der Großstadt standen diese Häuser sinnbildlich für die Suche nach räumlicher Abgeschiedenheit und für den Wunsch, sich von Familienmitgliedern zurückziehen zu können. In Paris war das nicht viel anders. Trotz der städtischen Ausdehnung arbeiteten etwa zwei Drittel aller französischen Beschäftigten zu Hause. Heutzutage arbeiten fast alle Europäer außerhalb des eigenen Wohnumfelds.

Der Arbeitsplatz hatte sich im 19. Jahrhundert grundlegend verändert: Fabriken, festgelegte Arbeitszeiten und ein höheres Maß an reglementierten Arbeitsbedingungen waren die Regel geworden.[7] Aus dem Haus gehen, um zur Arbeit zu kommen, mussten Arbeitnehmer und Selbstständige nun gleichermaßen. Ärzte, die zuvor Sprechzimmer im eigenen Haus gehabt hatten, arbeiteten nunmehr in Praxen. Hatten Frauen in früheren Zeiten noch in den Geschäften ihrer Männer an der Verkaufstheke ausgeholfen oder die Buchhaltung erledigt, verbrachten sie nun ihr Leben isoliert im häuslichen Umfeld. Die klassische Hausfrau war geboren.

Im Verlauf des 19. Jahrhunderts zogen viele Menschen in die Vororte der Großstädte, gingen aber noch im Stadtzentrum ihrer Arbeit nach. Diese Trennung von Wohnen und Arbeiten wurde gleichsam zu einer neuen Philosophie: Die arbeitende Bevölkerung führte zwei Leben, eins während der Arbeit, das andere in den eigenen vier Wänden. Zwei Leben, zwei vollkommen unterschiedliche Individuen. 1908 trug ein bekanntes Pamphlet zur Selbsthilfe aus der Feder von Arnold Bennett den optimistischen Titel: »Wie lebt man 24 Stunden am Tag?« Bennett macht genau diese Unterscheidung von Arbeit und Wohnumfeld und deutet an, dass der durchschnittliche Arbeiter oder Angestellte nicht mehr selbst über seinen Arbeitstag bestimmen könne. Nur außerhalb der Arbeit könne man wirklich leben. Bennett empfiehlt vor allem die Lektüre der antiken Philosophen und rät davon ab, die Zeit mit dem Lesen von Zeitungen zu vergeuden. Der Vater des späteren Kunstkritikers und Autors John Ruskin stellte der Langeweile und Trostlosigkeit der städtischen Gesellschaft den »Kreis der Familie am eigenen Kamin« gegenüber: »Wenn meine Frau mir gegenübersitzt und den Raum mit ihrem Strahlen erfüllt, neben uns mein so außergewöhnlicher Junge«[8]. Dieser Gedanke, nämlich dass die Bereiche des eigenen Lebens klar voneinander getrennt sind, wurde auf das Zuhause übertragen. Von nun an gab es keine Mehrzweckzimmer mehr, in denen das Mobiliar verschoben werden konnte (übrigens kommt unser Wort ›Möbel‹ bzw. das französische Wort *meuble* vom lateinischen *mobilis* ›beweglich‹). Von nun an war jedes Zimmer im Haus für eine bestimmte Aktivität vorgesehen, nicht nur gesellschaftlich betrachtet, sondern auch innerhalb des Abhängigkeitsverhältnisses von Arbeitgeber und Arbeitnehmer bzw. Hausherr und Bedienstetem. Zum ersten Mal wurden reine Schlafzimmer alltäglich.

Seit dem 19. Jahrhundert war es in den wohlhabenden Häusern des Westens ganz normal, dass die Menschen in eigenen Schlafzimmern schliefen. Bedienstete und Hausangestellte schliefen nicht mehr bei der Familie des Hausherrn, noch lagen sie in der Großen Halle oder den Küchenräumen beisammen. Jeder hatte nun sein eigenes Quartier. Aus viktorianischer Sicht war die Frau innerhalb des häuslichen Reichs so etwas wie ein »guter Engel des heimischen Glücks«. Sie stand dem Haushalt vor, wobei sie ihre Autorität aus der ihres Ehemanns ableitete. Nirgends trat diese Auffassung deutlicher zutage als im Schlafzimmer des Mittelstandes. Hatten diese Zimmer zuvor als Wohn- und Schlafraum gedient, so waren sie nunmehr reine Schlafzimmer. In viktorianischer Zeit fand man es erstrebenswert, möglichst viele Zimmer mit klar definiertem Zweck zu besitzen, und das bedeutete wiederum, dass Mann und Frau womöglich getrennte Schlafzimmer hatten – vielleicht mit Zwischentür, jedes Schlafzimmer mit eigenem Ankleidezimmer. Die Herrin eines solchen Hauses konnte sich in ihr privates Boudoir zurückziehen (abgeleitet vom französischen Wort *bouder* für ›schmollen‹).

1875 erschien im Magazin *Architect* ein maßgebender Essay, in dem es hieß, Schlafzimmer seien allein dem Schlafen vorbehalten. Jede andere Nutzung sei so ungesund wie unmoralisch und verstoße gegen das Prinzip, dass jeder bedeutende Aspekt des Lebens ein eigenes Zimmer benötige. Doch nicht nur das gemeinschaftlich geteilte Schlaflager wurde als unmoralisch betrachtet – selbst das kleinste städtische Haus sollte zwei Schlafzimmer aufweisen, eins für die Eltern, das andere für die Kinder –, man machte auch gesundheitliche Bedenken geltend. Als im 19. Jahrhundert die städtischen Bevölkerungszahlen explodierten, war man auch behördlicherseits um die öffentliche Gesundheit besorgt. Viele glaubten immer noch, Krankheiten würden spontan durch schlechte Luft oder schlechtes Wasser entstehen, wobei der schlafende, ruhende Körper besonders gefährdet zu sein schien. Der Arzt B.W. Richardson empfahl 1880, Erwachsene sollten besser nicht das Bett mit ihren Kindern teilen, damit sie ihre Sprösslinge nicht der »lebenswichtigen Wärme« beraubten.

Getrennte Zimmer erweiterten die Verkaufsmöglichkeiten innerhalb einer immer stärker kommerzialisierten Welt. Die Massenvermarktung der Kindheit – samt Kinderspielzeug und Möbeln für Kinder – begann in der viktorianischen Zeit. Dass Marketing speziell auf Kinder abzielt, ist eine relativ junge Entwicklung: Sogar die angeblich uralte Konvention, bei Spielzeug, Kleidung und Möbeln für Kinder sei die Farbe Blau den Jungen vorbehalten bzw. die Farbe Rosa den Mädchen (was Eltern dazu veranlasst, alles doppelt zu kaufen), etablierte sich erst nach dem Zweiten Weltkrieg. In einem Artikel eines Modeanbieters hieß es 1918 indes noch: »Die allseits akzeptierte Regel besagt, dass sich Rosa für Jungen eignet, Blau für Mädchen. Der Grund ist, dass Rosa als ausdrucksstärkere und entschiedenere Farbe passender für einen Jungen ist, wohingegen Blau, das zarter und verspielter wirkt, hübscher für Mädchen ist.«[9]

Dass den Zimmern eines Hauses spezielle Funktionen zugewiesen wurden, spielte im Leben der ärmeren städtischen Bevölkerung vorerst keine Rolle. Ihr Leben verlief für alle sichtbar, da diese Menschen in schmutzigen, beengten Verhältnissen hausten, oft in übervollen Häuserblocks. War eine Frau krank, wusste es die ganze Straße, da die Frau sichtbar für alle im Haus im Bett lag. Diskussionen über Privatsphäre mehrten sich. Im Dezember 1890 veröffentlichte der *Harvard Law Review* einen Artikel von Louis Brandeis, der später Richter am Obersten Gerichtshof werden sollte. Darin betont Brandeis, die Menschen hätten ein Recht auf Privatsphäre, mit der Begründung, die »Intensität und Komplexität des Lebens, die mit einer fortschreitenden Zivilisation einhergehen«, hätten dazu geführt, »dass Abgeschiedenheit und Privatsphäre für den Einzelnen eine größere Bedeutung gewonnen haben«.[10] 1868 hatte das Gericht erklärt, der Schutz der häuslichen Privatsphäre umfasse auch die

Kontrolle des Mannes über das öffentliche und private Leben seiner Ehefrau – dazu gehörte auch das Recht, die Frau körperlich zu züchtigen.

In einem Jahrhundert, in dem Großbritannien über einen beträchtlichen Teil der Welt herrschte, verfestigten sich die viktorianischen Wertvorstellungen und Anleitungen zur perfekten Haushaltsführung auch in fernen Ländern, von Australien und Neuseeland über Asien bis in viele Länder im tropischen Afrika. Koloniale Verwaltungsbeamte brachten ihr Mobiliar mit sowie ihre Vorstellungen, wie man ein Haus zu dekorieren habe, natürlich auch ihre Schlafzimmergarnitur mit Betten und Bettzeug. Gegen Ende des 19. Jahrhunderts waren die Vorstellungen der Mittelschicht von Privatsphäre, insbesondere der Privatsphäre im Schlafzimmer, tief verwurzelt in den USA. Zwei Jahrhunderte zuvor hatten Häuser in Neuengland noch ein Erdgeschoss besessen, in dem gekocht und gegessen wurde, in dem sich aber auch andere Haushaltsaktivitäten abspielten. Daneben gab es den Salon oder die »gute Stube«, wo die Familie ihren wichtigsten Besitz aufbewahrte: das »beste Bett«, den edlen Tisch und dazu passende Stühle. Dort schliefen die Eheleute, da sie die bedeutendsten Personen im Haus waren. Innerhalb der Familie wurde der zur Verfügung stehende Raum entsprechend der Bedeutung und der Werthaftigkeit aufgeteilt, es ging nicht um die unterschiedlichen Aktivitäten.

Seit dem 18. Jahrhundert wiesen Häuser vermehrt Flure, Korridore und vor allem Treppen auf, so dass man sich leichter im Haus bewegen konnte. Von nun an schliefen die Leute gewöhnlich in eigens dafür vorgesehenen Schlafzimmern, die mit Bettvorhängen und Stühlen ausgestattet waren, oft passten die Vorhänge an den Fenstern vom Muster her zu den Bettvorhängen. In diesen Räumen konnte man schlafen und sich ausruhen, eventuell saß man dort mit engen Verwandten oder Freunden beisammen. Anlässlich von Geburten und Todesfällen versammelten sich die Menschen in Schlafzimmern zu förmlichen Empfängen.

Getrennte Betten

Im 19. Jahrhundert waren Betten und Matratzen längst nicht mehr die mit Heu oder Stroh gefüllten Säcke des mittelalterlichen Lebens. Aber allein zu schlafen, war immer noch weitgehend unüblich. Wie gesagt teilten sich die Menschen bis ins 19. Jahrhundert oft ein Bett, und das, obwohl der viktorianische Haushalt geradezu besessen war von Privatsphäre. Zur Aufteilung des zur Verfügung stehenden Raums in Wohnhäusern kam es erst so richtig, als Treppen und Flure weiterentwickelt wurden, so dass Bedienstete und andere Personen Zimmer betreten konnten, ohne durch andere Räume gehen zu müssen.[11] Zuvor hatten Bedienstete in den Gemächern ihrer Herren oder Herrinnen geschlafen. Jetzt hatten sie ihre eigenen Quartiere, im Souterrain oder unterm Dach, und wurden bei Bedarf durch Läuten herbeigerufen. Die staatliche Macht wurde nicht länger im königlichen Schlafgemach ausgeübt, sondern in Parlamentsgebäuden und Amtsstuben der Regierung, weshalb die Schlafgemächer nicht mehr so opulent ausgestattet waren und einen sehr viel privateren Charakter erhielten.

In diesen privaten, separaten Schlafzimmern hatten Ehepaare oftmals getrennte Betten. Mit zwei Betten glaubte man die damals gefürchteten Ansteckungen durch schlechte Luft zu verhindern, außerdem entsprach das den viktorianischen Vorstellungen von Anstand und Sitte. Diese Auffassung hielt sich bis weit ins 20. Jahrhundert. Als Hollywood in den 1930ern seine Zensurrichtlinien festschrieb, den sogenannten Hays Code, galt für die Kinoleinwand, dass Paare in getrennten Betten zu schlafen hatten, und wenn es Kussszenen gab, musste ein Partner die ganze Zeit wenigstens mit einem Fuß den Boden berühren. In den 1960er Jahren zeigten Sears und andere große Warenkaufhäuser in ihrer Werbung immer noch zwei Einzelbetten für verheiratete Paare, und erst in den 1970ern betrachtete man solche Betten als altmodisch und prüde.

Jüngeren Forschungen zufolge schlafen Paare oft besser,

wenn sie getrennt schlafen.[12] Das trifft sicher besonders auf jene zu, deren Partner einen sehr unruhigen Schlaf haben oder schnarchen. In Thomas Otways Stück *The Atheist* (1684) kann Courtines unglückliche Frau Sylvia ein Lied davon singen; sie beschreibt den typischen Ehemann jener Tage wie folgt: »Er ist schwerfällig und zu nichts zu gebrauchen, kommt geschwächt und unwillig ins Bett, wälzt sich dann von einer Seite auf die andere, grunzt und schnarcht.« Klagen dieser Art erklären, warum heutzutage geschätzte 30 bis 40 Prozent aller Paare getrennt schlafen, wie angeblich auch Donald und Melania Trump. »Sie haben getrennte Schlafzimmer«, erfuhr *Us Weekly* aus anonymer Quelle. »Sie verbringen die Nacht nie zusammen – niemals.« Eine andere Quelle, angeblich ebenfalls ein Insider, hielt dagegen, das Präsidentenpaar schlafe im selben Zimmer, aber in getrennten Betten, wobei man betonte, das sei doch »ein äußerst ›königliches‹ Verhalten von den beiden!«

Ratschläge fürs Schlafzimmer

Da im Laufe der Zeit immer mehr Zimmer gefragt waren, die einem speziellen Zweck dienten, überlegten Architekten, wie sich klassische Schlafzimmer am besten in den Grundriss eines Hauses integrieren ließen. Im 19. Jahrhundert befanden sich Schlafzimmer, vor allem die der Eheleute, im Erdgeschoss; sie waren durch Türen und Korridore mit den Empfangsräumen verbunden. Dadurch wollte man die Familie von den Bediensteten trennen, ebenso die Erwachsenen von den Kindern und die älteren Kinder von den Babys. Andere Mitglieder des Haushalts schliefen im ersten Stock, Bedienstete in den Stockwerken darüber oder unterm Dach. Der Status einer Person nahm ab mit der Anzahl der Treppenstufen, die sie nehmen musste. Diese Regelung hielt sich über Generationen, doch letzten Endes wurde das gesamte Erdgeschoss vom alltäglichen Leben eingenommen, so dass nun sämtliche Bewohner des Hauses in den oberen Etagen schliefen und jedes Zimmer über einen Flur zu erreichen war, sofern es der Platz zuließ. Auf diese Weise wurde die Privatsphäre besser geschützt. Aber wohin mit den Schlafzimmern in einem eingeschossigen Haus oder einer Stadtwohnung? Zwei Lösungen setzten sich mit der Zeit durch: Man ordnete die Schlafzimmer nebeneinander entlang dem Flur an, oder die Schlafzimmer waren bewusst mit den öffentlich genutzten Räumlichkeiten verbunden. In kleineren Häusern war ein Schlafzimmer den Eltern vorbehalten, das andere den Kindern. Bedienstete schliefen in der Küche, die sich oft im Kellergeschoss befand.

Eine nicht abreißende Flut von Selbsthilfebüchern stand der jungen viktorianischen Hausfrau mit Rat und Tat zur Seite, wenn es um ihr Schlafzimmer ging. In ihrem Buch *From Kitchen to Garret* (›Von der Küche bis zum Dachboden‹, 1888) spornte die gefürchtete und eigenwillige Jane Ellen Panton (1847–1923), Tochter eines bekannten Künstlers, Hausfrauen dazu an, die »konventionellen Schlafzimmer« ihrer Jugendjahre hinter sich zu lassen – wie auch sie in den 1850er und 1860er Jahren eines gehabt habe: mit »fürchterlichen« Tapeten, »immerzu blaue Rosen und gelbe Lilien, oder, was noch schlimmer war, das triste Graubraun und Orange, oder aber die immer gleichen grünen Schnörkel und Blattwerk«.[13] In viktorianischer Zeit war das Mobiliar der Schlafzimmer oft eher schäbig, da es aus den repräsentativen Räumen ausgemustert worden war. Sobald ein Möbelstück zu viele Abnutzungserscheinungen aufwies, wurde es erneut ausrangiert und entweder in die Kinderstube oder die Unterkünfte der Bediensteten durchgereicht.

Dieses Weitergeben von Einrichtungsgegenständen betraf vor allem Teppiche und Läufer, die von einem Zimmer ins nächste wanderten und dabei immer verschlissener und abgenutzter aussahen. Teppiche im Schlafzimmer hatten zuvor oft jahrelang im Wohnzimmer gelegen. Irgendwann fanden sie sich dann vollkommen abgenutzt in den Schlafräumen der Bediensteten wieder. Niemand im Haus ging davon aus, dass Besucher einen

Blick in das Herrenschlafzimmer werfen würden, und deshalb war es auch egal, wie es darin aussah. »Ich fürchte, ich bin keine konventionelle Haushälterin«, erklärte indes Panton. Ihrer fiktiven Hausfrau, der frisch vermählten Angelina, gab sie den Rat, »Farben zu kaufen, die Freude bereiteten«. Denn schließlich, so sinnierte sie weiter, würden die Menschen stark von ihrer unmittelbaren Umgebung beeinflusst, und manchmal werde man schon im eigenen Schlafzimmer ganz krank. Die Farbe an den Türen und Kaminsimsen müsse abgestimmt werden mit denen der Wände und Tapeten.[14]

Die meisten Häuser hatten private Schlafzimmer für die Eheleute und eigene Schlafzimmer für die Kinder. Wohlhabende Paare dachten nicht einmal im Traum daran, ein Bett zu teilen, sondern entschieden sich für getrennte Schlafzimmer. Jalousien und Rollläden kamen in Mode. Und die waren auch nötig, da man zu jener Zeit im Schlafzimmer noch etliche Dinge verrichtete, die heutzutage im Badezimmer passieren. Ein Waschtisch mit Spiegel war obligatorisch, eine Couch oder Chaiselongue erstrebenswert. Waschtische hatten Handtuchhalter, manchmal sogar eine gekachelte Rückwand, um Spritzwasser aufzufangen, wenn man sich an der Waschschüssel säuberte – die die Bediensteten zuvor pflichtbewusst mit Wasser gefüllt hatten. In Messing- oder Kupferkannen schleppten Hausangestellte heißes Wasser von der Küche in die Zimmer der Herrschaften, um Waschschüsseln oder tragbare Waschtische mit Wasser zu versorgen. Im Schlafzimmer standen für gewöhnlich ein Tisch in der Mitte, ein Toilettentisch, einige Stühle, mitunter auch ein kleines Bücherregal. Nachttöpfe waren allgegenwärtig, ehe sich die Toilette mit Spülung etablierte. Sogenannte Nachttische, also Möbelstücke in Form von Stühlen oder kleineren Kommoden mit eingebautem Fach für den Nachttopf, waren bis zur Jahrhundertwende Standard in Schlafzimmern. Erst dann gab es eigene Toilettenräume. Panton empfahl fürs Schlafzimmer außerdem Schränke, wenn man welche bekam, und einen »langen Stuhl«, eine Art Feldbett, das man als Couch oder Lehnsessel nutzen konnte, falls das Leben mal wieder zu viele Unannehmlichkeiten bereithielt. Wandschirme bzw. Paravents waren unerlässlich, um das Bett zu verbergen und den gefürchteten Luftzug von den Fenstern abzuhalten.

Die Beleuchtung war immer schon ein Problem. Viele Ratgeber sprachen sich gegen Gaslicht in Schlafräumen aus, weil die Gasflamme nach und nach den Sauerstoffgehalt im Zimmer verringerte. Man empfahl ausdrücklich, beim Zubettgehen allenfalls eine einzelne Kerze mitzunehmen. Wohlhabende Haushalte leisteten sich zweiarmige Kerzenleuchter auf dem Kaminsims und einen Kerzenständer auf der Frisierkommode. Unerlässlich war eine Schachtel mit Sicherheitszündhölzern an einem festen, gut zugänglichen Ort, damit man im Dunkeln nicht lange danach tasten musste. Auch dafür hatte Mrs Panton eine Lösung parat: Man befestige die Schachtel mit einem Nagel über dem Bett, gestalte sie farbig und hänge ein Bild darüber.

Ein weiteres Problem war die Aufbewahrung der Kleidung. Dazu muss man wissen, dass sich der Gebrauch von Kleiderbügeln heutiger Machart erst im 20. Jahrhundert durchsetzte – damals nannte man sie »Schultern«. Früher hängten die Leute ihre Kleidung an Haken in Schränken oder benutzten Truhen und Kisten. Fast in jedem Schlafzimmermöbel war Stauraum für Kleidung vorgesehen. Allerdings stellten die aufwendigen Kleider der viktorianischen Frauen eine große Herausforderung dar. Bei »Ballkleidern […] und gewöhnlichen Kleidern« riet Mrs Panton zu kastenartigen Polsterhockern oder Sitzbänken, die mit ansprechenden Stoffbezügen versehen waren. Sie empfahl außerdem mehrere kleine Unterschränke, die man beliebig anordnen konnte und die darüber hinaus Platz für Stiefel und Schuhe boten, damit das Schuhwerk nicht einfach so auf dem Boden herumlag.[15]

Scharen wohlmeinender Ratgeber waren zur Stelle, um genau darzulegen, was ein Schlafzimmer ausmacht. Natürlich schläft jeder auf die eine oder andere Weise, aber viele Ratgeber betonten die Individualität. Eine Expertin auf diesem Gebiet,

Ella Church, merkte 1877 an, man sehe auf einen Blick, ob es sich um das Zimmer einer Mutter handele: Denn es weise ein extra großes, bequemes Bett auf, einen Polstersessel und einen Tisch. Die ganze Ausstattung sei darauf ausgerichtet, »mehreren Mitbewohnern Platz zu bieten«. Die Zimmer von Junggesellen seien dagegen vollgestopft mit Zeitungen, Pfeifenutensilien, Zigarren und Fotografien von Schauspielerinnen. In den Zimmern der Großmütter befänden sich ein altmodisches Himmelbett, eine hohe Kommode mit Schubfächern und der bevorzugte, bequeme Lehnstuhl. Mit der Ausgestaltung des Schlafzimmers betone man also die eigene Individualität, dort bewahrte man auch seine persönlichen Habseligkeiten auf, »jene zahllosen kleinen Dinge, die auf den individuellen Charakter hindeuten«. Das Schlafgemach der Eheleute stellte eine Ausnahme dar, denn auch wenn die Frau es mit ihrem Mann teilte, war es auf ihre Bedürfnisse ausgerichtet und beispielsweise mit einer Frisierkommode und einem bodenlangen Spiegel ausgestattet.

Individualität war eine Sache, Gesundheit eine andere. Viele amerikanische Raumausstatter aus der Mitte des 19. Jahrhunderts rieten von Bettvorhängen ab, ebenso wie von Tapeten und Teppichen, da sich darin der Staub sammelte und man die Zimmer schlechter sauber halten konnte. Immer mehr Stimmen plädierten für frische Luft und eine gute Ventilation in den Zimmern. Man war etwa der Auffassung, ein nach Süden ausgerichtetes Schlafzimmer fange besonders gesundheitsfördernde Brisen ein. Andere Autoren rieten ihren Lesern, mit dem Kopf nach Osten zu schlafen, damit der Körper im Schlaf mit dem Lauf der Sonne im Einklang war. Das *Ladies' Home Journal* und andere Veröffentlichungen empfahlen, auf einer Veranda mit Sichtschutz zu schlafen, unmittelbar neben oder vor dem eigentlichen Schlafzimmer. Man konnte auch in einem speziell angefertigten Schlafsack oder in einem Frischluftzelt schlafen, das das offene Fenster exakt umschloss und bis zum Kopf des Schlafenden reichte. Ein Fenster in Richtung des Schlafzimmers sollte es dem auf der Veranda Schlafenden ermöglichen, sich mit den

Eine Werbeanzeige für Maple of London's Schlafzimmermöbel aus dem Jahr 1886, mit einer weiß gehaltenen Schlafzimmer-Suite und »Gestellen für ein Himmelbett aus Eisen und Messing«

Personen auszutauschen, die im Schlafzimmer waren. Auf diese Weise könnten Ehemann, Ehefrau und Kinder gemeinsam die Vorzüge einer Schlafveranda nutzen.

Spezielles Schlafzimmermobiliar war Mitte des 19. Jahrhunderts recht weitverbreitet. Das Dekor war insgesamt ausgefeilter und stets auf das Bett ausgerichtet, ganz gleich, ob es sich um ein schlichtes Exemplar oder ein opulenteres Himmelbett handelte. Bei dem schwierigen Thema Beleuchtung setzte man im Großen und Ganzen auf Kerzen, die aber am oder im Bett äußerst gefährlich waren, besonders wenn eine lesende Person über der Lektüre einschlief. Panton schlug Halterungen für Laternen und sorgsam angebrachte Wandarme für Gasbeleuchtung vor, um das Zimmer gut auszuleuchten. Zur Verschönerung des Schlafzimmers sprach sie sich für einige ausgesuchte Pflanzen aus und empfahl, man solle nachts zumindest ein kleines Fenster offen lassen. Das gesamte Schlafzimmer müsse »hübsch, geschmackvoll und ruhig« sein, mit so viel Liebe zum Detail eingerichtet und durchdacht wie der Speiseraum oder der Salon. Alles sollte »sehr schön« sein.

Die Pflege des Betts

Im Haus des 19. Jahrhunderts war das Bett zweifellos das Möbelstück, das am meisten Arbeit machte. In den 1860er Jahren kamen die wuchtigen Himmelbetten aus der Mode. Behördlicherseits wurde dringend zu Bettgestellen aus Messing oder Eisen geraten, da man auf diese Weise die Wanzen besser bekämpfen konnte. Als Lattenroste aus Holz und Metall aufkamen, legte man Schichten aus Decken, Quilts, Laken und unterschiedliche Matratzen mit Feder-, Rosshaar- und Strohfüllung darauf. Die Ratgeberin Mrs Panton hasste Bettgestelle aus Holz und sprach von »großen Schwierigkeiten mit gewissen kleinen Tieren, die dort auf mysteriöse Weise auftauchten«, so dass man die Gestelle auseinandernehmen, säubern und wieder zusammensetzen musste.[16] Und wenn jemand in einem solchen Bett geschlafen hatte, der eine ansteckende Krankheit hatte, blieb nur noch: »auf einen Haufen und verbrennen«. Panton sprach sich deshalb ausdrücklich für Bettgestelle aus Messing oder Eisen aus, da diese »sauber und gesundheitsdienlich« seien. Sie selbst schlief auf einem Sprungfederrahmen, der aus kleinen ineinandergreifenden Ketten bestand und sich daher zum Liegen sehr viel besser eignete als die »altmodischen Bettenroste mit Drahtfedern«, deren Spiralfedern jedes Mal quietschten, wenn man sich auf die andere Seite drehte: »Man kommt einfach nicht zur Ruhe und kann nicht schlafen.« Ein Handbuch für den Haushalt aus viktorianischer Zeit propagierte ein eisernes Bettgestell, ein dickes braunes Laken, um die metallenen Spiralfedern abzudecken, drei oder vier weitere Decken, ein Oberbett aus Daunenfedern und Kissenbezüge. Der Autor empfahl, die Matratze jeden Morgen nach dem Schlafen zu wenden und den Kissenbezug zweimal täglich zu wechseln – die bestickten Bezüge seien für die Nacht, die schlichten für den Tag.

Die ultimative Kennerin viktorianischer Haushaltsführung, Isabella Beeton, nahm es in diesem Punkt noch genauer. Sie empfahl, mit Samt bezogene Stühle zu entfernen, ehe man das Schlafzimmer sauber machte, damit sich nicht der Staub auf die Bezüge legte. »Beim Bettenmachen«, riet sie, »muss man die Vorlieben des Schlafenden beachten. Einige haben es gern, wenn das Bett vom Kopfende zum Fußende leicht abfällt und in der Mitte etwas mehr ausgepolstert ist, andere ziehen ein flaches Bett vor.« Das Hausmädchen hatte das Bett auf den Geschmack der darin schlafenden Person abzustimmen, wobei es das Bettzeug gründlich aufschütteln, ausklopfen und wenden musste. Wenn Federn aus dem Federbett entwichen, musste man sie wieder in den Bezug stecken. War die langwierige Prozedur des Bettenmachens geschafft, »wird die Tagesdecke über das Bett drapiert und sollte in möglichst gefälligen Faltenwürfen fallen.«[17] Diese Arbeit nahm kein Ende und wurde sorgfältig durchgeplant, um jegliche »unnötige Hektik und unziemliche Hast« zu vermeiden. Die Hausmädchen, die sich an Mrs Beetons Anweisungen zu halten hatten, waren wirklich zu bedauern.

Heerscharen von Bediensteten sorgten in viktorianischer Zeit dafür, dass die Betten stets frisch waren und zum Schlafen einluden. Dabei ging es nicht nur um Sauberkeit und gesundheitliche Aspekte, sondern auch um Anstandsregeln und eine ausgeklügelte Etikette. Waren nur wenige oder gar keine Hausangestellten zur Hand, fiel die Aufgabe, das viktorianische Schlafzimmer sauber zu halten, der Hausfrau zu. Für Sir Shirley Forster Murphy, den obersten Gesundheitsbeamten im London County Council der 1890er Jahre, war der Staub im Haushalt »das Pulver des getrockneten Schlamms in London«. Der Staub enthalte Überreste der Abfälle von der Straße, Partikel von allen möglichen, sich zersetzenden Dingen und »Hinterlassenschaften von Pferden und anderen Tieren, des Weiteren Innereien von Fischen […], Kadaver toter Katzen und die unterschiedlichsten Inhalte der Abfalltonnen.«[18] Einmal abgesehen davon wurden Hunderttausende Häuser und öffentlichen Gebäude Londons fast alle mit Kohle beheizt: Kohlenstaub aus den Schornsteinen war überall. Staub und Ruß schwärzten alles, und zwar in einem solchen Ausmaß, dass umsichtige Hausfrauen ihre Möbel mit Laken abdeckten, die dann regelmäßig gewaschen wurden. Der Staub, der ständig in der Luft hing, legte sich aber nicht nur auf die Möbelstücke, sondern verunreinigte auch Haarbürsten – die Bürsten waren bereits schwarz, wenn man sie einmal durchs Haar gezogen hatte. Menschen in der heutigen westlichen Welt können sich kaum noch vorstellen, wie allgegenwärtig alle möglichen Arten von Dreck und Schmutz früher waren, da die Luft heute insgesamt sehr viel sauberer ist.

Matratzen waren für gewöhnlich mit Rosshaar gefüllt oder, wenn das nicht zur Hand war, mit Kuhfell oder Wolle. Oft lagen diese Matratzen auf strohgefüllten Untermatratzen, die den direkten Kontakt mit dem metallenen Bettenrost verhindern sollten. Gegen Ende des 19. Jahrhunderts hatten viele teure Matratzen Sprungfedern, aber auch sie mussten mit Haar gepolstert werden. Hatte eine Matratze keine Sprungfedern, wurde sie mit einem Laken überzogen, um sie vor dem alles durchdringenden Ruß zu schützen. Oft lag ein Federbett obenauf, das wiederum auf einer Decke ruhte. Solche Betten waren teuer und pflegeintensiv.

Damit die einzelnen Fasern nicht zusammenklebten, musste die Matratze täglich gewendet und ausgeklopft werden. Ein Laken kam zwischen Unter- und Obermatratze, um den Ruß fernzuhalten. Es folgten ein Unterlaken, ein Oberlaken, mehrere Decken – bis zu vier bei kalter Witterung –, eine Polsterung und die Kissen. Die Kissen steckten in holländischem Leintuch von guter Qualität, erst darüber kam der eigentliche Bezug. Das ganze Bettzeug zu waschen, war ebenfalls eine anstrengende Arbeit. Mehrere Autoren rieten, man müsse die Decken jede zweite Woche waschen (mit der Hand wohlgemerkt), die Laken mindestens einmal im Monat. Teilten sich zwei Personen ein Bett, müsse man die Laken alle 14 Tage waschen. Um Arbeit zu sparen, ging man beim Waschen der Laken stufenweise vor: Man wusch das Unterlaken, erklärte das benutzte obere Laken zum Unterlaken und nahm ein sauberes Oberlaken aus dem Wäscheschrank.

Zweimal im Jahr, im Frühling und Herbst, gab es eine große Reinigung des gesamten Bettzeugs – daher auch die umgangssprachliche Bezeichnung »Frühjahrsputz«. Eine andere anspruchsvolle Expertin für Haushaltsführung, Mary Haweis, merkte an, Flöhe seien in einem anständigen Schlafzimmer nicht zu dulden.[19] Matratzen und Kissen wurden ins Freie gebracht und gelüftet. In gut situierten Haushalten, die sich das entsprechende Personal für die harte Arbeit leisten konnten, wurden alle paar Jahre die Füllungen von Oberbetten und Matratzen herausgenommen und gewaschen, um die Federn und Fasern vom Staub zu befreien. Davon abgesehen war es wichtig, mindestens einmal wöchentlich nach Flöhen und Wanzen zu schauen. Wenn man Ungeziefer entdeckte, wurde das Bett auseinandergebaut und mit einer Lösung aus Chlorkalk gewaschen. Das Schlafzimmer wurde gründlich gereinigt und desinfiziert, alle Öffnungen wurden versiegelt. Falls der Befall durch Ungeziefer außer Kontrolle geraten war, brachte man das Bett in ein leeres Zimmer, das luftdicht verriegelt wurde. Der Hausbesitzer verbrannte darin dann Schwefel, um das Ungeziefer abzutöten. Wie Beatrix Potter, die Autorin der Peter-Rabbit-Geschichte (*Die Geschichte von Peter Hase*), einmal passend bemerkte: Man brauche nicht »zu viel Naturgeschichte im Bett«.

Zu all diesen Sorgen kam noch das Problem, dass sorglose Gentlemen darauf bestanden, in ihren Schlafzimmern zu schreiben. Missgeschicke waren dabei unvermeidlich – wurde einmal Tinte vergossen, ließ sie sich nicht mehr entfernen. Der Missetäter griff in seiner Not wahrscheinlich zum erstbesten Handtuch, um die Tinte aufzuwischen, und das hatte schreckliche Folgen. Mrs Haweis, bekannt als »Expertin für modische Inneneinrichtung«, betonte nachdrücklich, man müsse den Gentlemen ausreden, Handtücher aus dem Badezimmer zu benutzen, um Tintenkleckse und vergossenes Wasser aufzuwischen. Sie empfahl, ein paar Staubwedel auf einen geeigneten Handtuchständer zu hängen.

Wohin sollte das alles führen? Manchmal kam es noch schlimmer. Im September 1973 zog sich die tablettenabhängige österreichische Schriftstellerin Ingeborg Bachmann schwere Verbrennungen zu, nachdem sie mit einer brennenden Zigarette eingeschlafen war (Bachmann starb einen Monat später im Krankenhaus). Zu Beginn des 20. Jahrhunderts orakelte ein Autor allerdings, binnen weniger Generationen werde das Schlafzimmer verschwinden. Man werde nämlich auf dem hygienisch präparierten Fußboden des eigenen Arbeitszimmers oder Wohnzimmers schlafen. Noch sind wir aber nicht so weit. Das Bett und das, was dort geschieht, haben stets die Rolle des Schlafzimmers bestimmt, ganz gleich, was uns im Laufe der Zeit davon ablenkte.

Die heutigen Schlafzimmer sind die logische Konsequenz unserer Sehnsucht nach einem Rückzugsort von all dem Stress einer zunehmend industrialisierten, städtisch geprägten Welt. Heutzutage sind die Schlafzimmer zweifellos die privatesten Orte in jedem Haus (selbst das Badezimmer der Familie ist zumindest halb öffentlich, da es von mehreren Personen genutzt wird, mitunter auch von Gästen). In ihrer Ausrichtung auf das Bett mit seiner Matratze und den weichen Kissen sind unsere Schlafzimmer idealerweise Orte der Behaglichkeit und Gelassenheit. Die friedvolle Atmosphäre des privaten Schlafzimmers ist eines der bedeutendsten Vermächtnisse der viktorianischen Zeit. Das private Schlafzimmer ist inzwischen in jeden Winkel der industrialisierten Welt vorgedrungen, bis in die Villen der Oberschicht rund um den Globus.

Gleichwohl bringt jede Kultur im Schlafzimmer ihren eigenen Geschmack zum Ausdruck, sei es in Form der Inneneinrichtung oder der jeweils vorherrschenden Ideologie. In China zum Beispiel orientiert man sich bei der Inneneinrichtung mit Vorliebe an den Regeln und Gesetzen des Feng Shui, was die Geburtshoroskope von einst in Erinnerung ruft. Dazu zählen etwa folgende Vorschriften: Niemals das Bett so anordnen, dass es zur Tür des Schlafzimmers weist; das Kopfende des Betts soll möglichst an einer Wand stehen; niemals das Bett schräg ins Schlafzimmer stellen, da auf diese Weise negativer, ungenutzter Raum entsteht; das Bett niemals unter einen schweren Holzbalken stellen, da der Balken einem das Qi raubt, also die eigene Energie; nicht mit dem Kopf am Fenster schlafen; niemals das Bett an eine Wand stellen, hinter der sich Badezimmer oder Küche befinden. Einige dieser Vorstellungen klingen recht plausibel, auch wenn diese Philosophie manchmal die Grenzen zum Mystischen überschreitet. Wer das Schlafen ernst nimmt, ist daher gut beraten, sich die eigene Kua-Zahl einzuprägen, die sich aus dem Geburtsdatum und dem Geschlecht ergibt. Mit diesen Erkenntnissen soll man anhand von speziellen Tabellen die günstigen und ungünstigen Sphären im Zimmer ausfindig machen, um sich letzten Endes für die richtige Position des Betts zu entscheiden. Die Trefferquote lässt sich erhöhen, indem man die persönliche Kua-Zahl des Partners mit einrechnet. Man kann sich gut vorstellen, dass man nach all diesen geistigen Anstrengungen tatsächlich tief schläft.

Wie man das eigene Schlafzimmer auch immer gestaltet, den gesonderten Schlafraum gibt es noch nicht lange, auch unser eigenes, persönliches Bett ist jüngeren Datums. Zusammenfassend lässt sich sagen, dass die Zeit, die wir im Bett verbringen, noch nie so friedvoll war wie heute. Zumindest wäre sie friedvoll, wenn wir uns an den Rat der Schlaftherapeuten hielten und nicht ständig via Tablet oder Smartphone die ganze Welt mit ins Bett holten.

Die Betten der Zukunft

Mag sein, dass sich das grundlegende Design des Betts – dieses scheinbar prosaischen Möbelstücks – im Lauf der Jahrtausende nur wenig verändert hat, es hat aber je nach Epoche und Ort stets unterschiedliche Funktionen gehabt. Das schlichte Charpai soll als anschauliches Beispiel dienen: Es handelt sich um eine wirklich praktische, flache Schlafstätte, aber je nach Kulturraum wird es ganz unterschiedlich genutzt – man kann ein Charpai mühelos auf die Veranda verlagern, um dann überschwänglich Gedichte zu rezitieren, wie es in Pakistan üblich ist, oder man trägt das Charpai aufs Dach des Hauses, weil man im Freien und in der kühlen Nachtluft schlafen möchte. Und wenn man stirbt, wird das Charpai womöglich hochkant gestellt, um einem die letzte Ehre zu erweisen.[1]

John Lennon und Yoko Ono in ihrem Friedensbett während der Flitterwochen

Von allen Artefakten, die uns umgeben, ist das Bett das am weitesten verbreitete. In der modernen, westlich geprägten Welt ist es ein passives Objekt, das irgendwo in der Ecke steht und nicht weiter kommentiert wird. Entscheidend und interessant ist, was wir mit dem Bett anstellen. John Lennon und Yoko Ono haben uns das 1969 vor Augen geführt, als sie ein Hotelbett in eine politische Arena verwandelten, indem sie ein Bed-in für den Frieden initiierten. Kurz nach ihrer Hochzeit verbrachten sie eine Woche im Bett, erst im Hilton Hotel in Amsterdam, danach im Königin Elisabeth in Montreal. Von ihren luxuriösen Hotelbetten aus lieferten sie sich bisweilen hitzige Debatten mit Besuchern und Journalisten – eine Art zeitgenössische *Lever*-Zeremonie –, und die Kunde von ihrer Aktion erreichte ein Millionenpublikum. Unweigerlich drängt sich die Frage auf, ob die beiden Ludwig XIV. im Sinn hatten: vermutlich nicht.

Zurück in die Zukunft

Was das Bett betrifft, so haben Futuristen schon die unterschiedlichsten Prophezeiungen gemacht, die meisten kann man bestenfalls als Phantasien bezeichnen. Thomas Frey vom DaVinci Institute schreibt etwa: »Die Liebesbeziehung auf einem freischwebenden Bett […] würde die Leute dazu zwingen, kreativ zu werden.«[2] Im Verhältnis zwischen Betten und Menschen scheinen sich jedoch einige maßgebliche Trends abzuzeichnen. Der deutlichste Trend lässt indes eine unbequeme Wahrheit erkennen: nämlich eine stetig wachsende städtische Bevölkerung und damit einhergehend eine starke Zunahme von verdichtetem Wohnraum, wie es euphemistisch heißt. Die logische Folge sind Hochhäuser – man schaue sich die außergewöhnlichen Skylines von Peking, Shanghai, New York oder San Francisco an, wo Grundstückspreise und Mieten astronomische Höhen erreichen. Viele Menschen verbringen ihr ganzes Leben in kleinen Apartments. Zehntausende Stadtbewohner schlafen in ihren Wohnzimmern, die Küche oder Küchenzeile ist nur wenige Schritte entfernt. Angesichts beengter Wohnverhältnisse ist der Einfallsreichtum von Bettdesignern gefragt wie nie zuvor.

Die Art von Rollbetten, die man vor Jahrhunderten unter die Himmelbetten der Monarchen schieben konnte, ist immer noch in Gebrauch. Das Gleiche gilt übrigens für Schlafsofas, die einst als unbequem verschrien waren, heutzutage aber dank besserer Scharniere und Matratzen sehr viel komfortabler geworden sind. Klappbetten sind, wie wir gesehen haben, auch nichts Neues. Unternehmen wie Sears, Roebuck & Co. verkauften schon vor Jahrzehnten »moderne« Klappbetten, aber der Urahne all jener platzsparenden Artikel ist und bleibt das *Murphy bed.* William Lawrence Murphy wurde in Kalifornien geboren und war der Sohn eines Goldsuchers der ersten Stunde während des Goldrauschs von 1849.[3] Murphy ritt Pferde zu, fuhr eine Reisekutsche und hatte kurzzeitig in einer kleinen Pionierstadt das Amt des Sheriffs inne. Um die Jahrhundertwende mietete er ein kleines Einzimmerapartment in San Francisco. Allerdings nahm sein Bett fast dessen gesamte Fläche ein. Es heißt, Murphy habe um die Hand einer Opernsängerin angehalten, konnte die Dame aber schlecht in seine kleine Wohnung einladen, da es einer unverheirateten Frau aus moralischen Gründen nicht zuzumuten war, das Schlafzimmer eines Herrn zu betreten. Also machte Murphy sich daran, ein Klappbett zu konstruieren, das sich unsichtbar machen ließ. Zu diesem Zweck benutzte er den alten Türrahmen eines Abstellraums und Türangeln, damit das Bett nach oben geklappt werden konnte und vollständig in der Wand verschwand. Nach Aussage seiner Nachkommen heiratete Murphy seine Freundin, später soll ihm sein Schwiegervater Geld geliehen haben, damit Murphy ein Patent anmelden und jenes Bett herstellen konnte, das er das »Murphy-In-A-Dor-Bed« taufte. Seinem neuen Unternehmen war großer Erfolg beschieden, bis die Stadt 1906 von einem schweren Erdbeben verwüstet wurde. Einige der Betten klappten während des Bebens hoch, und mindestens eine Person kam auf diese Weise ums Leben. Aber in ei-

Ein Murphy-Bett in Gebrauch in einem Apartment in New York City

ner Zeit, in der es die Menschen scharenweise in die Großstädte zog und Wohnraum knapp war, behaupteten sich die Murphy-Betten erfolgreich auf dem Markt, da sie Platz sparten. Im ersten Jahrzehnt des 20. Jahrhunderts erreichten die Verkaufszahlen einen Höhepunkt, und noch heute werden diese Betten von dem ursprünglichen Unternehmen hergestellt.

Das klassische Murphy-Bett hat keinen Sprungrahmen. Die Matratze ruht auf einem hölzernen Lattenrost oder einem Drahtgeflecht, gesichert von Riemen, damit das Bett nicht zusammensackt, wenn es hochgeklappt wird. Die ursprünglichen Modelle ließen sich der Länge nach hochklappen, inzwischen kann man Betten erstehen, die sich seitlich in der Wand versenken lassen. Es gibt darüber hinaus Modelle mit Regalelementen, Seitentischen oder Klapppulten, die entstehen, sobald das Bett in der Wandnische verschwindet. Das Unternehmen bietet auch Modelle an, die sich in Sofas verwandeln oder mit Bürozubehör geliefert werden.

Murphy-Betten sind die ideale Lösung für Leute, die in Eigentumswohnungen oder Apartments wohnen, in denen Platzsparen das A und O ist, insbesondere seitdem sich die Betten dank verbesserter Hydraulik leichter auf- und zuklappen lassen. Allerdings muss ein Murphy-Bett vom Fachmann eingebaut werden, damit es nicht zur Unzeit aufklappt und jemanden im Zimmer verletzt. 1982 starb ein Betrunkener in einem geschlossenen Murphy-Bett, 2005 wurden zwei Frauen in einem Modell der Baureihe gefangen, das nicht fachmännisch installiert worden war, und erstickten letzten Endes darin. Das Murphy-Bett kommt sogar in Charlie Chaplins Film *One A. M.* (*Ein Uhr nachts*, 1916) vor, sowie im Bond-Film *You Only Live Twice* (*Man lebt nur zweimal*, 1976). Bond ist in einem Murphy-Bett eingeklemmt, schließlich wird durch das Bett auf ihn geschossen. Wie es scheint, ist er tot – was natürlich nicht zutrifft.

Es gibt aber noch andere geniale Lösungen, um Platz zu sparen. Einige Leute lassen ihr Bett von der Zimmerdecke herabhängen. Sicherlich fühlt man sich dann wie auf einem Hochbett und gewinnt zusätzlichen Raum, allerdings muss man dafür die Decke verstärken und das Bett fachmännisch einbauen lassen. Hier noch eine Idee: Verwandeln Sie Ihr Bett in eine Art Aufbewahrungskapsel. Man schläft auf einem Möbelstück, in dem Kleidung, Bücher und womöglich noch die Unterhaltungselektronik untergebracht sind. Allerdings sind solche Modelle stets Einzelbetten, außerdem braucht man eine Leiter und muss aufpassen, dass man nachts nicht herausfällt. Doch vielleicht gehört die Zukunft sogenannten *smart furniture*, den ›klugen Möbeln‹. Ori Living sind Pioniere auf dem Gebiet der Robotermöbel. Mit dieser Technologie kann man ganze Zimmer per Knopfdruck umgestalten, man kann sie natürlich auch über die Smartphone-App oder durch die eigene Stimme steuern. Die Zielgruppe von Ori Living sind Menschen, die in Apartmentkomplexen der Großstädte leben, und auf ihrer Website suggeriert die Firma mit ihrem schwungvollen Werbevideo, man solle »neu denken, wie wir in dem Raum leben, der uns zur Verfügung steht […], um die Lebensqualität und Funktionsfähigkeit unseres Wohnraums zu vervielfachen.«[4] Ori hat alles parat, was man dafür braucht: ganze »falsche« Wände, kleine Wandschränke, Vitrinen und andere Möbelstücke, die sich über Magnetspuren verschieben lassen, alles verbunden mit Steckdosen. Auf diese Weise lassen sich Zimmerwände zurückschieben oder aufziehen, und plötzlich taucht ein Sofa auf, wo sich eben noch ein Wandschrank befand. In ihrer Studio Suite gleitet das Bett – wie eine Art ultimatives Rollbett – eine Wand hoch und wird durch ein Pult ersetzt, und schon verwandelt sich das Schlafzimmer in einen Essbereich bzw. eine Partyzone. Keine Angst, Ori versichert uns, dass alle verschiebbaren Elemente und Möbelstücke sofort anhalten, sobald Gegenstände im Weg sind, die schwerer als ein paar Pfund sind. Außerdem lässt sich alles per Hand verschieben, falls der Strom einmal ausfällt.

Sich verändernde Räume

Einige Leute, darunter Programmierer und Autoren, arbeiten wieder verstärkt zu Hause. Wo Platz teuer ist und man sich keine Robotermöbel leisten kann oder will, gehen manche dazu über, die Inneneinrichtung selbst zu verändern, indem sie zum Beispiel über dem Schreibtisch schlafen. Diese Hochbetten sind äußerst beliebt in Kinderzimmern, denn Kinder sind eher als Eltern dafür zu haben, hinauf ins Bett zu klettern.

Die Japaner, die es schon lange gewohnt sind, auf engem Raum zu leben, schliefen jahrhundertelang auf dem *shiki-buton*, einer dünnen Matratze, die tagsüber auf einem Regal liegt und für die Nacht auf dem Fußboden ausgerollt wird. Der *shiki-buton* gehört zum Futon und bildet den klassischen Schlafplatz der Japaner. Er dient in diesem Set als Kissen, ist etwa zehn Zentimeter dick, also ungefähr halb so dick wie ein amerikanischer Futon, und ist gefüllt mit Baumwolle, Latex und Wolle, so dass eine dicke Liegefläche entsteht. *Shiki-butons* sind zur Bodennutzung gedacht und werden jeden Morgen verstaut. Der große Vorteil ist, dass man tagsüber Fläche gewinnt, aber sie bilden eine festere Schlafunterlage als das herkömmliche Bett. Man sollte die *shiki-butons* alle zwei bis drei Wochen wenden, damit sie gleichmäßig beansprucht werden, und tagsüber wegräumen, damit sich unter ihnen kein Schimmel bildet. Man kann auch einen faltbaren *shiki-buton* aus Schaum kaufen, eine Art japanische Matratze, die sehr beliebt in San Francisco ist.

Andere, wie die sogenannten digitalen Nomaden – also für gewöhnlich junge, besserverdienende computeraffine Westler –, haben sich auf ein Leben eingestellt, das ständig in Bewegung bleibt. Das niederländische Architekturbüro Studio Makkink and Beyhas hat ein potentielles Bett für diesen Markt entworfen. Für sein futuristisch anmutendes Klappbett *Nomadic Living* aus dem Jahr 2014 verwendet der Hersteller natürliche Materialien, darunter Holz und Wolle, vor allem jede Menge weiße Baumwolle. Unweigerlich erinnert das an das frühere Nomadenleben in ländlicher Idylle, aber ohne matschigen Untergrund, und da sich dieses Bett gut zusammenrollen lässt, kann man es bequem auf dem Rücken tragen. All diese Lösungen sind eine Möglichkeit, mehr Bett auf weniger Raum zu bekommen. Drei Jahrhunderte nach der industriellen Revolution leben Millionen von Menschen – ganze Familien, Paare oder Zimmergenossen – auf sehr viel engerem Raum zusammen, als es vor einigen Generationen noch der Fall war. Diese Nähe bedeutet, dass die Privatsphäre, wie wir sie seit dem 19. Jahrhundert kennen, wieder einmal neu definiert wird. Über Generationen war es für die Mittelschicht Standard, im Bett Privatsphäre zu genießen, aber das hat sich verändert. Das Wohnen in Apartments bedeutet oft, dass eine Familie auf engem Raum zusammenlebt, oder auch die Mitbewohner einer WG, die sich zu Beginn des Zusammenwohnens oft noch fremd sind. Wie sondert man sich unter diesen Bedingungen ab? Will man eine Antwort darauf finden, ist es mit geräuschneutralisierenden Ohrstöpseln nicht getan. Selbst Leute, die in konventionellen Schlafzimmern oder großen

Wohnungen leben, sehnen sich manchmal nach absoluter Stille und Abgeschiedenheit, doch das ist schwer zu finden in einer Welt, in der wir quasi rund um die Uhr von Fernsehern beschallt werden und Smartphones allgegenwärtig sind.

Tief schlafen

Wenn es nach Artikeln in einschlägigen Magazinen und dem Internet geht, sind wir westlich geprägten Menschen geradezu besessen davon, auf die eine oder andere Weise tiefen, ruhigen Schlaf zu finden – die fast magischen, vielleicht sogar mythischen acht Stunden ungestörten Schlafs. Bei dieser Suche dreht sich vieles um pharmazeutische Produkte oder schlaffördernde Kräutermischungen, hinzukommen jede Menge Ratschläge: Nicht zu viel Alkohol spätabends, keinen Kaffee mehr nach dem Mittag, abends keine großen Mahlzeiten, und wenn man doch abends noch isst, dann bitte nicht mehr zu spät. Auch Kissen erhielten ein schlafförderndes Design, wie etwa das YourFace-Pillow, dessen gepolsterte Randzonen dafür sorgen, dass der Schlafende auf dem Rücken liegen bleibt. Am meisten kommt es jedoch auf das Bett und die Matratze an. Das Bett im Wandel der Zeit spiegelt die technologischen Veränderungen wider, aber auch die jeweiligen Modetrends. Die meisten Innovationen hat es bei den Matratzen gegeben, was zu einigen faszinierenden Trends geführt hat. So waren zum Beispiel einst Wasserbetten angesagt, ein kultiges Produkt der 1960er Jahre.

Wasserbetten gab es natürlich schon länger, und manchen (leider) sehr vagen Quellen zufolge sind sie eine Erfindung aus dem alten Mesopotamien. Aber Charles Hall, Student im Fachbereich Industriedesign, und einige seiner Freunde von der San Francisco State University waren diejenigen, die eine mit Wasser gefüllte Vinylmatratze entwarfen – für Halls Abschlussarbeit.[5] Hall experimentierte mit 136 Kilogramm Maisstärkegel und sogar mit Wackelpudding, der sich leider zersetzte, woraufhin es der junge Forscher mit Wasser versuchte. Nach seinem Abschluss taufte Hall sein Wasserbett *Pleasure Pit* (etwa: ›Ein Bad im Vergnügen‹) und verkaufte es an 30 Warenhäuser in ganz Kalifornien. Zu seinen ersten Kunden gehörten die Mitglieder der Rockband *Jefferson Airplane* und die *Smothers Brothers*. Aber als die Konkurrenz den Markt mit billigen Nachahmungen überflutete, die allesamt Hippies und Singles mit häufigem Partnerwechsel ansprechen sollten, war Hall nicht imstande, seine Patente zu sichern und zu verteidigen. Eines dieser Imitate nannte sich *Wet Dream* (›Feuchter Traum‹): Die Werbestrategie drehte sich um Sex und allerhand erotische Verheißungen bei interessanten Stellungen. Hugh Hefner gab ein Wasserbett in Auftrag, dessen Überzug aus dem Fell Tasmanischer Schlafbeutler bestand. In den 1980er Jahren gehörten Wasserbetten längst zum Mainstream, zu den Kunden zählten Leute, die Rückenbeschwerden hatten oder allergisch auf das Material der herkömmlichen Matratzen reagierten. Wasserbetten tauchten wiederholt in Filmen oder TV-Serien auf, nicht selten platzten sie dann spektakulär oder bekamen ein Leck.

1987 waren immerhin bemerkenswerte 22 Prozent aller verkauften Matratzen in den Vereinigten Staaten Wasserbetten. Aber es gab auch ernstzunehmende Nachteile. Wasserbetten sind ja gut und schön, wenn man nichts dagegen hat, einen Schlauch durchs Schlafzimmer zu verlegen, mit all den Risiken, die dann auftreten können: Womöglich springt der Schlauch während der Befüllung ab oder, noch viel schlimmer, in der Nacht bildet sich ein Leck. Um die Betten auszuleeren, braucht man eine elektrische Pumpe; die ersten Modelle waren sehr schwer und unhandlich. Viele Schlafende beklagten sich über die zu weiche, nachgiebige Unterlage. In den 1990ern hatten die marktführenden konventionellen Matratzenhersteller weitere Innovationen parat, wodurch ihre Produkte leichter, weicher und flexibler wurden. Der Markt für Wasserbetten schrumpfte angesichts dieser Konkurrenz, schon bald waren Wasserbetten ein Nischensegment. Heute trumpfen die raffinierteren Modelle mit sogenannten »Blasen« auf, die sich wie große Wasserballons verhalten, es gibt ausgeklügelte Systeme, die Wellen verhindern sollen, und eine Wärmeregulierung für ein angenehm temperiertes Schlaferlebnis. Einige Modelle werden mit integriertem Soundsystem, therapeutischen Lichteffekten und einer Matratze geliefert, die die Schwerelosigkeit simuliert, die man im Weltraum erlebt. Wer sich einmal für Wasserbetten entschieden hat, bleibt ihnen treu, aber die meisten Leute lassen die Finger davon, selbst dann, wenn sie das Gefühl mögen, darauf zu liegen. Wer möchte schon einen Schlauch durch sein Schlafzimmerfenster verlegen? Hall selbst schläft in seinem Haus auf Bainbridge Island, Washington, immer noch auf einem Wasserbett. Er hat weitere, noch ausgefeiltere Designs im Sinn und steigt über einen Testmarkt in Florida wieder ins Geschäft ein, und zwar zusammen mit einem Freund, der eine Möbelkette besitzt. Vielleicht ist die Zeit reif für neue Generationen, die die kühle Revolution der 1970er Jahre nicht miterlebt haben.

Etablierte Matratzenhersteller tummeln sich auf einem so umkämpften wie lukrativen Markt, insbesondere in Nordamerika. Einige Unternehmen expandieren und erobern neue Zielgruppen im Ausland, mit dem vermutlich begründeten Argument, dass es einen wachsenden Bedarf bei gut situierten Schlafenden in Asien und anderswo gibt. Das Matratzensegment wartet mit jeder Menge Variationen auf, auch wenn man meinen könnte, dass es sich um ein relativ konservatives Produkt handelt. So bietet die bekannte Matratzenfirma Sealy regulierbare Bettenroste bzw. Sprungrahmen »mit einer Vielzahl von Zusatzoptionen«. Man kann einen Sprungrahmen bestellen, bei dem nur das Kopfende regulierbar ist, oder aber man investiert gleich in ein Modell, das *Reflexion 4* heißt und eine nahezu unbegrenzte Anzahl ergonomischer Positionen für Kopf- und Fußende bietet. Alle Bettenroste werden mit schnurlosen Fernbedienungen geliefert, und das Modell *Reflexion* bietet zusätzlich »doppelte Massagezonen«. Sealy beschreibt sein Topmodell – die

Tempur-Pedic Matratze – als »maßgeschneidert«; die Oberfläche aus Seide und Kaschmir wird kombiniert mit »rautenförmig gemusterten« Seiten.

Man fragt sich, welche Gipfel des Komforts noch auf uns warten. Luxusmatratzen haben einen eigenen Markt gefunden. Duxiana aus Schweden bietet Betten mit drei verschieden festen Schichten pro Matratze und einer Lendenstütze, so dass man den Druck im unteren Rücken selbst regulieren kann. Das schwedische Unternehmen Hastens stellt schon seit mehr als 150 Jahren Betten her und versorgt die Ultrareichen mit Matratzen, die noch in Handarbeit genäht werden (eine Matratze verschlingt mehr als 300 Arbeitsstunden). Die preiswertesten Modelle liegen bei 13 000 Dollar, die Topmodelle bei etwa 140 000 Dollar. Wer mag, bestellt ein Bettset mit exotischen Extras – Pelze, hochwertiges Gewebe, edle Metallkomponenten; der Phantasie sind keine Grenzen gesetzt. Und alles ist handgemacht, mit zusätzlichen Details, die in der Welt unserer bescheidenen Matratzen unbekannt sind. Die Matratzen des Herstellers Hastens sind so haltbar, dass sie von Generation zu Generation weitergegeben werden. Die etwas preiswertere Palais-Royal-Matratze der Firma Kluft aus Kalifornien weist im Innern Tausende Spiralen auf, umhüllt von handgenähten Baumwolltaschen; die Füllung selbst besteht aus zwei Schichten Rosshaar und weiteren zehn Schichten, darunter 4,5 Kilogramm Kaschmirwolle aus Neuseeland. Insgesamt zehn Fachkräfte brauchen drei Tage für die Herstellung Ihrer Traummatratze. Das englische Unternehmen Vispring fertigt ausschließlich maßgefertigte Matratzen und Betten an, der Kunde entscheidet sich für die Art der Taschenfederkerne und Aufhängungen oder andere Details samt Materialien, etwa eine Schicht aus Vikunja-Wolle. Allerdings liegt der Preis für eine Matratze dann bei mehr als 70 000 Dollar. Laut Hersteller ist ein solches Modell aber unbeschreiblich weich und vermittelt einem das Gefühl, auf einer Wolke zu schlafen.

Ab einem gewissen Punkt kommen zu den praktischen Vorteilen eines Produkts Aspekte wie Prestige und Privileg hinzu.

Man stellt das eigene Bett zwar nicht länger stolz zur Schau, aber diejenigen, die astronomische Summen für ihre Liegeflächen ausgeben, möchten sich in den meisten Fällen einfach nur mit bester Qualität umgeben, selbst wenn sie letzten Endes auch nicht besser schlafen als andere Leute. Der Wunsch und die Suche nach der perfekten Matratze werden unvermindert weitergehen, während unterschiedliche Hersteller nach Marktanteilen streben. Einmal abgesehen von dem stets wechselnden Innenleben einer Matratze kommt es bei Innovation und Komfort immer mehr darauf an, was über das Bett hinaus suggeriert wird. Das Bett wird mehr und mehr zum sicheren Hafen, in dem man geschützt ist vor der harten Realität einer schnelllebigen Welt. Heute liegt das Hauptaugenmerk auf Frieden und heiterer Gemütsruhe, man überlässt es dem Kunden, ob er weiterhin den Kontakt nach außen wünscht oder sich vollkommen abkapseln will.

Nicht zu vergessen die Gemütsruhe Ihrer Haustiere. Laut der American Pet Products Association schläft fast die Hälfte aller Hunde (62 Prozent der kleinen Rassen, 41 Prozent der Hunde mittlerer Größe und immerhin 32 Prozent der großen Tiere) im Bett des Halters. Im Bett ihrer Besitzer zu schlafen, vermittelt sowohl Katzen als auch Hunden ein Gefühl von Sicherheit, nicht zu vergessen die kuschelige Wärme. Für die Hälfte der Hunde, die nicht bei ihren Haltern im oder auf dem Bett schlafen, gibt es ein riesiges Angebot an Hundebetten und Körbchen. Die entsprechenden Onlinekataloge sind bebildert mit Golden Retrievern, die sich fast schon lasziv in ihren Betten räkeln. Modelle im höheren Preissegment sind aus Kaltschaum, der sich den Körperformen anpasst, und haben erhöhte Seiten, waschbare Stoffe und Bezüge. Es gibt sogar »Höhlenbetten«, die fast wie Schlafsäcke aussehen, oder schlichte Kissen – nicht zu vergessen: Hundebetten fürs Auto. Das hochpreisige amerikanische Versandunternehmen für Jagd-, Outdoor- und Sportartikel Orvis bietet »ToughChew-Betten« an, die »so einiges aushalten – auch Bisse.« Diese Hundebetten aus zwei Schichten können weder von Krallen verunstaltet noch von übereifrigen Hunden zerfetzt werden.

Orvis erstattet Ihnen den Kaufpreis, sollte Ihr Hund es doch schaffen, das Material zu zerbeißen. Die Hundebetten sind in unterschiedlichen Farben zu haben und weisen weiche, strapazierfähige Materialen auf – auf Wunsch wird der Name Ihres Lieblingstiers auf den Stoff gestickt.

Träume für die Zukunft

Vielleicht ist das Bett der Zukunft das Kapselbett: ein eiförmiges Gebilde, das all Ihren Ansprüchen genügt, während Sie sich bequem unter der Bettdecke ausstrecken. Es gibt diese Kapselbetten längst, aber sie sind noch nicht weitverbreitet. Kapselbetten bieten alle erforderlichen PC-Anschlüsse, darüber hinaus lassen sich die Temperatur und die Beleuchtung regeln, sogar externe Geräusche werden ausgeblendet, um den perfekten Schlafkomfort zu erzielen. Natürlich haben diese Betten auch automatische Massagesysteme, die das Kapselbett in sanfte Wiegebewegungen versetzen, um Sie langsam und behutsam zu wecken. Baldachinkapselbetten sind zusätzlich mit Multimediabildschirmen ausgestattet, damit man als Paar fernsehen oder im Internet surfen kann, ohne das Bett verlassen zu müssen. Wenn man schlafen möchte, drückt man einfach einen Knopf, und schon verschwindet der Bildschirm hinter einer Blende.

Einige Schlafkapseln werden mit einem kompletten Multimedia-Entertainment-System geliefert, samt Spielekonsole und Beamer. Wie nicht anders zu erwarten, kann man das Bett ganz nach Belieben anpassen, es gibt darüber hinaus Jalousien für die intimen Momente. Oder man entscheidet sich für das *Ecotypic bed*, das gleich mit Pflanzen geliefert wird, beleuchtet von LEDs, damit die Pflanzen gut gedeihen. Über Lautsprecher kommt Musik, die einen in den Schlaf lullt; die Ecotypic-Betten haben sogar ihr eigenes Stromaggregat. Jede Aktivität im Bett und im Umfeld wird in Energie umgewandelt. Das System *The Cloud* wiederum, das ein weiches Kissen mittels Magnetkraft schweben lassen kann, ist genau der richtige Ort, um zu entspannen oder zu schlafen, ansonsten erweist es sich allerdings als ziemlich unpraktisch, denn es erfordert ein eher puritanisches Leben.

Die Kapselbetten werden oft mit Kapselhotels in Verbindung gebracht, mit einem schnell wachsenden Segment innerhalb des Hotelbusiness, vor allem in asiatischen Ländern. Sie zielen auf Geschäftsreisende wie auch auf genügsame Touristen ab, die sich mit dem Nötigsten zufriedengeben – einem Ort zum Schlafen, schnellem WLAN, Ladestationen für alle elektronischen Geräte und, falls erforderlich, einem kleinen Schreibpult. Kapselhotels sind besonders bei jungen Städtereisenden beliebt, die ganz nah beim Stadtzentrum schlafen wollen und flexibel sind. Auf Zweckmäßigkeit wird Wert gelegt, und das erklärt auch größtenteils die nahezu explosionsartige Zunahme von Kapselhotels mit ihren schlichten Schlafmöglichkeiten in Asien. Viele dieser Hotels gehören zu schnell expandierenden Ketten, die es den Kunden sogar ermöglichen, einen Schlafplatz stundenweise zu mieten – eine beliebte Option für alle müden Reisenden an Flughäfen, und insgeheim natürlich auch für all diejenigen, die auf käuflichen Sex aus sind.

Die ersten Kapselhotels entstanden in Japan als Orte zum Übernachten ohne Schnickschnack und fast ganz ohne Kontakt zu anderen Übernachtungsgästen. Inzwischen hat sich dieses Konzept weiterentwickelt, wobei immer mehr Wert auf Co-Working Spaces und Orte gelegt wird, an denen sich Gäste treffen können. Inzwischen sind maßgeschneiderte Hightechkapselbetten sogar instagramtauglich. Es gibt geniale Nischenkapselhotels, wie etwa in Buchläden in Kyoto und Tokio, wo man zwischen Büchern schläft, schön bequem zwischen den Regalwänden. Die Betten sind im Grunde konventionell, aber die Umgebung ist mehr und mehr auf die Kundenwünsche abgestimmt und technologisch immer ausgeklügelter – es gibt also nicht mehr nur einen Typ Bett für alle.

Kapselbetten, Hightechbaldachine, magnetisch schwebende Kissen und De-luxe-Wasserbetten haben alle einen gemeinsamen Nenner, nämlich Konnektivität, was vor wenigen Jahren noch kein Thema war. Einige Matratzen haben bereits USB-Anschlüsse und Bluetooth. Es ist nur eine Frage der Zeit, bis Ihr Bett vollkommen mit Ihrem Smartphone synchronisiert ist, damit Sie im Netz surfen können oder während der *Lever-* und *Coucher-*Zeremonien mit anderen chatten können. All dies ist verbunden mit futuristischen Technologien, die bestimmen, wann das Bett die Temperatur zu erhöhen oder zu senken hat oder die musikalische Berieselung und die Lichteffekte entsprechend abstimmen soll. Sie brauchen nichts weiter zu tun, als es sich in einem Ambiente bequem zu machen, das computergesteuert ist. Virtual-Reality-Vorrichtungen könnten Ihnen außerdem suggerieren, dass Sie in einem Blütenmeer schlafen, auf dem Empire State Building in New York oder unter einem Sternenhimmel bei Vollmond. In naher Zukunft werden Sie eine Matratze kaufen können, die maßgeschneiderte Komfortzonen für jeden Schlafenden aufweist, zusammen mit individueller Wärme- und Luftregulierung. Irgendwann wird jemand bestimmt einen holographischen Bettgenossen erfinden, der Ihnen Gutenachtgeschichten vorliest. Wir persönlich würden viel lieber in Matratzen investieren, die sich selbst reinigen, keimresistent sind und Bettwanzen vernichten.

Wie unsere Vorfahren werden es die Schlafenden der Zukunft zweifellos vorziehen, sich auf einer komfortablen Oberfläche auszustrecken, aber dabei wollen es die Futuristen nicht bewenden lassen. Für einige ist Schwerelosigkeit das ultimative Ziel, und schon haben sie eine Installation mit Druckluftströmen im Sinn, in denen man schwebt. Man wäre imstande, die Druckluft der Düsen zu regulieren, um ganz individuell im freien Raum zu schweben. Kissen werden mit Chips und Sensoren ausgestattet, die Ihre Vitalfunktionen messen, Ihre Schlafmuster aufzeichnen und Ihnen die ideale Zeit zum Aufwachen mitteilen. Zimmerdecken und Wände werden zum Leuchten gebracht, so dass sie den Tag-und-Nacht-Zyklus imitieren. Schon spricht man von Headsets und Kopfhörern für die im Bett integrierten Smartphones und von Temperaturregulierung über Sensoren oder Sprachsteuerung. Und angesichts des verdichteten Wohnens und der immer kleineren Apartments ist bereits die Rede von automatisierten Möbeln, so dass sich ein Wohnraum schnell in einen Schlafbereich umwandeln lässt. Man wird immer mehr vertikale Zimmer antreffen, in denen man dann vielleicht wie Astronauten in Säcken schläft. Aber wie werden wir die Leichtigkeit erzeugen, die einen Schlafsack dieser Art komfortabel macht?

Die meisten von uns liegen auf Matratzen, die unsere Großeltern noch als solche erkennen würden – nur sind unsere wahrscheinlich sehr viel bequemer. Warum dann also hochmoderne Technologie mit einbauen? Wollen wir wirklich, dass irgendwelche elektronischen Hilfsmittel nicht nur unseren Gesundheitszustand überwachen, sondern auch über unseren Musikgeschmack, unsere Lesevorlieben und Kaufwünsche befinden? Die Antwort lautet wahrscheinlich: »Ja«, wenn man bedenkt, dass immer mehr Leute nahezu abhängig sind von ihren gesundheitsüberwachenden Smartwatches und kalorienzählenden Apps fürs Handy. Bald werden wir Matratzen mit eingebautem Sleep Tracker kaufen können, die uns kein statisches Bett mehr bieten, sondern eine Liegefläche, die sich theoretisch im Lauf der Zeit optimiert. Es gibt Leute, die behaupten, dass die technische Überwachung den Schlaf »smarter« macht – was auch immer das heißen mag. Eine Matratze mag ja durchaus imstande sein, für die optimalen Schlafbedingungen zu sorgen, aber Ihre individuell empfundenen Schlafprobleme wird sie nicht lösen. Für die meisten von uns sind folgende Zutaten die beste Medizin für einen guten Schlaf – falls man nicht den Job ganz an den Nagel hängt und unbeschwert in den Tag hineinlebt: eine ausgewogene Ernährung, zu einer vernünftigen Uhrzeit ins Bett gehen, regelmäßige körperliche Aktivität und ausgelassenes Herumtollen mit Bettgenossen.

Das Bett, das einst ein Ort war, an dem sich das ganze Leben abspielte, ist in den Schatten gerückt, aber inzwischen sieht es danach aus, als würde das Bett zumindest virtuell gesellig. Die amerikanische Künstlerin Laurie Anderson sagt dazu: »Technologie ist das Lagerfeuer, an dem wir uns Geschichten erzählen.« Damit hat sie zum Teil recht. Mittels der technologischen Möglichkeiten werden wir uns die Personen oder Gedanken ins Bett holen können, die wir uns wünschen – aber ohne die körperliche Nähe, die unsere Vorfahren als normal empfanden.

Wir sind unendlich verbunden und unendlich allein: Das Bett von heute spiegelt unser Leben wider, wie es das immer schon getan hat. Wenn wir die Decke des Betts von morgen zurückschlagen, können wir einen Blick auf die Zukunft unserer Welt erhaschen, mit all ihren Alpträumen von Vereinzelung, aber auch mit all ihren großen Träumen vom miteinander Verbundensein.

Anhang

Anmerkungen

Freigelegte Betten

1 Wright 2004.
2 Samson 2012.
3 Thoemmes [u. a.] 2018.
4 Wadley [u. a.] 2011.
5 Nadel 2004.
6 Shafer/Bryant 1977.
7 Childe 1983.
8 Richards 2005; Richards/Jones 2016.
9 Parker Pearson 2012.
10 Malone/Stoddart 2016; Malone 2008.
11 Tetley 2000. Zusätzliche Informationen zum Schlafen auf dem Boden: https://www.ncbi.nlm.nih.gov./pmc/articles/PMC1119282.
12 Dodson/Hilton 2004.
13 Reeves 1990.
14 Siculus 2014.
15 Carlano/Sumberg 2006; vgl. Crystal 2015.
16 Für den Tristan Quilt verweisen wir auf die Website des Victoria and Albert Museums: https://collections.vam.ac.uk/item/O98183/the-tristan-quilt-bed-cover-unknown/.
17 *The Diary of Samuel Pepys*, 15. August 1666: http://www.pepysdiary.com/diary/1666/08/15.
18 Ormiston/Wells 2010.
19 Fiona Briggs, »Bed Overtakes Sofa as the Most Used Piece of Furniture in British homes«, 22. September 2016: http://www.retailtimes.co.uk/bed-overtakes-sofa-used-piece-furniture-british-homes-made-com-reports/.

Der Schlaf im Spiegel der Zeit

1 Sir William Vaughan (um 1575–1641), walisischer Autor, der sich für die Kolonisierung von Neufundland aussprach. Das Zitat stammt aus Vaughan 1609, Kap. 3.
2 Phiston 1609.
3 Bernd Janowski / Gernot Wilhelm (Hrsg.), *Omina, Orakel, Rituale und Beschwörungen*, Gütersloh 2008, S. 358 f.
4 Zit. nach: Ekirch 2005.

5 Freud 2019.
6 Horne 2007.
7 den Boer 2012.
8 Wehr 1992.
9 Ekirch 2005. Zu England in der Frühmoderne siehe Handley 2016.
10 Glaskin/Chenhall 2013.
11 Yetish [u. a.] 2015.
12 Huffington 2017.
13 Walker 2017.
14 Reiss 2017.
15 Horne 2007.
16 Churchill 2013.
17 Aus einem Interview, das Edward Marshall mit Edison führte, in: *New York Times* vom 6. Februar 1927.
18 Kripke [u. a.] 2002.

Ein Heidenspaß

1 Tacitus, *Annalen*, 15,37, S. 508. Kaiser Nero (37–68 n. Chr.) galt als extravaganter, tyrannischer Herrscher, der Selbstmord beging, als er erfuhr, dass man ihn in Abwesenheit als »öffentlichen Feind« zum Tode verurteilt hatte.
2 Crystal 2015.
3 Booth 2015.
4 Cooper 2002.
5 Xenophon, *Oikonomikos* 7,11.
6 Crystal 2015, S. 144.
7 Wright 2004, S. 72.
8 Tannahill 1980, Kap. 7.
9 Grundy 2010; s. a. Patterson 2013.
10 Malinowski 1929.
11 *Das Gilgamesch-Epos*, S. 66.
12 Crystal 2015, S. 15. Signatur Britisches Museum 1867,0509.55.
13 Tannahill 1980; s. a. Van Gulik 1994.
14 Tannahill 1980, s. Kap. 8 für eine umfangreiche Erörterung; s. a. Daniélou 1993.
15 Straton, *Anthologica Palatina*, 12,4, zit. nach: Tannahill 1980, S. 83.
16 Xenophon, *Symposion* 2.9, in: X.: *Das Gastmahl*, griech./dt., übers. und hrsg. von Ekkehard Stärk, Stuttgart 1988 [u. ö.], S. 15.
17 Plutarch, *Leben des Lykurg*, 18.
18 Knudsen 2012.

19 McGinn 2004.
20 Wright 2004, S. 40.
21 Tannahill 1980, S. 381–387.

Ruft die Hebamme

1 Eine wissenschaftliche Analyse des Fötus aus dem Jahr 2017 ergab, dass Mutter und Kind zwischen der 31. und 33. Schwangerschaftswoche starben und beide während der letzten zweieinhalb Monate ihres Lebens unter starkem Stress gestanden hatten. Nava [u. a.] 2017.
2 Gen 3.16.
3 Die *Sitzende Frau von Çatalhöyük* (mit restauriertem Kopf) gehört zur Dauerausstellung des Museums für anatolische Zivilisationen in Ankara.
4 Detaillierte Informationen zur aktuellen Kindersterblichkeitsrate liefert die WHO: https://www.who.int/data/gho/data/themes/topics/topic-details/GHO/child-mortality-and-causes-of-death.
5 *Papyrus Westcar*. Für weitere Informationen und Erläuterungen siehe Booth 2015 und Blackman 1988.
6 Nunn 2002.
7 Sushruta oder Susruta, bekannt als Vater der Chirurgie, wurde um 600 v. Chr. in Uttar Pradesh in Indien geboren. Die *Sushruta Samhita* gehört zu den bedeutendsten antiken Textsammlungen zur Medizin. Siehe Bhishagratna 2006.
8 King 2005; Soranus von Ephesus 1894.
9 Poseidippos, zit. nach: Blundell 1995. Poseidippos von Pella (um 310–240 v. Chr.), hellenistischer Epigrammatiker.
10 Cook/Luo 2017.
11 Aus dem *Ishinpō*, 23.8 a. Das *Ishinpō* umfasst 30 Rollen (*maki*) und gilt als ältester japanischer Text zur Medizin. Das Werk wurde 984 n. Chr. von Tamba Yasuyori (912–995) vollendet. Vgl. Lee 1996, S. 228.
12 Von Wang Tao, der aus dem Werk des Cui Zhiti (gest. 681 n. Chr.) zitiert. Tao verfasste viele Schriften zur Geburt und Geburtshilfe. Zit. nach: Lee 1996, S. 235. [Seitenzahlen stimmen nicht mit dem Literaturverzeichnis überein: Es gibt einen Artikel von Jen-der Lee, »Gender and Medicine in Tang China«, in: *Asia Major* 16 (2003) Nr. 2, S. 1–32; hier kommen Wang Tao und Cui Zhiti vor.]
13 Zit. aus dem *Ishinpō*, 23.24 a; zit. nach: Lee 1966, S. 234. [Findet sich auf S. 6 f. in: Lee, »Gender und Medicine«, s. Anm. 12.]
14 Licence 2012, S. 213.
15 Nachzulesen auf der Website des Botanischen Gartens in Kew, London.
16 Licence 2012, S. 213.

17 Aus einer Untersuchung von Roger Schofield, »Did the Mothers Really Die?«, in: Peter Laslett (Hrsg.), *The World We Have Lost*, Cambridge 1993; zit. nach: Licence 2012.

18 François Mauriceau (1637–1709), Chirurg und Geburtshelfer des 17. Jahrhunderts. Das Zitat stammt aus: Mauriceau 1757, S. 162.

19 Meigs 1854, S. 104. Charles Delucena Meigs (1792–1869), amerikanischer Geburtshelfer, der sich gegen die Geburtsanästhesie aussprach und davon überzeugt war, ein Arzt könne keinerlei Krankheiten über die Hände übertragen.

20 Kleeman 2015.

Tod und Jenseits

1 El Brujo ist ein Komplex von zeremoniellen Gebäuden, der zwischen 1 und 600 n. Chr. im Stammesgebiet der Moche an der Küste von Peru entstand. Für die Dame von Cao liegen noch keine detaillierten Forschungen vor, lediglich populärwissenschaftliche Berichte, darunter ein Feature von Nadia Durrani: »The Moche Route«, in: *Current World Archaeology* 35 (2009): https://www.world-archaeology.com/travel/moche-route.the/.

2 Aus Tafel 8 des *Gilgamesch-Epos*, s. Röllig 2009, S. 91. Auf Englisch online verfügbar unter: http://ancienttexts.org/library/mesopotamian/gilgamesh/tab8.htm. Siehe auch George 2016.

3 Baughan 2013, insb. Kap. 1, 2.

4 Reisner 1923.

5 Kemp [u. a.] 2013.

6 Bianucci [u. a.] 2015.

7 Reeves 1990.

8 Der Inhalt von Khas Grab ist ausgestellt im neu sanierten ägyptischen Museum, Museo Egizio, in Turin: https://www.museoegizio.it/en/.

9 Funde von Grab H18 wurden von der Archäologin Kathleen Kenyon veröffentlicht, die 1960 die Ausgrabungen bei Jericho leitete; siehe Baughan 2013.

10 Ebd.

11 Needham/Ping-Yü 1959, Ndr. 1970.

12 Whitelock 2013, S. 338 ff.

13 Ebd., S. 342.

14 Ebd.

15 Platon (428/427–348/347 v. Chr.) hielt Sokrates' Tod 399 v. Chr. schriftlich in seinem Werk *Phaidon* fest, den Lesern der Antike auch unter dem Titel *Über die Seele* bekannt. Platon *Phaidon*, 118a, S. 96.

16 Tacitus (um 58 – um 120) lebte zur Zeit Kaiser Neros. Das Zitat stammt aus Tacitus, *Annalen*, XV,62, S. 529. Zu Senecas Tod vgl. Ker 2009.

17 Nimoys Tweet findet man unter: https://twitter.com/therealnimoy/status/569762773204217857?lang=en.

18 Reeva Steenkamp (1983–2013) war Oscar Pistorius' (*1986) Freundin und wurde mit Schusswunden in seinem Haus aufgefunden. Pistorius wurde später der fahrlässigen Tötung schuldig gesprochen. Ihren Tweet findet man hier: https://twitter.com/reevasteenkamp?lang=en.

19 Hardy 1998, S. 117: »There was another date … that of her own death; a day which lay sly and unseen among all the other days of the year, giving no sign or sound when she annually passed over it; but not the less surely there«. Dt.: Hardy 1979, S. 147.

20 Für Filmmaterial zum Volk der Toraja: http://www.bbc.co.uk/news/magazine-39603771.

Fremde Bettgenossen

1 Ludwig von Anhalt-Köthen, »Reise-Beschreibung in dt. Versen«, in: Johann C. Beckmann (Hrsg.), *Accessiones historiae Anhaltinae*, Zerbst 1716, Bd. 3, S. 165–292, hier S. 175. Das Große Bett von Ware ist im Victoria and Albert Museum (Raum 57) in London ausgestellt: https://www.vam.ac.uk/articles/great-bed-of-ware. Prinz Ludwig von Anhalt-Köthen (1579–1650), ein eher unauffälliger Fürst, der sich für die Gartenkunst und nicht in erster Linie für die Kriegskunst interessierte; Mitbegründer der deutschen Sprachakademie »Fruchtbringende Gesellschaft«.

2 William Shakespeare, *Twelfth Night. Was Ihr wollt*, übers. von Norbert H. Platz / Elke Platz-Waury, Stuttgart 1976, III.2, S. 127.

3 Für die angeführten Zitate siehe http://www.greatbedofware.org.uk/.

4 Ekirch 2005, S. 279; s. a. Worsley 2012.

5 Vgl. Melville 2001.

6 Butterfield 1961, Bd. 3, S. 418.

7 Liedloff 2009, S. 28.

8 John Whiting (1908–1999) und seine Frau Beatrice (1914–2004), psychologische Anthropologen, die die komparative Forschung zur Kindesentwicklung ins Leben riefen, zunächst in Yale, dann in Harvard. Für einen Überblick über ihr Werk siehe Edwards/Bloch 2010. Für Forschungsergebnisse, die in diesem Buch zitiert werden, siehe Pawlik/Rosenzweig 2000, S. 242.

9 Carlano/Sumberg 2006, S. 83.

10 Handley 2016.

11 Ekirch 2005.

12 Ebd.

13 Tomalin 2007.

14 Tahhan 2013.
15 *The Works of Ben Jonson*, London 1616, zit. nach Ekirch 2005, S. 292.
16 Soranos von Ephesos 1991; Soranus von Ephesus 1894, S. 79.
17 Die Studien von James McKenna: https://cosleeping.nd.edu.
18 Ebd.
19 Carlano/Sumberg 2006, Kap. 7; Wright 2004, Kap. 33.
20 Carlano/Sumberg 2006.
21 Borel 2015.
22 Aus einem persönlichen Gespräch mit Gizelle Schoch.
23 Reiss 2017.

Das Bett auf Reisen

1 Lorenzi 2017.
2 Lehner/Hawass 2017.
3 Homer, *Odyssee* IV.296–299, S. 56, und XX.1–4, S. 333.
4 Thesiger/Anderson 2008.
5 Lattimore 1941.
6 Richardson 2014.
7 Der Engländer John Evelyn (1620–1706) schrieb über mancherlei Themen, darunter Gartenkunst, Theologie und Vegetarismus. Er führte Tagebuch (einige Passagen ähneln eher einer Autobiografie, da sie viel später hinzukamen) von 1640 bis 1706. Zitate aus: Bédoyère 1995, S. 63.
8 Ibn Battuta 2007.
9 George Robert Gleig (1796–1888), ein Soldat, der später Priester wurde. Er verfasste mehrere Bücher zu militärischen Themen, darunter auch eine Biografie über Wellington. Für das Zitat siehe Gleig 1871, S. 127.
10 Alle Informationen zu Napoleons Feldbett stammen von der Napoleon Foundation: https://www.napoleon.org/en/history-of-the-two-empires/objects/napoleons-camp-bed/.
11 Alle Zitate in diesem Abschnitt stammen aus: Miller 2017.
12 Startzman 2014.
13 Frink/Frink 1897, S. 7.
14 Richardson/Eberlein 1925.
15 Leyendecker 1992.
16 Zur Welt der Wohnmobile: Jim Morrison, »Commemorating 100 Years of the RV«, 24. August 2010: https://www.smithsonianmag.com/history/commemorating-100-years-of-the-rv-56915006/.

Das öffentliche Schlafgemach

1 Wright 2004, S. 29.
2 Ebd.
3 Ebd., Abschn.: »Große Hochzeitsbetten«, S. 73.
4 Whitelock 2013.
5 Ebd., S. 244.
6 Mitford/Mansel 2012.
7 Siculus 2014 (dt.: Ndr. 2014, Bd. 1, Kap. 70).
8 Louis de Rouvroy, Herzog von Saint-Simon (1675–1755), Soldat, Schriftsteller und unerreichter – wenn auch oft unzuverlässiger – Chronist des Geschehens am Hof von König Ludwig XIV. (1638–1715). Saint-Simons *Memoiren* sind noch heute eine wichtige Quelle für die Geschichte des Schlosses zu Versailles. https://www.gutenberg.org/files/3875/3875-h/3875-h.htm.
9 Wright 2004, S. 108.
10 Das Prunkbett von Sadiq Mohammad Khan Abbasi IV. ist auf einem Gemälde und auf mehreren Fotografien aus dem Jahr 1882 zu sehen, die Paul Christofle machte. Siehe Skoggard 2000.
11 Danchev/Todman 2001.

Ein privater Rückzugsort

1 Cerf machte diese Bemerkung 2013 während des Federal Trade Commission Workshops zum Internet of Things.
2 Malinowski 1929.
3 Plinius d. Ä. 2013, Buch 35.
4 Zu Graffiti aus Pompeji siehe McGinn 2004.
5 Zitate aus diesem Abschnitt stammen aus: Fagan 2004.
6 Olsen 1976.
7 Tosh 1999.
8 Flanders 2003, Einl., Kap. 1.
9 Aus einer Werbeveröffentlichung des *Earnshaw's Infants' Department* vom Juni 1918.
10 Warren/Brandeis 1890, S. 196.
11 Flanders 2003, Kap. 1.
12 Zit. nach: Ekirch 2005, S. 282.
13 Panton 1888, S. 182.
14 Ebd., S. 183.
15 Ebd., S. 189.
16 Ebd., S. 140.

17 Beeton 1982, S. 992.
18 Flanders 2003, S. 47.
19 Haweis 1889.

Die Betten der Zukunft

1 Zu Charpais siehe www.stringbedco.com.
2 Frey 2016, S. 65.
3 Zu William Lawrence Murphy (1876–1957) siehe: https://en.wikipedia.org/wiki/Murphy_bed.
4 Vgl. die Webpräsenz von Ori Living: https://oriliving.com.
5 Greenfield 2010.

Literaturhinweise

Wir haben für dieses Buch Hunderte von Artikeln, Büchern und Websites benutzt, viele unserer Quellen sind obskur. Im Folgenden werden nur die bedeutendsten Quellen genannt. Interessierte Leser werden feststellen, dass die Literaturverzeichnisse in vielen der unten aufgeführten Werke auf weitere einschlägige Titel verweisen. Sofern nicht anders vermerkt, stammen die Zitate aus den unten genannten Publikationen zu den jeweiligen Themen.

Baughan, Elizabeth P.: Couched in Death: Klinai and Identity in Anatolia and Beyond. Madison 2013.

Beard, Mary: Exile Strategies. In: The Guardian. 21. März 2019: https://www.theguardian.com/books/2009/mar/21/philosophy.

Bédoyère, Guy de la (Hrsg.): Diary: John Evelyn. Woodbridge 1995.

Beeton, Isabella: Mrs. Beeton's Book of Household Management. London 1859–61. (Photomech. Nachdr. der Ausg. von 1861. London 1982.)

Bhishagratna, Kaviraj Kunjalal: The Sushruta Samhita: An English Translation Based on Original Texts. New Delhi 2006.

Bianucci, Raffaella [u. a.]: Shedding New Light on the 18th Dynasty Mummies of the Royal Architect Kha and His Spouse Merit. In: PLOS One. 22. Juli 2015: https://10.1371/journal.pone.0131916.

Blackman, Aylward M.: The Story of King Kheops and the Magicians. Hemet 1988.

Blundell, Sue: Women in Ancient Greece. Cambridge 1995.

Booth, Charlotte: In Bed with the Ancient Egyptians. Stroud 2015.

Borel, Brooke: Infested. How the Bed Bug Infiltrated Our Bedrooms and Took Over the World. Chicago 2015.

Butterfield, Lyman H.: Diary and Autobiography of John Adams. Bd. 3. Cambridge 1961.

Carlano, Annie / Sumberg, Bobbie: Sleeping Around. The Bed from Antiquity to Now. Seattle 2006.

Childe, Vere Gordon: Skara Brae. London 1983.

Churchill, Winston S.: Churchill by Himself. London 2013.

Cook, Constance / Luo, Xinhui: Birth in Ancient China: A Study of Metaphor and Cultural Identity in Pre-Imperial China. Albany 2017.

Cooper, Jerold S.: Virginity in Ancient Mesopotamia. In: Sex and Gender in the Ancient Near East. Hrsg. von Simo Parpola / Robert Whiting. Stroud 2002.

Crystal, Paul: In Bed with the Romans. Stroud 2015.

Danchev, Alex / Todman, Daniel (Hrsg.): Field Marshall Lord Alanbrooke. War Diaries, 1939–1945. London 2001.

Daniélou, Alain: The Complete Kama Sutra. New York 1993.
den Boer, E.: Spirit Conception. Dreams in Aboriginal Australia. In: Dreaming 22 (2012) Nr. 3. S. 192–211: https://doi.org/10.1037/a0028402.
Dodson, Aidan / Hilton, Dyan: The Complete Royal Families of Ancient Egypt. London 2004.
Edwards, Carolyn P. / Bloch, Marianne: The Whitings' Concepts of Culture and How They Have Fared in Contemporary Psychology and Anthropology. In: Faculty Publications, Department of Psychology 501 (2010): http://digitalcommons.unl.edu/psychfacpub/501.
Ekirch, A. Roger: At Day's Close: The Night in Times Past. New York 2005.
Elyot, Thomas: The Castell of Helth. London 1539.
Fagan, Brian: Fish on Friday. Feasting, Fasting, and the Discovery of the New World. New York 2004.
Flanders, Judith: Inside the Victorian Home. A Portrait of Domestic Life in Victorian England. New York 2003.
Freud, Sigmund: Die Traumdeutung. Eine kommentierte Auswahl. Hrsg. von Jens Heise. Stuttgart 2019.
Frey, Johannes (Hrsg.): Beowulf. Das angelsächsische Heldenlied. Stuttgart 2013.
Frey, Thomas: Epiphany Z. Eight Radical Visions for Transforming Your Future. Hampton 2016.
Frink, Ledyard / Frink, Margaret A.: Journal of a Party of California Gold Seekers. Oakland 1897.
George, Andrew: The Epic of Gilgamesh. New York 2016. (Dt.: Das Gilgamesch-Epos. Übers., komm. und hrsg. von Wolfgang Röllig. Stuttgart 2021.)
Glaskin, Katie / Chenhall, Richard (Hrsg.): Sleep Around the World. Anthropological Perspectives. New York 2013.
Gleig, George Robert: The Life of Arthur, Duke of Wellington. London 1871.
Goodman, Ruth: How to be a Tudor. New York 2017.
Greenfield, Rebecca: The Rise and Fall of the (Sexy, Icky, Practical) Waterbed. In: Atlantic. 13. August 2010: https://www.theatlantic.com/technology/archive/2010/08/the-rise-and-fall-of-the-sexy-icky-practical-waterbed/61426/.
Grundy, Mrs: A History of Four Centuries of Morals in Great Britain and the United States Intended to Illuminate Present Problems. Repr. Whitefish 2010.
Handley, Sasha: Sleep in Early Modern England. New Haven 2016.
Hardy, Thomas: Tess of the d'Urbervilles. Hrsg. von John Paul Riquelme. New York 1998. (Tess. Übers. von Helga Schulz. München 1979.)
Haweis, Mary Eliza Joy: The Art of Housekeeping. London 1889.
Homer: The Odyssey. Übers. von Robert Fagles. New York 1996. (Dt.: Odyssee. Übers., Nachw. und Reg. von Roland Hampe. Stuttgart 1979.)
Horne, Jim: Sleepfaring. The Secrets and Science of a Good Night's Sleep. Oxford 2007.

Huffington, Arianna: The Sleep Revolution. Transforming Your Life, One Night at a Time. New York 2017.
Hunink, Vincent: Glücklich ist dieser Ort! 1000 Graffiti aus Pompeji. Lat./Dt. Stuttgart [2]2021.
Ibn Battuta: The Travels of Ibn Battutah. Übers. von Tim Macintosh-Smith. New York 1853–58. (Dt.: Die Reisen des Ibn Battuta. Hrsg. und übers. von Horst Jürgen Grün. 2 Bde. München 2007.)
James, Henry E. M.: The Long White Mountain, or a Journey in Manchuria. London 1888.
Kemp, Barry [u. a.]: Life, Death and Beyond in Akhenaten's Egypt. Excavating the South Tombs Cemetery at Amarna. In: Antiquity 87 (2013) Nr. 335. S. 64–78.
Ker, James: The Deaths of Seneca. Oxford 2009.
King, Helen: Greek and Roman Medicine. Bristol 2005.
Kleeman, Alexandra: The Bed-Rest Hoax. The Case against a Venerable Pregnancy Treatment. In: Harper's Magazine. Dezember 2015.
Knudsen, Christian D.: Naughty Nuns and Promiscuous Monks. Monastic Sexual Misconduct in Late Medieval England. Toronto 2012.
Kollesch, Jutta / Nickel, Diethard (Hrsg.): Antike Heilkunst. Ausgewählte Texte aus den medizinischen Schriften der Griechen und Römer. Stuttgart 2022.
Kripke, Daniel F. [u. a.]: Mortality Associated with Sleep Duration and Insomnia. In: Arch Gen Psychiatry 59 (2002) Nr. 2. S. 131–136.
Lattimore, Owen: Mongol Journeys. London 1941.
Lee, Jen-Der: Childbirth in Early Imperial China. In: Bulletin of the Institute of History and Philology, Academia Sinica 67 (1996) Nr. 3. S. 533–642. (Übers. von Sabine Wilms.)
Le Goff, Jacques: Saint Louis. Notre Dame 2009.
Lehner, Mark / Hawass, Zahi: Giza and the Pyramids. London 2017. (Dt.: Die Pyramiden von Gizeh. Darmstadt 2017.)
Leyendecker, Liston Edgington: Palace Car Prince. A Biography of George Mortimer Pullman. Boulder 1992.
Licence, Amy: In Bed with the Tudors. Stroud 2012.
Liedloff, Jean: The Continuum Concept. In Search of Happiness Lost. New York 1975. (Dt.: Auf der Suche nach dem verlorenen Glück: Gegen die Zerstörung unserer Glücksfähigkeit in der frühen Kindheit. München 2009.)
Lorenzi, Rossella: Fit for a King: Tut's Camping Bed Was an Ancient Marvel. In: Live Science. 1. August (2017): https://www.livescience.com/59999-king-tut-camping-bed-ancient-marvel.html.
Malinowski, Bronislaw: The Sexual Life of Savages in North-western Melanesia, British New Guinea. London 1929.
Malone, Caroline: Metaphor and Maltese Art: Explorations in the Temple Period. In: Journal of Mediterranean Archaeology 21 (2008) Nr. 1. S. 81–108.

Malone, Caroline / Stoddart, Simon: Figurines of Malta. In: The Oxford Handbook of Prehistoric Figurines. Hrsg. von Timothy Insoll. Oxford 2016. S. 729–753.
Marshall, Edward: Edison at 80 Views a World He Changed. In: New York Times Archiv. 6. Februar 1927.
Mauriceau, François: The Diseases of Women with Child, and in Child-Bed (1668). Übers. von Hugh Chamberlen. London 2018. (Dt.: Tractat von denen Kranckheiten schwangerer und gebährender Weibs-Personen. Basel 1757.)
McGinn, Thomas A. J.: The Economy of Prostitution in the Roman World. Ann Arbor 2004.
Meigs, Charles: On the Nature, Signs and Treatment of Childbed Fevers. Philadelphia 1854.
Melville, Herman: Moby-Dick [1851]. New York 2012. (Dt.: Moby-Dick oder Der Wal. Übers. von Matthias Jendis. München 2001.)
Miller, Warren Hastings: Camp Craft. Modern Practice and Equipment. New York 1915. (Ndr. 2017.)
Mitford, Nancy / Mansel, Philip: The Sun King. New York 2012.
Nadel, Dani: Continuity and Change: The Ohalo II and the Natufian Dwelling Structures (Jordan Valley, Israel). In: The Last Hunter-Gatherers in the Near East. Hrsg. von Christophe Delage. Oxford 2004. S. 75–84.
Naughan, Elizabeth P.: Couched in Death. Madison 2013.
Nava, Alessia [u. a.]: Virtual Histological Assessment of the Prenatal Life History and Age at Death of the Upper Paleolithic Fetus from Ostuni (Italy). In: Scientific Reports 7 (2017): https://doi.org/10.1038/s41598-017-09773-2.
Needham, Joseph / Ping-Yü, Ho: Elixir Poisoning in Medieval China. In: Janus 48 (1959) S. 221–251. Ndr. in: Clerks and Craftsmen in China and the West: Lectures and Addresses on the History of Science and Technology. Cambridge 1970. S. 316–339.
Nunn, John Francis: Ancient Egyptian Medicine. Norman 2002.
Olsen, Donald J.: The Growth of Victorian London. New York 1976.
Ormiston, Rosalind / Wells, Nicholas W.: William Morris: Artist, Craftsman, Pioneer. London 2010.
Panton, Jane Ellen: From Kitchen to Garret: Hints for Young Householders. London 1888.
Parker Pearson, Mike: Stonehenge: Exploring the Greatest Stone Age Mystery. London 2012.
Patterson, Anthony: Mrs Grundy's Enemies: Censorship, Realist Fiction and the Politics of Sexual Representation. Bern 2013.
Pawlik, Kurt / Rosenzweig, Mark R. (Hrsg.): The International Handbook of Psychology. London 2000.
Pepys, Samuel / Bright, Mynors: The Diary of Samuel Pepys: A New and Com-

plete Transcription. Berkeley 1970. (Dt.: Tagebuch aus dem London des 17. Jahrhunderts. Ausgew., übers. und hrsg. von Helmut Winter. Stuttgart 2014.)

Phiston, William: The Schoole of Good Manners, or A New Schoole of Vertue. London 1609.

Plato: Phaedo. Übers. von Benjamin Jowett [1892]. CreateSPace Independent Publishing Platform 2017. (Dt.: Platon: Phaidon. Übers. von Friedrich Schleiermacher. Nachw. von Andreas Graeser. Stuttgart 1987 [u. ö].)

Plinius d. Ä.: Pliny's Natural History: In Thirty-Seven Books. Philemon Holland (Hrsg.). Seattle 2013.

Reeves, Nicholas: The Complete Tutankhamun. London 1990.

Reisner, George: Excavations at Kerma. Cambridge 1923.

Reiss, Benjamin: Wild Nights: How Taming Sleep Created Our Restless World. New York 2017.

Richards, Colin (Hrsg.): Dwelling among the Monuments. Cambridge 2005.

– / Jones, Richard (Hrsg.): The Development of Neolithic House Societies in Orkney. Oxford 2016.

Richardson, Albert E. / Donaldson Eberlein, Harold: The English Inn Past and Present. London 1925.

Richardson, Glenn: The Field of the Cloth of Gold. New Haven 2014.

Saint-Simon de Rouvroy, Louis: Memoirs of Louis XIV and His Court and of the Regency. New York 1910.

Samson, Donald R.: The Chimpanzee Nest Quantified: Morphology and Ecology of Arboreal Sleeping Platforms within the Dry Habitat Site of Toro-Semiliki Wildlife Reserve, Uganda. In: Primates 53 (2012) S. 357–364.

Shafer, Harry J. / Bryant Jr., Vaughn M.: Archaeological and Botanical Studies at Hinds Cave, Val Verde County, Texas. College Station 1977. (Anthropological Laboratory Special Series. 1.)

Siculus, Diodorus: Historical Library. Übers. von Giles Lauren. Seattle 2014. (Dt.: Diodor's von Sicilien historische Bibliothek. Übers. von Julius Friedrich Wurm. Wien 1827. Ndr. Wiesbaden 2014.)

Skoggard, Carl A.: Asleep with Painted Ladies. In: Nest 10 (2000) S. 100–105.

Soranos von Ephesos: Soranus' Gynecology. Übers. von Owsei Temkin. Baltimore 1991. (Dt.: Die Gynäkologie (Peri gynaikeiōn) des Soranus von Ephesus. Übers. von Heinrich Lüneburg. Hrsg. von Johann Ch. Huber. München 1894.)

Speert, Harold: Obstetrics and Gynecology. A History and Iconography. Boca Raton 2004.

Startzman, Ethan: A Brief History of Sleeping Bags. In: ezinearticles. 21. Januar 2014: https://ezinearticles.com/?A-Brief-History-of-Sleeping-Bags&id=8266462.

Szpakowska, Kasla / Baines, John: Through a Glass Darkly: Magic, Dreams, and Prophecy in Ancient Egypt. Swansea 2006.

Tacitus: Annals. In: T.: Historical Works. Hrsg. von E. H. Blakeney. Übers. von Arthur Murphy. London [o. J.; um 1907]. Bd. 1. S. 498–502. (Dt.: Tacitus: Annalen. Übers. und Anm. von Walther Sontheimer. Nachw. von Kai Brodersen. Stuttgart 2013 [u. ö.].)

Tahhan, Diana Adis: Sensuous Connections in Sleep: Feelings of Security and Interdependency in Japanese Sleep Rituals. In: Sleep Around the World: Anthropological Perspectives. Hrsg. von Katie Glaskin / Richard Chenhall. New York 2013. S. 61–78.

Tannahill, Reay: Sex in History. New York 1980.

Tetley, Michael: Instinctive Sleeping and Resting Postures. An Anthropological and Zoological Approach to Treatment of Lower Back and Joint Pain. In: British Medical Journal 321 (2000) S. 1616.

Thesiger, Wilfred / Anderson, John Lee: The Marsh Arabs. Ndr. Baltimore 2008.

Thoemmes, Megan S. [u. a.]: Ecology of Sleeping: The Microbial and Arthropod Associates of Chimpanzee Beds. In: Royal Society Open Science 5 (2018) Nr. 5: https://doi.org/10.1098/rsos.180382.

Tomalin, Claire: Samuel Pepys. The Unequalled Self. New York 2007.

Tosh, John: A Man's Place. Masculinity and the Middle-Class Home in Victorian England. New Haven 1999.

Van Gulik, Robert H.: Sexual Life in Ancient China. A Preliminary Survey of Chinese Sex and Society from ca. 1500 B. C. till 1644 A. D. Leiden 1994.

Van Meijl, Toon: Maori Collective Sleeping as Cultural Resistance. In: Sleep Around the World: Anthropological Perspectives. Hrsg. von Katie Glaskin / Richard Chenhall. New York 2013. S. 133–150.

Vaughan, William: Approved Directions for Health, Both Natural and Artificiall. London 1609.

Wadley, Lyn [u. a.]: Middle Stone Age Bedding Construction and Settlement Patterns at Sibudu, South Africa. In: Science 334 (2011) S. 6061.

Walker, Matthew: Why We Sleep. New York 2017. (Das große Buch vom Schlaf: Die enorme Bedeutung des Schlafs – Beste Vorbeugung gegen Alzheimer, Krebs, Herzinfarkt und vieles mehr. München 2018.)

Warren, Samuel D. / Brandeis, Louis D.: The Right to Privacy. In: Harvard Law Review 4 (1890) Nr. 5. S. 193–220.

Wehr, Thomas: In Short Photoperiods, Human Sleep Is Biphasic. In: Journal of Sleep Research 1 (1992) Nr. 2, S. 103–107.

Whitelock, Anna: Elizabeth's Bed: An Intimate History of Elizabeth's Court. New York 2013.

Whiting, John / Hollenberg Chasdi, Eleanor (Hrsg.): Culture and Human Development: The Selected Papers of John Whiting. Cambridge 2006.

Wilkinson, Richard: Louis XIV. Abingdon 2017.
Worsley, Lucy: If Walls Could Talk: An Intimate History of the Home. New York 2012.
Wright, Lawrence: Warm and Snug. The History of the Bed. Stroud 2004.
Xenophon: Xenophon in Seven Volumes. Bd. 4. Cambridge 1979.
Yetish, Ghandi [u. a.]: Natural Sleep and Its Seasonal Variations in Three Pre-industrial Societies. In: Current Biology 25 (2015) Nr. 21. S. 2862–2868.

Abbildungsnachweis

Danksagung

Wir Archäologen hätten nicht im Traum gedacht, dass wir je ein Buch über das Bett schreiben würden – über das Möbelstück, in dem wir ein Drittel unseres Lebens verbringen! Und in der Tat, als wir loslegten, verwandelte sich das Buch von einem Überblick über den Gegenstand selbst in eine historische Darstellung all dessen, was wir im Bett taten.

Ungewöhnliche Umstände führten zu einem, wie sich herausstellen sollte, anspruchsvollen und faszinierenden Buch. Alles fing damit an, dass Brian gebeten wurde, vor der Geschäftsführung der Matratzenfirma Serta and Simmons einen Vortrag über die Geschichte des Betts zu halten; die Firma stand kurz vor einer Fusionierung. Als Bill Frucht von der Yale University davon erfuhr, konnte er Brian überreden, ein Buch zu diesem Thema zu schreiben, worauf Brian seine Freundin und Kollegin Nadia Durrani fragte, ob sie als Co-Autorin einsteigen wolle.

Unser Dank geht in viele Richtungen. Brian ist Chris Cooper und Mary Larson von Mobilis Strategic Advisors Inc. in Montreal zu Dank verpflichtet, die ihn in ihr Beraterteam für das Projekt bei Serta and Simmons berufen hatten; Brian bedankt sich für die Gelegenheit und für ihren Rat. Für uns beide ist Bill Frucht von Yale University Press immer eine Quelle der Ermunterung gewesen, genau wie Shelly Lowenkopf, die uns wertvollen Rat gab. Es war uns eine Freude, in der Endphase mit dem Redakteur Lawrence Kenney zusammenarbeiten zu können. Wir möchten uns bei vielen Freunden und Kollegen bedanken, die uns mit Kommentaren, Ideen und Vorschlägen zur Seite standen, tatsächlich sind es so viele, dass wir uns an dieser Stelle nicht bei jedem einzeln bedanken können. Daher bitten wir euch, unser Dankeschön in die Runde anzunehmen! Besonderer Dank gebührt Aidan Dodson, John Herbert, Matthew Hillier, Caroline Malone, George Michaels, Ortrun Peyn, Samina Riaz, Vernon Scarborough und Kathleen Sharp.

Zu guter Letzt bedanken wir uns von Herzen bei unseren Familien, nachdem wir so oft nicht zu Hause waren, um den langen Entstehungsprozess dieses Buches zu Ende zu führen. Ohne unsere Familien wäre dieses Projekt nicht möglich gewesen. Wir bedanken uns bei euch allen, nicht zu vergessen die Katze Atticus Catticus Catamore Moose.

Register